罗斯柴尔德家族传

赵 锋◎著

中国商业出版社

图书在版编目（CIP）数据

罗斯柴尔德家族传 / 赵锋著. — 北京 : 中国商业出版社, 2022.7

ISBN 978-7-5208-0992-4

Ⅰ. ①罗… Ⅱ. ①赵… Ⅲ. ①罗斯柴尔德（Rothschild, Mayer Amschel 1744 - 1812）- 家族 - 传记 Ⅳ. ①K835.160.9

中国版本图书馆CIP数据核字（2022）第103136号

责任编辑：杜辉

中国商业出版社出版发行

（www.zgsycb.com 100053 北京广安门内报国寺1号）

总编室：010-63180647 编辑室：010-83118925

发行部：010-83120835/8286

新华书店经销

三河市华晨印务有限公司印刷

*

880 毫米 × 1230 毫米 32 开 10 印张 232 千字

2022年7月第1版 2022年7月第1次印刷

定价：48.00元

* * * *

（如有印装质量问题可更换）

序言

活着的传奇

翻开这本书，就意味着你至少对罗斯柴尔德，这个在世界近现代史上拥有极高地位的家族有所耳闻。可是，罗斯柴尔德们究竟在哪里呢？他们都做了些什么？恐怕很少有人知道。就算我告诉你，罗斯柴尔德最近入股了青岛银行，而且开始在山东蓬莱投资生产葡萄酒，恐怕你也还是很难切实地感受到罗斯柴尔德的存在。可是无论我们能否感觉到，罗斯柴尔德就在那里，只是他们习惯于将自己隐藏在重重迷雾之中，他们是活着的传奇。

事实上，全盛时期的罗斯柴尔德家族在欧洲号称英国、法国、普鲁士、奥地利以及俄罗斯之外的“第六帝国”。他们是全球金融的霸主，虽然没有任何一寸属于自己的领土，却可以通过自己的影响力改变世界历史的发展进程。金融领域有一个专有名词来描述这一现象，叫作“金融僭主”，罗斯柴尔德家族就是有史以来最强大的金融僭主。

有人将罗斯柴尔德家族形容为世界近代史发展的“幕后黑手”，因为梅耶·罗斯柴尔德和他的五个儿子所建立起来的金融帝国实在是太过庞大，以至于他们可以用资本的力量将英法德意这些欧洲强国变成股掌之间的棋子。而他们自己，则隐藏在重重幕后，让世人只知道他们很有钱，却永远也不知道他们究竟多有钱，更不知道他们究竟推动了多少改变历史的大事件。

更为可贵的是，虽然跨越二百多年的风风雨雨，历经八代传承，但罗斯柴尔德们始终恪守自己藏在幕后的本分，仍旧极少在人前露面，这就是现实中我们很难感受到罗斯柴尔德家族存在的原因。

在这本书里，我会尽自己最大的努力还原有关于罗斯柴尔德的那些传奇，但即便如此，当你翻过了这本书的最后一页，在你的心里，罗斯柴尔德这个古老的金融家族，恐怕仍然会是一个活着的传奇。

序章

谁的滑铁卢？

1815 年 6 月 18 日，这是欧洲乃至世界历史上的一个大日子。

这一天的清晨，由英国威灵顿公爵亚瑟·韦尔斯利所率领的 13 万英普联军与法国皇帝拿破仑·波拿巴一世所率领的 7 万法军对峙于比利时境内一个名叫滑铁卢的小镇。为了争夺欧洲大陆的霸权，战火一触即发，胜利者将成为欧洲的霸主，站在世界之巅。

这一天的傍晚，两军胜负已分。威灵顿公爵成则为王，在这场战役中取得了著名的“悲剧性的胜利”。拿破仑皇帝败则为寇，政治生命就此终结，最终在大西洋中的一个荒凉小岛——圣赫勒拿岛上结束了他那富有戏剧性的一生。

然而，举世瞩目的滑铁卢战役的最大赢家并不是威灵顿，甚至不是英国和普鲁士，而是一个家族，一个人。这个人和他的家族在滑铁卢之战的次日赢了一场更为漂亮的“战争”，对于胜利者而言，这场“战争”算不上悲剧，但是却让另一些失败者倾家荡产。

这个家族就是德国的罗斯柴尔德家族，这个人是家族掌门人老梅耶的三儿子——内森·罗斯柴尔德。而这场富了一个家族却让许多人倾家荡产的“战争”，我们姑且称之为“英国公债之战”吧。

就在英法两军对峙于滑铁卢的时候，内森和罗斯柴尔德家族的其他成员也在密切地关注着战场上的局势。其实，这场战争最终谁胜谁负对于罗斯柴尔德家族来讲并不重要，他们是商人，他们在英法两国都有产业，他们只需要站在胜利的一方即可。

他们关注战争局势的原因在于战争的胜负会改变国家公债的价格。如果拿破仑的军队胜利，法国就会成为欧洲的主宰，英国公债的价格就将大跌，法国公债的价格则会上涨；相反，如果拿破仑失败，则英国主导欧洲，英国公债就会大涨特涨，法国公债则会一落千丈。

也就是说，罗斯柴尔德家族关注战争的真正目的，是想在随战争波动的公债价格中大赚一笔。无论战争的胜利者是谁，罗斯柴尔德都有办法发财，只要他们能够得知战争的结果——在所有人之前。

罗斯柴尔德家族有这样的能力。早在战争爆发之前，罗斯柴尔德家族就已经富有远见地建立了自己的战略情报收集网和情报传递系统。他们构架起数量惊人的秘密代理人网络，并且派出了大量的情报人员，前往欧洲所有国家的首都和重要城市，以及重要的贸易中心和商业中心。这些情报人员每天都会将欧洲各地最新的政治和军事动态传递到罗斯柴尔德家族成员的手中。每天都有罗斯柴尔德家族的人在伦敦、巴黎、法兰克福、维也纳和那不勒斯之间往来穿梭，让整个家族共享这些信息，以便于家族总部作出最精确也最合理的决策。

在当时来讲，罗斯柴尔德家族的情报系统无论是效率还是准确度都达到了令人难以置信的地步，他们的情报在大多数时候甚至比政府情报更加准确和迅速，远远超过了任何一个官方信息网络。这就是罗斯柴尔德家族的信心来源，只要他们先一步得到信息，他们就能操纵公债市场。

在英国和法国的军队于前线展开殊死战斗的时候，罗斯柴尔德家族的间谍们也在紧张地从两国军队内部收集着最新的战况情报。而且，还有很多间谍在随时等待着把这些最新战况传递给罗斯柴尔德家族的情报中转站。

待战争已经接近尾声、拿破仑败局已定时，6 月 18 日，一位名叫罗斯伍兹的罗斯柴尔德家族的情报员骑着一匹快马奔向布鲁塞尔，然后转往奥斯坦德港。当罗斯伍兹登上了一艘拥有战地特别通行证的罗斯柴尔德家族的快船时，滑铁卢战场上的硝烟还没有散尽。

6 月 19 日清晨，罗斯伍兹在英国福克斯顿上岸，内森·罗斯柴尔德已经等在那里了。在准确地得知了关于战争胜负的情报后，内森立刻策马直奔伦敦的股票交易所。

当内森·罗斯柴尔德迈着矫健的步伐走进股票交易所时，刚刚还人声鼎沸的交易大厅立刻安静起来，每一个人的目光都紧张地注视着内森·罗斯柴尔德，但是他本人却依然像平常那样毫无表情，显得高深莫测。

片刻之后，罗斯柴尔德家族的交易员们走向了交易台，开始大量出售英国公债。交易所里马上一阵骚动，有些投资者开始交头接耳，但是更多的人却依然不知所措地站立在原地。但这时，罗斯柴尔德家族已经把手中所持有的全部英国公债抛向了市场，英国公债的价格马上开始下跌。

终于，一些人醒悟过来了。他们发出惊叫："罗斯柴尔德知道了！""罗斯柴尔德知道了！""威灵顿战败了！英国战败了！"

瞬间交易所像被雷击了一般，内森·罗斯柴尔德的抛售行为终于造成了恐慌——所有人都想马上将手中可能会贬得毫无价值的英国公债抛出，于是无数人冲向交易现场，将自己手中的英国公债像垃圾一样卖掉，因为这些公债每一秒都在贬值。

抛单像潮水一样一波比一波来势凶猛，英国公债的价格立刻崩溃。经过长达几个小时的大规模狂抛，英国公债的票面价值仅仅剩下5%，已经成了一堆不折不扣的垃圾。

当人们疯狂地抛售完所有的英国公债之时，内森·罗斯柴尔德心中如释重负。于是，在他的授意下，罗斯柴尔德家族的交易员们再次出动。这次，他们的任务是买进市面上能见到的所有的英国公债。内森·罗斯柴尔德看着大量的英国公债到手，站起来伸了一个懒腰，扬长而去，留下了交易所里无数双看着这一切发呆的眼睛。

“失败的不是威灵顿，是拿破仑！英国胜利了。”当姗姗来迟的官方消息终于传到伦敦的时候，股票交易所里的一切都已尘埃落定。内森·罗斯柴尔德几乎已经将市场上所有的英国公债以极低的价格收入囊中。

英国的官方情报比罗斯柴尔德家族情报慢了整整一天。在这一天之内，内森·罗斯柴尔德通过大量抛售英国公债造成股票市场的大恐慌，再利用人们纷纷抛出导致公债贬值的机会大肆低价买进。就这样，在一日之间，内森·罗斯柴尔德一举成为英国政府最大的债权人，并且通过手中大笔的英镑主导了英国的金融市场，就连英格兰银行也被内森·罗斯柴尔德控制在掌心之中，英国政府从此再也无法忽视内森·罗斯柴尔德的影响力。

这场“英国公债之战”实际上也是后世的罗斯柴尔德家族的崇拜者们穿凿附会出来的。诚然，拿破仑时期是罗斯柴尔德家族的实力突飞猛进的时期，在这十几年中，他们从法兰克福的一个小商人成长为生意遍及全欧洲的金融巨擘。然而单就滑铁卢这一场战役来说，内森·罗斯柴尔德和拿破仑皇帝一样，都是失败者。滑铁卢战役不仅是拿破仑的滑铁卢，同样也是内森的滑铁卢，在本书的第二章，你会详细地了解到被后世称作“金融界的拿破仑”的内森究竟是怎样输掉这场他原本志在必得的金融战役的。“英国公债之战”，就让我们把它当作一个博君一笑的美丽传说吧。罗斯柴尔德这个史上最著名的金融家族就是如此神秘，关于他们的真实故事总是隐藏在重重迷雾之中。

现在，让我们回到18世纪法兰克福那条破败拥挤的犹太街，罗斯柴尔德家族的创始人梅耶·阿姆谢尔·罗斯柴尔德就出生在那里。

目录

第1章 犹太街的古钱币专家

第2章 乱世中崛起的金融新贵

第3章 伦敦城真正的统治者

第4章 革命的风暴

第5章 跨国银行组织

第6章 家族的统治力

第7章 美国的崛起

第8章 失控的人，失控的战争

第9章 崭新的开始

第 1 章

犹太街的古钱币专家

在犹太人的身上，从不会缺少财富的奇迹。然而，在梅耶之前，那些富有的犹太人往往很难把自己的财富保存得很久。幸好，梅耶打破了历史的规律。从籍籍无名的古董商到腰缠万贯的银行家，这是梅耶·罗斯柴尔德略显平淡却足够励志的发迹史。

01.“后天”的商人

在古代欧洲的权贵们眼中，犹太人是一种介于人与工具之间的存在。如果再把时间往前推，在封建时代之前，这样的人是很多的，他们有一个专门的称呼——奴隶。的确，在古代欧洲，犹太人过得比奴隶强不了多少，只不过他们没有固定的奴隶主，或者说，他们的奴隶主是国家。

事实上，犹太人是一群为了交税而生的奴隶，除了做生意和交税之外，他们几乎没有多少可供自己选择的生存方式。

在那个时代的欧洲，在罗斯柴尔德家族的发源地法兰克福，对犹太人的迫害和利用几乎时刻都在发生。1241 年，法兰克福爆发了一场所谓“犹太战争”，当地四分之三的犹太人遭到屠杀。1349 年，同样的事件再次发生，法兰克福的犹太人再一次遭受了灭顶之灾。

当然，统治者们不会将所有的犹太人都杀光，因为对他们来说，犹太人虽然卑贱，却还是很有用的。因此，早在 1236 年，神圣罗马帝国皇帝宣布犹太人“是我们忠实的佣人和奴仆”。“佣人”“奴仆”，这就是古代欧洲的权贵们对犹太人的定位。

要知道，犹太人是国王和领主们相当重要的税收和贷款来源。在中世纪，几乎所有基督教国家的法律都规定，无论是贵族还是平民，一律不准发放高利贷。然而犹太人却不在此列，因为他们不仅不是贵族，甚至连平民都算不上。所以，向犹太人借贷便成了一件既不违法也不丢脸的事。官方为犹太人提供一些政治上的保护（至少可以保护他们不被完全杀光），在经济上为犹太人经商提供一些方便，然后便可以从犹太人身上获得相当丰厚的资金来源。所以说，那些关于犹太人天生就是商人的说法其实是不准确的，他们也只不过是“后天”的商人。除了经商，既没有土地也没有政治地位的他们几乎没有第二条路可以走。而他们的商业才华，则多半是在祖祖辈辈的经商经历中逐渐积累起来的。

犹太人之所以会沦落到如此的境地，表面上的原因是他们没有一个属于自己的国家，飘零各地，不成组织，所以只能任人欺凌。更深层的原因则是宗教上的。众所周知，当时欧洲是基督教的天下，在欧洲的任何其他宗教信徒，都会被狂热的基督徒所攻击，因宗教争端而引发的战争更是数不胜数。犹太人生活在基督徒的地盘上，可他们信奉的却是犹太教，因此，悲惨的命运从他们身为犹太人的那一刻开始，便已经注定，哪怕是一个信仰基督教的贫苦农民家的小孩子，都有资格对腰缠万贯的犹太商人嗤之以鼻。

或许宗教原因也并不是犹太人广遭歧视的根本原因。犹太人在历史上经受了如此之多的苦难的根本原因，其实正是现在很多人眼中犹太人的一大优点——犹太是一个从不忘本，且拥有强大凝聚力的民族。

民族间的互相融合，是人类历史发展的一大趋势。美国的原住民虽然来自世界各地，但是从建国到现在，已经形成了完整的、拥有强大向心力的美利坚民族。犹太人虽然在欧洲散居各地上千年，却仍然是犹太人，这实在是一件极其反常的事。如果要探究其原因，恐怕也只能归功于他们强大的民族凝聚力以及从不忘本的民族特质了。当然，还有每一个犹太人都虔诚信奉的犹太教。

这种凝聚力与这种特质使得犹太人始终没有被他们身边的主流——基督教文化所同化，始终与主流社会格格不入从而成为社会的边缘人，使得他们成为始终区别于基督徒的存在。这就是造成犹太人悲剧最深层的原因。

02. 受保护的监牢

法兰克福的犹太街是罗斯柴尔德家族的发源地，始建于 1458 年。在这一年，神圣罗马帝国皇帝腓特烈三世下令将法兰克福的犹太人集中到一个特定的区域，统一居住和管理，这就是法兰克福犹太街的由来。

犹太街在法兰克福市的东北方，这里狭窄、肮脏，甚至在街道的两端都有大门。拥挤的人群走在宽度不足 4 米的街道上，街道两侧是污秽的排水沟，营养不良的孩子在这里玩耍。诗人路德维格 · 伯尔纳在 18 世纪的最后 20 年曾经在这里生活，在此后的生涯里，他对于这里没有丝毫的怀念。他写道："这是一个狭长而阴暗的监牢。19 世纪最强烈的光线都不能够把这里的黑暗刺穿，在眼前一眼难见尽头的街道里，留给每个人的只有极为狭小的空间，甚至转身都是一件困难的事。身边的每个地方都散发着极其难闻的味道，在污秽中行走还要放慢脚步，因为脚下可能是玩耍的小孩。"

但是对犹太街的民众而言，与外界的暴力环境相比，这里依然是一个相对安全的地区。这里仿佛是一个狂风骤雨中的港湾，吸引着外来犹太人的进入。

犹太街刚刚建立的时候，这里的居民并不多，只有 100 多人。然而，整个犹太街只有 1/4 英里长，宽度不超过 12 英尺。因此，即便只住 100 多人，这里也足够狭窄了。

到1711年时，生活在这里的犹太人数量已经增长了30多倍，虽然犹太街也有一定程度的扩建，但其拥挤程度可想而知。在如此局促的地方安置所有人口，需要极为高超的建筑技巧：房屋只有8英尺宽，建为4层，在每一排房屋后面再盖另一排房屋。这样的建筑结构使得火灾变得异常危险。事实上，整个犹太街曾经在1711年、1721年以及1774年三次毁于大火。

人口的增加不仅意味着居住空间的不足，还引发了基督教民众反对犹太街的大规模暴力活动，其中影响最大的就是“菲特米尔茨暴乱”。这次暴乱中犹太人被驱逐出了城区，幸运的是，帝国政府对犹太人的保护政策起到了一定的作用，帝国军队很快镇压了暴乱，主要领导人文岑茨·菲特米尔茨被处死，这才使得犹太人没有遭到大规模的屠杀。

隐藏在保护犹太人的仁慈外衣之下的，是对犹太人的铁腕管制。首先，犹太人需要为他们所受到的保护付费，每一个受到保护的犹太人都需要额外缴纳一定数额的人头税。其次，帝国政府对于犹太街的规模也有严格的限定。居住在犹太街的家庭被严格固定在500个以下，每年能够举行的婚礼数量固定为12个，甚至连结婚的年龄也被固定为25岁。每年从外部进入犹太街定居的人不能超过两人。

不仅如此，住在犹太街的犹太人还不能轻易离开犹太街。他们每天晚上、星期天以及基督教节日期间都只能在犹太街以内活动。其他时间就算出去，身上也要佩戴象征自己卑贱身份的饰物——男人是两个同心黄色戒指，女人则是有条纹的面纱。教堂、公园、旅馆、咖啡店这些公共场所永远是不欢迎犹太人的。就算走在大街上，如果听到有人高喊：“犹太人，本分点！”即使对方只是一个想要恶作剧的孩子，犹太人也必须摘下自己的帽子，然后恭恭敬敬地站在一边，听候差遣或是训斥。

就算在经商这个他们唯一拥有特权的领域，犹太人还是要受到各种各样的限制。比如，土地、武器、调味料、酒以及谷物等商品就是犹太人永远也接触不到的禁区。

法兰克福对犹太人敌对限制的态度比德国其他城市更加坚持，即便在约瑟夫二世发布了“宽容公告”的“开明”时期，法兰克福对于犹太人的限制依然没有任何放松。一部埃弗赖姆·莱辛同情犹太人的话剧《智者内森》被查抄；犹太社区在 1769 年以及 1784 年两次请愿，希望在星期天可以被允许在自己社区以外的地方活动的要求也被拒绝。法兰克福异教徒们的态度非常坚决，他们不断向当地议会施加压力，不允许当地犹太人拥有哪怕一点点与基督教徒同等的地位。

当然，也有人并不歧视犹太人，比如歌德（就是写《浮士德》的那位大作家）就曾经说过，“犹太人也是人，勤劳而且热心助人，使人不得不对他们产生尊敬，通过一些看似固执的习俗，犹太人把自己和传统紧紧联系在一起”。

03. 家族的“远古史”

1744年，梅耶·阿姆谢尔·罗斯柴尔德出生在了这样一个极度恶劣，甚至可以说是与世隔绝的环境里。关于他先辈们的情况，我们所知的并不多。这大半是因为当时在犹太人之外，几乎没有人会去记载他们的情况，而犹太人自己的记载，则多数毁于20世纪三四十年代的那场众所周知的巨大浩劫。

好在我们并不是毫无线索可寻。作为犹太人，他们终生都要交税，关于税额的记录可以反映他们的生活和经济状况。除此之外，他们的墓志铭也可以给我们带来一定的启发。

对于罗斯柴尔德家族的祖先们，我们可以用“虔诚的、相对成功的小商人”来进行概括。他们代代从商，主要贩售布料。当然，为了扩大收益，他们也会时不时地贩卖一些比较紧俏的商品。

至于罗斯柴尔德家族祖先们的财务状况，在1585年，罗斯柴尔德家族的一个祖先，名叫伊萨克，纳税额为2700古尔登（当时货币的名称）。他死后，人们给他的评价是“品德高尚”“正直”“诚实”，并把这些评价刻在了他的墓碑上。在大约一个世纪以后，伊萨克的曾孙、梅耶的曾祖卡尔曼让这个家族的经济状况得到了不少改善，他的纳税额是伊萨克的两倍还要多。不仅如此，卡尔曼在贩卖毛线和丝绸的基础上拓展了钱币兑换的生意，这项生意为后来梅耶发迹打下了基础。梅耶的祖父摩西继承并且扩大了自己父亲的生意，不仅如此，他还先后娶了一个收税官和一个医生的女儿，这使得整个家族的地位得以提升。

到了梅耶的父亲阿姆谢尔·摩西那一代，家族的经济状况似乎停滞了。然而，阿姆谢尔·摩西的人品是非常好的，以至于他在整个犹太街中获得了广泛的尊敬。当他死时，他的墓碑上充斥着冗长、过分的赞美之词。而且据说阿姆谢尔·摩西是一个喜好学问的人，因为墓志铭上说，“他总是给自己留出时间来钻研犹太法典”。有人说，这也许正是他在梅耶小学毕业后将其送去菲尔特的希伯来语学校学习的原因。

在这里，我们不妨先来谈一下“罗斯柴尔德”这个家族名称的来历。事实上，古代的犹太人并没有固定的姓氏。在法兰克福的犹太街，人们通常以彼此的住址来标志对方。“罗斯柴尔德”在德语中的含义是“红色的盾牌”，而这个家族也确实曾在 16 世纪 60 年代时在名为“红盾”的房子中住过，当时这个家族的家长正是前面提到过的伊萨克。后来，伊萨克的孙子纳夫塔利·赫茨带着自己的家人离开了“红盾”，搬到了一栋名叫“辛特凡”（意为“温暖的平底锅”，这栋房屋的一楼是办公室，二楼是厨房，再上面是狭小的卧室）的房子里，这个家族也就摇身一变，成了“辛特凡家族”。此后，直到梅耶·罗斯柴尔德出生，这个家族始终居住在“辛特凡”中。因此，“罗斯柴尔德”这个姓氏极有可能是梅耶在身价上涨并需要进行更高层次的社交活动时给自己贴上去的，原因可能是这个姓氏听起来比较气派，拿得出手，至少比“平底锅”听起来要好得多。

无论如何，这段充斥着种种诸如“可能”“也许”一类不确定词语的文字就是罗斯柴尔德家族的“远古史”了。现存的资料都是些残章断简，所以只能据此来进行推测。好在，我们接下来就将回顾梅耶·罗斯柴尔德那如同火箭升空一般的发迹史，“可能”和“也许”终于要离我们远去了。

04. 宫廷犹太人

幼年时代的梅耶曾经被父亲阿姆谢尔·摩西送到菲尔特去学习希伯来语。按照父亲的意愿，梅耶将来应该成为一名犹太人的“拉比”。拉比是犹太人中的神职人员，按照现代的说法，拉比的职责是做犹太人的心灵导师，在当时，这是非常受人尊敬的（当然，仅限于犹太人）。

如果梅耶真的如父亲所愿成了一名拉比，他可能会就此度过平凡的一生，为犹太街里的大人们排忧解难，为孩子们教书识字，然后在死的时候得到众人的悼念，拥有一个朴素却沉痛的葬礼，人们会因为失去了这样一个良师益友而惋惜。再然后，他会被历史所遗忘。

当然，我们并不能说阿姆谢尔·摩西做出了一个自私的决定，想要在儿子身上实现自己毕生的理想。要知道，并不是每个父亲都希望自己的儿子成为叱咤风云青史留名的大人物，毕竟，站得越高，就要承担越大的风险。希望自己的儿子度过平凡而又安稳的一生，这同样也是父爱的体现。

然而，梅耶却并未体会父亲的苦心，他对于学习这些犹太教经典并没有多大的兴趣，不过，他还是学得非常认真。按照撰写了梅耶·阿姆谢尔传记的科恩的说法，他“学习他们的宗教，只不过是为了成为一个好的犹太人”。我想，这只是原因之一，因为作为一个犹太人，无论你做什么事，都必须要用心。要想改变自己的命运，犹太人所能依靠的，只有他们自己。

之后，梅耶经历了人生中最大的打击，在他 12 岁那年，父母先后因病去世。然而，这也给梅耶带来了一次重新选择自己人生之路的机会，他再也不用被父亲逼着去学犹太经典了。于是，他在处理完家事之后来到了汉诺威，这一次，他选择了自己最终的职业——经商。很多年后，梅耶曾经回忆说："在我十几岁的时候，我是一个非常活跃的商人，但是我做生意没什么组织性，因为我还是一个学生（学习犹太经典），没学过任何有关商业的东西。"

在汉诺威，他进入了沃尔夫·雅各布·奥本海默公司做学徒，而这一段学习经历也令梅耶受益匪浅。这并不仅仅为他之后的发迹储备了知识，更重要的是，在奥本海默公司，他深入地接触了一群特殊的犹太人——"宫廷犹太人"，这让作为犹太人的梅耶在自己的未来前景中看到了一丝曙光，使得他终于认识到，原来犹太人也可以很风光，也可以成为权贵们的座上宾，也可以成为一个受人尊敬的人。

宫廷犹太人主要是指那些与宫廷保持着微妙关系，享有很大特权的犹太人。他们是一群有身份、有权力的犹太人，是犹太人中的佼佼者。这些人大部分是商人和银行家，虽然从事的仍然是祖上传下来的行业，但他们把这一行做到了极致。

要想比较清楚地了解这个欧洲金融史上不可忽视的一类人，就要首先从宫廷犹太人的产生说起。

简单来说，宫廷犹太人是犹太商人中比较特殊的一类，他们通过将钱或者实物租借给欧洲各级皇室贵族来收取利息。凭借着这个优势，他们在欧洲封建政权体系中扮演着重要角色，也由此获得了政治特权和地位。当时的整个欧洲大陆，也就只有犹太人能够从事放贷的金融业务，这其中就涉及宗教原因。因为基督教与伊斯兰教都明文规定不准从放贷中赚取利息。由于犹太教中并没有对放贷作出限制，这使得犹太人成了欧洲唯一可以从事放贷的人群。

其实犹太人从事放贷，还有一个原因就是当时社会对犹太人的迫害。在农业方面，欧洲各国基本上都明令禁止犹太人占有土地，此外犹太人随时迁徙的习惯也不适合置办大量不动产。在手工业方面，起初犹太人进入欧洲的时候是有很大一部分人从事印染、纺织、金属冶炼等活动的，但是随着欧洲城市的发展，各国纷纷建立了手工业行会，出于对犹太人的排斥，行会对犹太人从事手工业有着严格的限制，久而久之，犹太人也逐渐淡出了手工业。与其说犹太人从事商业和放贷是一种习惯，不如说这是被逼无奈的选择。

到了 17、18 世纪，德意志地区是宫廷犹太人的聚居之地，这也是受欧洲和德意志地区的政治和经济环境的影响。此时的英国已经形成了一定规模的中产阶级，建立了比较完备的税收体系，国家的运转能够顺利进行；法国较大的国土面积能够征收大量的农业税，仅此一项就基本能满足皇室和贵族挥霍。而德意志地区由于地处欧洲大陆中心，成为欧洲主要的战场，接二连三的战争使得德国邦国林立，各个地方公国和贵族都为了自己的利益寻求忠于自己的统治工具。

就这样，宫廷犹太人不仅成了犹太人中的精英，还获得了其他犹太人所没有的特权。这些特权包括可以居住在城市中专属的犹太社区之外，不必佩戴辨识犹太人身份的徽章，不受犹太拉比的管辖等，甚至一些人还会被授予贵族爵位，担任政府公职。

但是，由于犹太人在欧洲地位的低下，宫廷犹太人的处境也存在风险，特别是当其辅佐的贵族死去时，他自己也将失去被保护的地位，甚至会被放逐或处死。比如宫廷犹太人中赫赫有名的一位——约瑟夫·苏斯·奥本海默，他被后人亲切地称为“犹太人苏斯”。当时，约瑟夫·奥本海默是符腾堡卡尔·亚历山大公爵驻法兰克福的特使，风光一时。不过，在梅耶出生前 6 年，也就是 1738 年，“犹太人苏斯”却突然间以攫取的政治权力过大的罪名被处死，成了宫廷斗争的牺牲品。

宫廷斗争向来是残酷的，被吞噬的人更是数不胜数。然而，宫廷斗争不会轻易牺牲掉一位贵族，因为牵涉其中的人需要顾及其背后的家族，但是牺牲一个犹太人却是毫无顾忌的，无论其曾经多么风光，曾经立下过多少功劳。因此，梅耶在接触到宫廷犹太人这个“行当”时，便敏锐地发现，这是自己的晋身之阶，但同时他也很清楚，要想不重蹈约瑟夫·奥本海默的覆辙，就要在自己得志的时候把自己的家族变成真正的贵族，树大根深到谁也动不得的贵族。当然，想要做到这一点并非易事，但梅耶毕竟已经有了这样的想法，并且在一步步地向着这个目标迈进。

05. 钱币生意

1764年，梅耶回到了法兰克福。按照居所地法的要求，他的学徒生活结束后，必须回到原住地。回到法兰克福的梅耶决定从珍稀钱币、徽章开始自己的买卖，虽然这行的门槛很高，专业理论很复杂，不过梅耶的祖上曾经做过这个行当，简直可以说是家传的生意。不仅如此，在汉诺威，梅耶还曾经系统地学习了塞缪尔·马代有关钱币、徽章的分级知识，这使得他在做这行时，完全不存在知识储备方面的问题。从一入行，他就是一个专家。梅耶的想法很明确，收藏钱币、徽章的都是有钱有势的贵族，这意味着一旦成交，就可以和权贵攀上关系。要知道，梅耶在汉诺威的时候可没少见识那些“宫廷犹太人”的特权。

德国的货币兑换交易十分频繁，主要有两个不同的方向：现币兑换和古币兑换。

此时的德意志，并不是一个完整独立的国家，在这片土地上有大大小小将近300个国家。与其说这是国家，倒不如说他们是土地的领主。这些大大小小的领主都发行着自己的货币，造成的后果就是货币的种类太多，人们使用起来极为不方便。

梅耶所在的法兰克福有着做货币兑换交易的天然地理条件。如果翻开那个时代的地图，法兰克福绝对是一个适合经商的城市。德意志主要的几条贸易路线都在这里汇聚，无论是向南到达斯特拉斯堡、奥格斯堡、纽伦堡和乌尔姆，还是向北到达汉堡、不莱梅和卢贝克，法兰克福都是必经之地。此外，来自太平洋和波罗的海沿岸的商人也会来到这里，参加每年两次的贸易大会。

由于各个地区的货币并不通用，法兰克福自然而然成了货币兑换的首选之地。南来北往的商人们聚集在此，兑换着自己所需要的货币品种，这就产生了现存货币兑换。但是频繁的战乱让一些实力较弱的小国灭亡了，他们的货币也就成了绝版币，一些贵族对于那些制作精良、发行量少的货币情有独钟，于是就产生了货币兑换的另外一种形式：古币兑换。梅耶主要做古币兑换生意，因为这是他走向宫廷犹太人阶层的便捷之路。

在回到法兰克福后不到一年的时间里，梅耶成功地将一些珍稀古币和徽章卖给了出身显赫的客户，这些人对于罗斯柴尔德家族后来的辉煌有着非常重要的意义。在这些客户中，最知名的应该是黑森-卡塞尔公国的威廉王储。威廉对钱币与徽章的收藏很痴迷，梅耶和威廉的第一笔交易是在 1765 年 6 月，交易金额为 38 古尔登 30 克罗伊茨（1 古尔登≈ 75 克罗伊茨）。之后，梅耶迅速与威廉熟络起来，到 1769 年 9 月，梅耶终于获得了宫廷犹太人的身份，他以极快的速度混入了权贵的圈子，这时他才 25 岁。

一年后，梅耶进一步巩固了这个新身份。1770 年 8 月，他娶了沃尔夫 · 所罗门 · 施纳佩尔的 16 岁女儿居特林。施纳佩尔也是一名宫廷犹太人，他为撒克逊 · 梅宁根公爵服务。除了岳父的社会地位带来的好处外，这次结合还给梅耶带来了一笔数目不菲的资金，总额达到了 2400 古尔登。

这应该也是罗斯柴尔德家族精心选择婚姻对象的第一个成功例子：奠定血缘富贵成色的基础，与奠定皇室庇护的基础同样重要。此后，罗斯柴尔德家族的婚姻都参照了梅耶的标准，这也成了罗斯柴尔德家族的一贯作风。

不久，“犹太人梅耶”成了法兰克福钱币兑换圈子里的名人。在很多方面，我们都能看出梅耶独特的商业手法。随着地位的确立，梅耶每日的交易额也水涨船高，除了钱币和徽章之外，他还做起了古董生意。为了方便客户选购，他专门请人绘制了自己的商品目录。在这本目录里，梅耶列出了从古希腊、罗马以及德国的钱币，到各种古董，还有收藏者爱好的各种特殊物品之类的所有货品，然后把这些目录寄给可能对这些商品感兴趣的达官贵人们。虽然商品目录中的每件商品都有各自的标价，但如果客户真的有意，最终价格也是有商量的余地。而在两百多年前，在广告还没有成为一门单独学科的时代，这样的宣传方式所起到的效果无疑是巨大的。陆陆续续地，梅耶的客户越来越多，除了威廉王储之外，就连魏玛公爵也经常来照顾梅耶的生意。

06. 梅耶的资产

此时的梅耶，已经是法兰克福犹太人中数一数二的大人物了。通过钱币、徽章和古董交易，他积累起了相当数量的资产，赚到了人生中的第一桶金。至于他究竟从这些交易中收获了多少，我们今天已经无法得到详细的数字。当然，我们还是可以找到一些蛛丝马迹，比如梅耶的慈善捐赠记录。按照当时的犹太法律，犹太商人每年要捐出年收入的 10%，根据梅耶的自传作者伯格菲尔推算，到 18 世纪 80 年代中期，梅耶的总资产大约为 15 万古尔登，这为他后来从钱币兑换领域转入银行界积累了原始资金。与此同时，梅耶做了一个重大决定，他确定了自己家族的姓氏——罗斯柴尔德。

梅耶是真的富了，他不但赚到了钱，确定了姓氏，还买了房子。

在梅耶从汉诺威回到法兰克福后不久，他和自己的两个弟弟就买断了一些远亲的股份，获得了“辛特凡”的所有权（当年购买“辛特凡”时，他们的一些远亲也曾经参股）。此后，他带着自己的一大家子人又在这里住了 20 年。到了 1783 年，他以 3300 古尔登的价格将自己拥有的 38% 的“辛特凡”股份卖给了弟弟摩西，然后又掏出了 11 万古尔登的巨款独立购买了一栋相对较大的房屋——“绿盾”。

“绿盾”比之前的“辛特凡”又要强得多了。它是犹太街 1711 年遭遇大火之后新建的房屋，坐落在整条街的中部，而且还有属于自己的水泵。这栋房子上面的 3 层中，每层都有一个朝街的小房间、一个烟囱和一个壁橱。从后门出去是一个小院子，那里还有一个两层的小建筑。不仅如此，这栋房子还有两个地窖。其中一个的入口比较明显，就在门廊的活动门下面。另一个更大的地窖是罗斯柴尔德与邻居共享的，入口非常隐蔽，藏在楼梯下，并且与门廊下的地窖互不相通。

然而，要是以中产阶级基督徒的标准来看，“绿盾”仍然是狭窄而破旧的。整栋房子只有 14 英尺宽，床只能以一定的角度贴着靠街的墙放着，晚上睡觉的时候，很难不被街上的噪声所干扰。而且，住在“绿盾”里，想上洗手间也并不方便。“绿盾”的洗手间设在后院的两层小建筑中，这样一来，如果谁半夜想上厕所的话，就必须走过相当长的一段路程才行。但即便如此，“绿盾”仍然是整条犹太街上最好的房子之一。要知道，在寸土寸金、人口异常拥挤的犹太街，最缺少的就是空间。要想在这里买到一栋宽敞舒适的房子，就算有再多的钱也难以办到。

另一个让“绿盾”显得狭小而拥挤的因素是罗斯柴尔德家族激增的人口。即便按照 18 世纪晚期的标准，梅耶和居特林也是一对多产的夫妇。居特林·罗斯柴尔德从 1770 年结婚到 1792 年的 20 多年间，总共生了 19 个孩子，也就是说，在此期间，居特林的大部分时间都是挺着大肚子，照顾越来越多的孩子。在 19 个孩子中，只有 10 个存活下来，他们分别是：1771 年出生的珍妮特（女）、1773 年出生的阿姆谢尔（男）、1774 年出生的所罗门（男）、1777 年出生的内森（男）、1781 年出生的伊莎贝拉（女）、1784 年出生的芭贝特（女）、1788 年出生的卡尔（男）、1790 年出生的朱莉（女）、1791 年出生的亨丽埃塔（女）以及 1792 年出生的詹姆斯（男）。梅耶所生的五个男孩阿姆谢尔、所罗门、内森、卡尔和詹姆斯后来个个在欧洲声名大振，被称作“罗氏五虎”。如果说梅耶·罗斯柴尔德是罗斯柴尔德家族的奠基者，那么“罗氏五虎”就是庞大的罗斯柴尔德家族的真正缔造者，正是这五兄弟使得这个家族从法兰克福走向了全欧洲乃至全世界。

与儿女数量的增长成正比的，是梅耶手中所拥有的财富。在成为法兰克福首屈一指的钱币和古董商之后，梅耶的事业逐渐进入了瓶颈期。因此，梅耶开始把视野投向银行业这一同样是犹太人的老本行，并且拥有巨大利润空间的行业。当然，这也是因为随着买卖越做越大，货源和客户日益增加，一个古董商人会很自然地允许一部分人赊欠自己一些钱。在欠钱与还钱之间完成资产的运作与增值，这不就是一个简易的银行运作的模式吗？

利用之前在钱币和徽章生意中与黑森铸币厂建立的联系，梅耶很自然地完成了业务转型。

在此之前，梅耶·罗斯柴尔德只不过是一个富裕的古董商人，虽然风光，但也仅此而已。在进入银行业之后，18 世纪 90 年代，梅耶的事业迎来了第二次突破。后人可以很容易地找到他实现突破的证据：在 1795 年的纳税记录中，梅耶所缴纳的财产税大约为 4000 古尔登，而到了 1796 年，他瞬间跨入了纳税大户的行列，税额激增到了惊人的 15 万古尔登，在同一年，他又以超过 6 万古尔登的应纳税财产成为犹太街的第十大富豪。

罗斯柴尔德家族财富增长的其他证据就是梅耶送给孩子们的丰厚结婚礼物。1795 年，梅耶的大女儿珍妮特出嫁时，她的父亲为她准备了大约价值 5000 古尔登的嫁妆，而且在父母过世后，她还能得到 1 万古尔登的遗产。而在 1796 年，大儿子阿姆谢尔迎娶埃娃·哈瑙时，他得到的是家族生意的一份股权，在当时价值 3 万古尔登。要知道，这是一笔普通的犹太小商人一辈子也赚不到的巨款。当然，这份股权不能直接当钱花，但是以这一阶段罗斯柴尔德家族的财富增长速度来看，大概每两年，其价值就会翻一番。所以，梅耶送给女儿的嫁妆是一个大红包，送给儿子的结婚礼物，则是一棵摇钱树。

莫斯科博物馆中藏有一张梅耶·阿姆谢尔·罗斯柴尔德公司1797年的资产负债表。这张表显示，在当时，罗斯柴尔德公司的总资产是843485古尔登，总负债是734981古尔登，盈余为108504古尔登。这张表不仅揭示了当时罗斯柴尔德公司有多少钱（梅耶的个人财产以及家族的房产等都不包括在内），同时还显示这家公司的财务状况是相当健康的，用梅耶·罗斯柴尔德自己的话来说则是："我的资金实现了平衡，感谢上帝。"

至于罗斯柴尔德公司的业务对象，负债表上显示，这家公司资产的大部分要么是各种类型的国家债券，要么是个人贷款和各种公司的欠款。此外，梅耶的"债主"同样多种多样，从各种机构到私人都有，其中自然也少不了前面提过的黑森王储威廉，他欠梅耶24093古尔登。当然，从名义上来说，这笔钱不是威廉王储本人欠的，但黑森的两名官员路易斯·哈尼尔以及卡尔·布德鲁斯作为债务人出现在了梅耶的资产负债表上。

从地域上来讲，梅耶当时的经营范围已经相当广阔了。法兰克福本地自不必说，除此之外，他不仅与紧挨着法兰克福的卡塞尔和哈瑙等地的公司有业务往来，还与更为遥远的德国其他城市的公司做生意，他的合作伙伴遍及汉堡、不来梅、雷根斯堡、奥格斯堡、莱比锡、柏林和维也纳。这还不算完，就连荷兰的阿姆斯特丹、法国的巴黎和英国的伦敦也与他有业务往来。

无论以哪种标准，这对于一个30年前还是一文不名的银行学徒的犹太人来说都算是巨大的成功了。实际上，梅耶的成功来得太快了，取得的成就也有点过于巨大，以至于在某种程度上超出了他自己的能力范围。

有一个事例可以作为这一论断的佐证。梅耶手下有一名叫希尔舍·利布曼的员工，此人年纪不大，资历不深，然而，在 1797 年，梅耶居然发现这个利布曼在自己眼皮底下挪走了一笔非常可观的资金。梅耶自然不会放过自己公司里的蛀虫，犯罪调查随后进行，利布曼挪用公款的真相得以揭开。

最终的调查结果显示，罗斯柴尔德公司之所以会被这种小角色轻易地挪用大笔资金，很大程度上是因为当时梅耶的业务量发展太快导致管理跟不上而引发的。利布曼用了大约 3 年时间，总共从梅耶的公司里偷走了大约价值 3 万古尔登的财产。更为讽刺的是，竟然是梅耶自己亲手为利布曼的犯罪行为打开了方便之门。梅耶曾允许利布曼用自己的账户来买卖货物，以补贴他可怜的薪水（除去吃与住，利布曼每个月几乎不会有任何余钱），而为了帮助利布曼租房子，梅耶还曾经借了一小笔钱给他。因此，利布曼看似在通过额外的劳动来补贴自己的工资，实际上却是在挪用公款。

不仅如此，更令人吃惊的是，梅耶的公司每年资金流量如此之大，却连一个储藏贵重钱物的保险柜都没有，办公室的橱柜在工作时间内经常敞开，员工与客户随意进出，因此，各种各样的硬币、支票以及其他贵重物品就在没人注意的情况下从办公室里一一消失了。当然不可能只有利布曼一个人在小偷小摸，但这些财物中的很大一部分确实是落入了他的腰包。此外，罗斯柴尔德公司的簿记体系也极为粗糙，以至于当他对利布曼提起诉讼时，竟然都无法查明自己究竟损失了多少钱。

当利布曼的偷窃行为随着人们的忽视而变本加厉的时候，一起偶然的事件使得梅耶起了疑心。当时，一个法兰克福本地的进出口商来到了罗斯柴尔德公司，声称利布曼希望从他手里买些种子。梅耶感到有些不对，于是，在施加少许压力之后，此人承认他的这些举动只是利布曼用来掩人耳目而编造的一个托词。梅耶这才明白过来为什么这几年利布曼的生活质量提高得如此之快，此前那个穷小子现在已经有钱买金表和手工制作的衬衣了。

在挪用公款获得了大笔的钱财之后，利布曼不仅自己大肆挥霍，还将其中一部分寄给了住在博肯海姆的父母。此前，利布曼的父母穷得连饭都吃不饱，仿佛是一夜之间，他们就有钱支付女儿价值500古尔登的嫁妆了。周围的邻居还在纷纷夸赞利布曼是个又能干又孝顺的好儿子呢。

被捕之后，利布曼无力辩白，因为警察在他的个人物品中发现了8枚泰勒银币以及一张帝国财政部支票，此外还有一些银质汤匙、一个金质盐瓶、一个金杯以及7枚徽章，这些财物无论如何也不可能是一个小职员所能拥有的。进一步的犯罪证据则是利布曼不谙世故的父亲提供的，他返还了儿子给他的1000古尔登，并称如果梅耶撤销控诉，将再支付500古尔登。就此，法官已足以给利布曼定罪了。

利布曼盗窃案从一个侧面证明了庞大生意带来的巨额现金已经超出了梅耶自我管理的范围。正如梅耶在法庭上所说的那样，公司里的钱和值钱的东西实在是太多了，成袋的钱像杂物一样堆放在办公室的地板上，因为公司的橱柜里实在是装不下了。他还经常把大笔的现金放在家里，他说，那是因为他的生意“实在是太过红火了”。然而，此时的梅耶·罗斯柴尔德恐怕也不会想到，邻国的那场革命和那个伟人的出现会给他带来事业上的另一重蜕变，使得罗斯柴尔德家族的事业真正走向了国际化。

第2章

乱世中崛起的金融新贵

在真正精明的商人眼中，任何事情都可以成为商机，战争也一样。事实上，如果没有那些年横扫欧洲的拿破仑，恐怕也就不会有后来叱咤风云的罗斯柴尔德家族了。趁势而起的，都是真豪杰，战争给罗斯柴尔德们带来了趁势而起的机会，罗斯柴尔德们则抓住了这个机会，给自己带来了巨大的财富。

01. 战争所带来的

战争会给人们带来什么？恐怕不同的人会有不同的答案。对于平民百姓来说，战争带来的是无穷无尽的苦难；对于英雄来说，战争带来的是无穷无尽的功名；而对于精明的商人，战争则可以为他们带来无尽的商机。

从梅耶这一代开始，罗斯柴尔德家族中的人就已不再是平民百姓了，财富让他们获得了权力与地位。虽然罗斯柴尔德家族中的人也没有一个可以称得上英雄，但至少，他们每一个都是精明的商人。《罗斯柴尔德家族的自传注释》一书的作者，德国人弗里德里希·冯·根茨向来是罗斯柴尔德家族的铁杆“粉丝”，他在自己的书中总是不忘称颂梅耶·罗斯柴尔德和他 5 个儿子那“令人惊叹”的商业才能。不过，就连根茨也不得不承认：“人人都需要机遇，罗斯柴尔德也不例外，因为就算是最杰出的个人有时也需要独一无二的环境以及世界级的事件来获得成功。”

在 17 世纪的最后几年拿破仑横空出世，为整个欧洲带来翻天覆地的变化这一“世界级”的事件发生之前，同样有一些“地区级”事件为罗斯柴尔德家族的发展壮大创造了条件。

1789 年，法国国王路易十六召开三级会议，并最终引发了轰轰烈烈的法国大革命。这一历史事件也对罗斯柴尔德家族以及其他德国犹太人的命运造成了一定的影响。

众所周知，对于欧洲的两大传统强国来说，英国是一个在海上极具扩张性的国家，而法国则是一个在大陆上极具扩张性的国家。

法国大革命爆发之后，激进的法国人开始四面出击，他们在 1792 年 10 月占领了法兰克福。当然，这不是法国军队第一次，也并不是最后一次占领这里。在七年战争（1756—1763）期间，法兰克福就曾经被法国军队长期占领。1792 年的这次占领是短暂的，但是他们在 1796 年又一次卷土重来。这年 6 月，奥地利军队在洛迪被法军击溃，紧接着，法军再一次兵临法兰克福城下，在攻城的过程中，法国军队狂轰滥炸，以至于犹太街近半房屋毁于大火之中。

法兰克福犹太人在犹太街这个“受保护的监牢”里面生活了几百年，但是这一次，法国人将监牢击得粉碎。法军的猛烈炮击使得犹太街遭到破坏，近两千名犹太人无家可归，以至于法兰克福议会被迫下令放松了对犹太人的居住限制，同意那些因房屋被毁而无家可归的犹太人暂时居住在犹太街以外的地方。毕竟，他们也不想让自己的“摇钱树”们长时间地睡在瓦砾堆里。

在这次炮击当中，罗斯柴尔德家族的房子“绿盾”得以幸免，但是精明的梅耶却借此机会在斯克诺尔街租用了几间仓库。要知道，在寸土寸金的犹太街，要想找到一间够宽敞的仓库几乎是不可能的事。除此之外，法国人还解放了他们所占领的莱茵地区的犹太人，梅耶的会计师盖森海姆便是此次事件的获益者。

18 世纪下半叶，随着珍妮纺纱机、骡机以及蒸汽机的相继发明，工业革命首先在英国展开。尽管从 18 世纪 90 年代开始，银行生意已经成了梅耶 · 罗斯柴尔德的主业，但这并不意味着他必须要与之前的钱币生意告别，也不意味着不涉足其他更有利可图的业务。在当时，没有任何行业能比英国工业革命带来的纺织业更赚钱。这一行业飞速地进入了机械化时代标志着经济生活即将发生空前的、彻底的革命性变革，英国所生产的廉价纺织品迅速席卷了全世界。德国当然也无法抵抗英国纺织品的诱惑，人们对英国所生产的围巾、手帕、方格花布、薄纱、平纹细布以及薄棉布趋之若骛。梅耶自然也嗅到了其中所蕴含的巨大商机，而这，也正是他将自己的三儿子内森·罗斯柴尔德派往英国的最重要原因。

在真正精明的商人眼中，任何事情都可以成为商机，战争也一样。

在1796年那场法国入侵德国的战争中，梅耶就已经开始试着利用战争来赚钱了。他和两个合伙人沃尔夫·勒贝·肖特及贝尔·内姆·林德斯科普夫获得了一份合约，当奥地利军队在莱茵－缅因地区开展行动时，由梅耶以及他的合伙人的公司负责为军队提供粮食和军饷。

02. 黑森－卡塞尔

在发战争财方面，相比于半路出家的罗斯柴尔德来说，梅耶的老主顾威廉则是这方面的行家里手。刚刚认识梅耶的时候，威廉是黑森－卡塞尔伯爵领地的王储，后来，他在1785年即位，成了黑森－卡塞尔伯爵，而黑森－卡塞尔最有名的，则是他们的雇佣兵。

严格来说，黑森－卡塞尔训练并培养雇佣兵并不是为了做生意赚钱，它所带来的收入是这个国家的经济支柱，这个国家从上到下，从领主到平民，都要靠雇佣兵们在战场上用鲜血换来的钱吃饭穿衣。

黑森－卡塞尔的雇佣兵制度起源于三十年战争期间。在德意志的诸多邦国当中，黑森－卡塞尔一直都是一个比较贫弱的国家。它位于普鲁士的两部分领土之间，并横跨几条重要的军事通道。地理位置注定了黑森－卡塞尔会经常性地遭受战争的侵袭，农村地区因战乱而荒芜，并使得整个国家都失去了税收，以至于想要维持一支能有效保护国家主权和领土完整的军队都十分困难。

迫不得已之下，黑森－卡塞尔走上了做雇佣兵代理人的“不归路”。1677 年，黑森－卡塞尔领主卡尔伯爵将全国 23 个连队中的 10 个租给了丹麦，报酬是 3200 泰勒（当时通用的德国货币）。十年后，他又以每人 50 泰勒的价格把 1000 名士兵租给威尼斯人。出卖军队使得黑森－卡塞尔这个国家得以延续，但付出的代价也是惨痛的。出租给威尼斯人的 1000 名士兵，最终能够回来的只有不到 200 人，剩下的全部客死异乡。

不过，虽然做雇佣兵代理人只是黑森－卡塞尔领主们的无奈之举，但黑森人也因作战英勇而吸引来了更慷慨的买家。黑森雇佣军的铁纪、坚忍、英勇为自己树立起极好的声誉，也赢得更多雇主的欣赏。他们的身影出现在欧洲多个战场上。在不同的时候为不同的雇主拼命，以此换来更多的泰勒、英镑……

后来，黑森雇佣军逐渐成了欧洲各大战争中的主力军。在英法七年战争中，英国首相威廉·皮特就建立了一支主要由黑森人组成的军队。1760 年，在总数为 9 万人的英军当中，有多达 24000 名黑森雇佣军，这比英国本土的士兵还多 2000 人。

众所公认，黑森雇佣兵是全欧洲所能用金钱买到的最好的士兵。这要归于他们从小就受到非常严格的训练。自从黑森－卡塞尔的雇佣兵制度形成之后，年轻的男孩子们从小就会被灌输关于责任和职业的基本观念，再辅以统治者的长期教化以及严格的军事纪律训练，最终打造成了一支令行禁止、无所畏惧的铁军。

对军事稍有了解的人都知道，养兵是全世界最烧钱的事。为了维持雇佣兵的规模，黑森－卡塞尔伯爵费里德里希二世（威廉的父亲，1760—1785 年在位）将自己的领地分成几个区，每个区拥有一支战斗部队，这些部队全是雇佣军。至于黑森－卡塞尔当地的领土安全，则由另外一支卫戍部队全权负责。为了补充在战争中损失的兵员，这个国家所有16到30岁、身高超过五点六英尺的成年男子，都被列入可以参军的名单，一旦有需要他们就会被派到战场上去。当然，为了维持国家的正常运转，工匠、学徒、军事工业中的雇员、工人以及需要务农或支撑家庭的人被免除在外。就这样，黑森－卡塞尔以惊人的兵员数量成为全欧洲军事化程度最高的国家，它的军队人数稳定在24000人，军民比达到1 ∶ 15，是普鲁士的两倍。用全民皆兵来形容黑森－卡塞尔，并不为过。

在军事上有一句著名的格言："一只狮子领导的一群羊可以打败一只羊领导的一群狮子。"黑森雇佣军拥有卓越战斗力的另一大法宝是他们拥有大批有能力的军官。到1771年的时候，就已有61名军官和军校学员在黑森－卡塞尔最重要的大学洛琳学院里学习和研究军事理论。到法国大革命的时候，黑森军官的新战术思想和技术已经在欧洲处于领先地位。军官们良好的领导能力使他们能够在不同的雇主的指挥下出色地战斗。

雇佣军为黑森－卡塞尔赚取了大笔的财富，这是一笔完全可以由领主自由支配的财富。这些财富开始时多半被用于维持雇佣军的规模，但后来，雇佣军赚到的钱越来越多，进而这些钱被广泛地用于商业、工业和农业投资。在相当长时期内，正是这些财富使得黑森－卡塞尔的行政部门得以正常运作，并为一系列的发展项目提供经费，使得黑森－卡塞尔的老百姓过上了相当不错的日子。要知道，当时一个雇佣军士兵一个月的军饷足够买一头母牛或是两头猪。另一方面，出租军队的所得也是威廉得以与梅耶结缘的原因之一。

对于黑森－卡塞尔这个小国来说，雇佣军是如此的重要，正如伯爵威廉八世（1751—1760 年在位）所说的那样："这些军队对我们的重要性是不言而喻的。如果失去了他们，我们将失去所有的资源。"

然而，黑森雇佣军这支拥有超过百年光荣传统的强悍部队终究还是遭遇了毁灭性的打击。1775 年，美国独立战争爆发。为了镇压北美 13 个殖民地的反抗活动，英国急需大量的兵员。于是，从 1776 年开始，威廉的父亲弗里德里希二世伯爵陆续将超过 2 万名雇佣军送到了大西洋的另一边，与那里的英军并肩战斗。不过，即便是善战的雇佣军也无法阻止北美人民独立的步伐。最终，1 万多名黑森士兵没能回到自己的故乡，其中大部分战死或失踪了，还有一些人主动留在了美国这个新兴的国家。

在这次巨大的打击之后，黑森 – 卡塞尔失去了大量赖以生财的士兵，更重要的是，这使得整个国家极度缺乏壮年劳动力，社会生产力遭受了巨大的影响，由雇佣兵制度带来的短暂的经济腾飞也很快过去了。

在美国独立战争之后，1789 年，轰轰烈烈的法国大革命爆发了。面对处于革命大风暴中的法国，包括黑森 – 卡塞尔在内的很多莱茵河沿岸的德意志小邦国都有一种十分强烈的畏法情绪。此时，已于 4 年前的 1785 年即位的威廉（史称威廉九世）加入了反对法国的阵营当中。

此后，拿破仑崛起，进一步威胁到了英国的霸主地位和欧洲其他国家的封建统治。因此，从 1793 年开始，英、德、荷、西等国家开始组建反法同盟，威廉也派遣了 12000 名雇佣兵加入其中。然而，即便善战如黑森雇佣军，也不是那个时代最杰出的军事家拿破仑的对手，在此后十几年的反复鏖战中，拿破仑成了威廉的噩梦，精锐的黑森雇佣军团损失殆尽。

1806 年秋天，普鲁士军队在耶拿和奥尔施泰特接连吃了败仗之后，威廉被推到了风口浪尖。尽管他匆忙遣散了军队，尽管他提出了加入莱茵同盟的请求，甚至尽管他下令在边界竖起了写着“黑森帝国：中立之国”的牌子都不能够消除拿破仑的怒火。在拿破仑的眼里，威廉就是“普鲁士的陆军元帅”。“我的目标，”拿破仑直截了当地宣布，“就是铲除黑森－卡塞尔王室，将它剔除出统治者的行列。”

别无选择的威廉只有选择逃亡，最初他逃往弟弟位于丹麦荷尔斯泰因的庄园（威廉的夫人是丹麦与挪威公主卡洛琳，他的弟弟也娶了另一位丹麦公主为妻）。当年 11 月 2 日，拿破仑麾下的拉格朗日将军占领了威廉在卡塞尔的住所，并担任了总督；两天后，他发布了一项公告，正式没收了威廉的所有财产，并发出警告称，任何隐藏威廉财产的人都将被送上军事法庭。就在此时，威廉的忠实朋友罗斯柴尔德家族即将登场。

03. 真实的威廉与梅耶

根据民间传说，在拿破仑推翻黑森－卡塞尔统治，威廉九世即将出逃的关键时刻，他向自己的老朋友，同时也是自己忠实的“宫廷犹太人”梅耶·罗斯柴尔德求助，把自己全部的“动产财富”托付给了后者。

就这样，之前只是小本经营的梅耶手中忽然有了一笔巨款。于是，罗斯柴尔德将黑森伯爵的财产藏在了自己小花园的一角，而此时，拿破仑的大军正在进入法兰克福。作为征服者的拿破仑开始清查财产。精明的梅耶并没有试图藏匿自己的财产，他知道，如果藏起自己的财产，法国人势必会进行更加严格的搜查，那么不仅自己的财产会被发现，威廉伯爵的财产同样难逃被劫掠的厄运。于是，法国人把罗斯柴尔德的财产洗劫一空，使他与所有犹太人以及其他市民一样，回到了赤贫状态，但是威廉的财富却因此得以保全……

此后，梅耶一直忠实地扮演着“财富隐匿者”的角色，威廉的财富不仅没有被法国人发现，还在梅耶妥善的经营之下得以大幅度增值。当拿破仑终于被打败，威廉回到自己的祖国的时候，梅耶将当年所接受的财富连本带利一分不差地交还给了威廉。威廉自然深受感动，于是对梅耶说道：“我既不会接受你慷慨给予的利息，也不会将钱从你手里拿走。利息不足以弥补你为拯救我的财产而失去的东西；我的钱你还可以利用 20 年，而且利息不超过 2%。”

而另一个版本的故事要比传说复杂而又曲折得多。实际上，历史上的威廉九世是一个既有能力，又有战略眼光的枭雄式的人物。

在他 1785 年继位之后，黑森－卡塞尔的国力要比他父亲弗里德里希二世在世的时候更加强盛。1803 年，他从一个小小的伯爵一跃成为神圣罗马帝国的选帝侯，成为整个德意志国家举足轻重的人物，黑森－卡塞尔的政治地位也随之得到了提升。

当然，威廉最后还是被拿破仑所打倒了。不过，一个小小的邦国敌不过强大的法国，一个刚刚成为选帝侯的小国领主敌不过天才拿破仑，这并不是他的错，选择站在英国一边也是因为威廉的母亲本就是英国的公主，以及当时整个德意志国家都在反对法国。

由此我们可以断定，威廉并不是一个昏庸无能，每天只知道跟梅耶凑在一起研究古钱币的纨绔子弟。既然如此，他又怎么可能等到法国军队已经兵临城下的时候才开始匆匆忙忙地转移自己的财产呢？这是之前那个传奇故事的第一个大破绽。

04. 财富的碎片

实际上，威廉是一个看得清大势的人，他的财产在法国人占领黑森－卡塞尔之前就已经开始四处转移了，只有一些相对不那么重要的物品托付给了梅耶来保管，在真正的贵族眼中，再诚实的犹太人也终究是犹太人。

如果将所有的希望全部寄托于犹太人身上，那么威廉也就不是威廉了。因此，威廉转移财产的第一步，就是将自己最值钱的债券一类的财物交给布德鲁斯，让他偷偷把这些东西运到卡塞尔之外的地方藏匿起来。这个布德鲁斯我们之前曾经提到过，就是作为威廉的替代者出现在梅耶的资产负债表上的那位黑森官员。事实上，他是威廉的心腹，专门为他管理基金。由此可见，布德鲁斯才是威廉心中最值得信任的那个人。

布德鲁斯带走的，是威廉的全部财产中最值钱，同时也最容易转移的那部分，与这些东西相比，即使是金子，也只能算是“大宗货物”。在将精华转移走之后，剩下的财物中的绝大部分被威廉藏在了自己位于乡下的宫殿里。根据流传下来的一份清单显示，这些“大宗财物”多达上百箱，其中以证券、息票、账本为主的 24 箱财物被藏在威廉高地宫北翼的楼梯下面，另外 24 箱以战争基金文件为主的财物被藏在宫殿里的另一个地方。狮子城堡是威廉的另一处宫殿，那里也藏了 24 箱，里面包括威廉情妇的证券、黑森 – 卡塞尔官方文件、瓷器和值钱的衣服之类的东西。最后，在他位于沙巴堡附近打猎时用的小屋里藏匿了最后 47 箱财物，其中大多数是金银器皿。在威廉的心目中，这个小屋的位置少有人知，把东西藏在这里想必是安全的。

决不把鸡蛋放在同一个篮子里，这就是威廉的财产转移计划。然而，当法国人真正到来的时候，威廉的这些机关算尽的藏匿工作却被证明是白费功夫，因为法国人很快找到了他的财物清单（也就是流传下来的那一份）。于是，除了先期被运走的那一批债券之外，剩下的“大宗财物”基本都落到了法国人的手里。

威廉当然不甘心，他开始派人去贿赂占领这里的法军统帅拉格朗日将军。拉格朗日也不是圣人，经过一番讨价还价，他在收受了 26 万法郎的贿赂后，同意威廉运走 42 箱财物，其余的则被没收充公。毕竟，威廉是拿破仑的眼中钉肉中刺，如果他的财物一丝都找不到的话，拉格朗日也很难交差。就这样，在损失了三分之二的“大宗财物”之后，威廉得到了将剩下的 42 箱运到霍夫 – 斯托尔津根并重新分开藏匿的机会。

选帝侯的噩梦仍然没有结束，因为法国人反悔了。在放行之后，拉格朗日越想越觉得不对劲，虽然自己在谈判中占据着绝对的优势，但以对方的精明，实在不应该如此轻易地便答应了自己的要求。经过一番更加细致的调查，拉格朗日发现自己之前远远低估了威廉所拥有的财产——他被狡猾的德国人给耍了。

于是，怒不可遏的拉格朗日命令自己的士兵火速追赶，抢回放行的箱子，并且派人去跟威廉的人接洽，说自己需要得到更多的钱。最终，经过又一轮谈判，双方重新达成一致：拉格朗日承诺调低选帝侯的资产评估总额，威廉也将支付另外一笔报酬，作为对他的“仁慈”行为的报答。

事情一波三折，但最终，由于拉格朗日将军的贪婪，威廉还是得以尽可能多地保存了自己的财富。据统计，流亡的选帝侯虽然在此次事件当中损失惨重，但仍有价值约为 2700 万古尔登的财产保存了下来。

自从威廉逃出了自己的国家，布德鲁斯便成了他的“大管家”。因此，威廉的资产也被交到布德鲁斯手中，由他负责进行藏匿。由于布德鲁斯与梅耶的关系一直很好，因此将其中与战争基金有关的部分以及一些黑森 - 卡塞尔的日常文件装到 4 个箱子里，然后交给了梅耶保管。此外，威廉本人在第二年将一些装有徽章和债券的箱子也交给了梅耶。这就是梅耶从威廉那里得到的所有财富了，即便是与威廉得以保存的财产相比，这也只是很小的一部分。

当然，梅耶所要做的，并不是把这些财富找个隐秘的地方好好藏起来这么简单。他当时主要负责收集各个借贷的人（这些“人”中很大的一部分都是各国的财政部）应付的利息。其间，在布德鲁斯的建议下，他还从威廉手里买回了很大一部分收藏的钱币，以至于流亡在外的威廉手头不至于太窘迫。除此之外，他借给威廉在柏林的儿子 16 万古尔登，并负责照应威廉的情妇格雷芬·冯·施洛特海姆的财务。

实事求是地讲，这些事务大多是琐碎繁杂且无利可图的，不仅如此，罗斯柴尔德家族还得承担额外的，被法国人发现他们和威廉有联系的风险。但是罗斯柴尔德家族为威廉提供的一项额外服务使此前所做的一切都变得很值得：管理他的英国投资。

众所周知，梅耶的三儿子内森·罗斯柴尔德在英国所取得的成功是整个家族走向国际化的第一步，而真正让内森在英国拥有了足够发展空间的，正是威廉在英国的投资。内森曾经亲口说过："黑森－卡塞尔国王把他的钱给了我父亲，我父亲一刻都没耽搁，把这些钱全都转给了我。当时我还在做布料生意，但是我意外地收到了 60 万英镑。我很好地利用了这笔钱，并且成了现在的我。我想，我干得不错。国王也很欣赏我的所作所为，我让他赚到了钱，因此他把他所有的酒和亚麻织品当成礼物送给了我。"

事实上，虽然黑森－卡塞尔以雇佣兵著称，但威廉却绝不仅仅是一个雇佣兵头子，在他仍然是国王的时候，就已经在英国有了大量的投资。相关资料记载，威廉在英国有价值 635400 英镑的国债投资，每年光利息就有 2 万多英镑的收入，而这笔钱也正好与内森口中的60万英镑不谋而合。更重要的是，这笔钱是以债券的形式存在的，不会被法国人没收，而且英国同威廉一样，都是法国的敌人，所以仍然承认他的资产。

为什么罗斯柴尔德家族可以使用这些债券帮助自己和威廉赚取大笔的利润？答案就在这些投资的实现方式当中。其实，在这一系列的金融业务当中，作为代理人的罗斯柴尔德家族所收取的佣金是极少的，每笔只有0.125%。但当时可没有现在这么方便的通信系统，威廉正处在流亡期间，所以他需要梅耶帮他管理投资，而梅耶则身在法兰克福，所以他需要身在英国的内森来进行实际操作。金融市场千变万化，内森不可能一切都听指令行事，所以实际上，这60万英镑内森是可以自由支配的。

罗斯柴尔德家族不只利用这笔钱炒公债，还利用英镑和古尔登之间的汇率波动进行投机。现如今，英国已经不是世界的金融中心，但英镑的价格仍旧相当坚挺，还在欧元的价格之上。而在当时，英镑堪称全世界最值钱的货币。当时，内森手中掌握着60万英镑的公债和资金，这实际上意味着伦敦一股新兴金融力量的崛起。这笔钱也让内森得到了充分施展自己才能的机会，他所掌握的资金和资源早已经远远超过了当时罗斯柴尔德家族所拥有的财富，而他个人实际上也已经成了罗斯柴尔德家族和威廉选帝侯在英国的双重代理人。

得益于拿破仑的崛起所带来的战争，这使得罗斯柴尔德家族能够将威廉的一部分金融实力变成他们自己的囊中之物，这也正是罗斯柴尔德家族的实力在拿破仑战争期间快速增长的原因之一。要知道，梅耶·罗斯柴尔德在当时虽然已经算是富翁，他的生意也做得很不错，但威廉的手中所掌握的却是一国的财富，梅耶赚到的那些钱一旦与国家的财富相比，便几乎可以忽略不计了。

此时的内森在英国混得风生水起，然而留在法兰克福的梅耶的日子却并不好过。要知道，罗斯柴尔德家族虽然靠着威廉的财富狠赚了一笔，但他们所冒的风险也是实实在在的。强悍的拿破仑在战场上灭国无数，流亡在外的国王也绝不只有威廉一个，法国政府为了筹集战争所需的军费，便开始想方设法搜寻这些流亡的国王藏匿起来的财富。如果找不到，他们还会采用其他的方式，比如拿破仑在 1808 年就曾经颁布法令，如果那些欠流亡的国王们钱的人与法国政府重新签订协议，那么他们与流亡的国王之间的债务就可以减免一部分。这一条款使得威廉蒙受了巨大的损失，但在此时此刻，威廉所能做的，恐怕也就只有咬牙切齿地诅咒拿破仑不得好死了。

对于梅耶和他的罗斯柴尔德家族来说，更大的危机来自法国方面的人事变动。拉格朗日是一个贪婪的家伙，收足了贿赂的他会在暗中保护梅耶以及威廉的财富。但是他的位子却也不是铁打的，法国政府内部同样存在政治斗争，于是在几年后，拉格朗日被调遣回国。在拉格朗日离任之后，罗斯柴尔德家族很快就被法国警察盯上了，梅耶的日子也变得越来越不好过。

一个名叫萨瓦奈的法国警方特派员掌握了大量有关梅耶与威廉暗中有联系的情报。他知道 1807 年梅耶曾经去过汉堡和伊策霍，并且还跟威廉和布德鲁斯见过面。

梅耶在此时显示出了他狡猾的一面。他很快“认罪”，表示自己因为常年遭受一种病痛的折磨，所以患上了健忘症。他承认自己到过汉堡，但只是去处理一些货物；他也承认自己认识布德鲁斯，但他从不相信他，他跟布德鲁斯只是偶尔相识；他还承认自己曾是威廉选帝侯的“御用代理人”，而且曾以威廉的名义为丹麦或是埃姆登提供过贷款，但具体是哪一家，自己实在是想不起来了。

萨瓦奈对梅耶这只老狐狸毫无办法，于是他在第二天又盘问了所罗门、梅耶的小儿子詹姆斯、所罗门的妻子、阿姆谢尔的妻子，甚至连他们的母亲居特林都没放过。当然，在他们的嘴里，萨瓦奈还是没能得到任何有用的信息。居特林说她自己什么都不知道，作为一个典型的犹太妇女，她的职责就是带孩子做家务，至于生意，那是男人们的事，自己从来不关心，而且就算别人跟她说了，她也听不懂。

萨瓦奈对罗斯柴尔德的调查陷入了僵局，并一直持续到了卡尔·特奥多尔·安东·冯·达尔贝格男爵入主法兰克福。

达尔贝格之前是美因茨的大主教，1806年之后是莱茵河同盟的大主教，他与罗斯柴尔德的关系相当好，因为早在3年前，梅耶就开始用贷款讨好达尔贝格了。在法兰克福成为达尔贝格的辖区之后，梅耶又给他献上了一份价值44万古尔登的大礼，作为报答，达尔贝格进一步放宽了对法兰克福犹太人的管制力度。不仅如此，在得知达尔贝格成为拿破仑的儿子的洗礼人的时候，梅耶又送给他8万古尔登，作为他前往巴黎的路费。

对于达尔贝格，梅耶可谓用心良苦，这也使得他们之间的关系进一步升温。梅耶开始帮助达尔贝格进行土地买卖，还帮他做一些其他生意来赚钱。总而言之，梅耶与达尔贝格之间的联系要比和拉格朗日亲密得多，这恐怕就是锲而不舍的萨瓦奈带给他的教训。

05. 依赖

威廉不想把所有鸡蛋放在一个篮子里，罗斯柴尔德家族也一样。此前，威廉是罗斯柴尔德家族唯一的靠山，可说实在的，这座靠山实在是不怎么牢靠，被拿破仑生生地从一国之君逼成了地下党。所以，罗斯柴尔德家族与达尔贝格过往甚密也就不难理解了。如果威廉能够重登王位，那么一直在帮他暗中运作的罗斯柴尔德家族自然功劳不小，可是此时的拿破仑所向无敌，谁又知道威廉还有没有重登王位的那一天呢？在利用威廉遗下的财富的同时，摆脱对于威廉的依赖也就成了当务之急。

为了家族的未来，在达尔贝格和威廉之间做“两面派”是一个迫不得已的选择，这也是罗斯柴尔德家族在此前几十年打开局面的一种策略。但是，做“两面派”的风险要比做“地下党”还要大得多，因为可能会同时失信于两边主人，并且无论谁赢，自己最终得到的都可能是失败者的结局。

出于这样的原因，当年将财物随便堆在办公室里，连记账都不怎么仔细的梅耶·罗斯柴尔德变得越来越重视保密工作。事实上，真正让梅耶对这件事重视起来的是那个无时无刻不在盯着他们的法国警察萨瓦奈。在威廉刚刚开始流亡的那段日子里，梅耶和他的儿子卡尔经常前去拜会威廉，他甚至还在汉堡专门设立了一个办公点，专门接待威廉最资深的官员克纳茨，以便听取选帝侯的指示。当时，梅耶几乎是在明目张胆地做这些事。

然而，法国警察的纠缠让他很快意识到了事情的严重性，因为只要法国人拿到他在帮威廉做事的真凭实据，法国警察就会毫不犹豫地逮捕他，并且没收他的全部家产。痛定思痛，罗斯柴尔德开始将保密工作视为头等大事，第一件要做的事，便是改掉用明文写信的习惯。

很快，无关人等就再也看不懂罗斯柴尔德家族的信件了。在信中，布德鲁斯变成了“冯·瓦尔德施密特男爵”，梅耶变成了“彼得·阿诺尔迪”或“阿诺德”，至于威廉，他们则用“赫尔·冯·戈尔德施泰因”、“约翰内斯·阿德勒”或“校长”来称呼。除了每个人都有了化名之外，罗斯柴尔德们有时还会在信中用一部分希伯来字母来替换德语字母。为了进一步增加安全性，从威廉那里寄来的书信并不是直接寄给梅耶，而是寄给梅耶的次女伊莎贝拉的公公尤达·西歇尔，再由伊莎贝拉将信带给梅耶。

但即便如此小心，罗斯柴尔德家族与威廉选帝侯之间的联系还是很难做到神不知鬼不觉。1809 年 7 月，拿破仑在瓦格拉姆战役中逼得奥地利政府主动求和，使得奥地利也逐渐倒向了法国一边。因此，奥地利警方也开始对罗斯柴尔德家族和威廉选帝侯之间的联系进行监控。

当年的一名奥地利警察遗留下来的一份报告中说：“梅耶·阿姆谢尔·罗斯柴尔德与威廉选帝侯之间的联系相当密切，他是选帝侯的许多计划中的一个相当重要的环节。此事并非空穴来风，我曾经不止一次地看到罗斯柴尔德家族的人出入选帝侯的住所，而且通常由军队司令施明克和国防大臣克纳茨陪同，显然，他们在选帝侯那里备受重视。罗斯柴尔德家族的人每次来都会携带着大量的文件，并且每次都会与选帝侯进行长时间的密谈。或许他们的行为不会有损于奥地利的国家利益，但是我们知道，选帝侯始终迫切地希望能够恢复昔日的权位，而法国绝不会乐意看到这个结果。由于罗斯柴尔德家族拥有广泛的商业触角，他为选帝侯做一些见不得光的事是相当容易的，他们很善于把阴谋隐藏在生意的面纱之下。

虽然罗斯柴尔德处处小心，但还是几乎所有人都认为，他们就是流亡的威廉的最大的代理人，至少也是之一。然而，尽管罗斯柴尔德家族担负着这样的恶名，也为他承担了无数的风险，但他们还是得不到威廉的完全信任。那个传说中与现实出入最大的地方，并不是威廉将所有的财产都交给梅耶保管，而是威廉对梅耶的无条件信任以及对他为自己所做的一切的感激。罗斯柴尔德从未想过将所有的希望都寄托在威廉身上，而威廉也从未完全信任过梅耶 · 罗斯柴尔德。这就是现实，残酷的现实。

事实上，在与威廉的交往中，梅耶不得不忍受他一次又一次的猜疑和质问。威廉不止一次地怀疑梅耶正准备背叛他，投奔法国。原因很简单，就连他自己也很清楚，法国人所能给罗斯柴尔德的，要远比他多。后来，他又开始担心梅耶盗用他的资金。他指责梅耶骗取他的英国股票的收益，指责他处心积虑地侵占了自己在汉堡托付给他照看的财物。

这段时间里，梅耶很难有机会亲自面见威廉，只能依靠布德鲁斯从中调解，以重新赢得威廉的信任。布德鲁斯时常在威廉那里帮罗斯柴尔德家族说好话，他说："我们将如此之多的生意托付给梅耶 · 罗斯柴尔德来打理不是没有原因的，因为他付钱最准时，手段也最高超。梅耶 · 罗斯柴尔德总是对各种汇率了如指掌，而且从不曾将陛下您的交易信息泄露给任何人。我们知道，那些法国人做梦都想把您的财富据为己有，他们也曾找到过梅耶 · 罗斯柴尔德，但是他们在他的账本中找不到任何蛛丝马迹。对于这些事，我想，没人会比梅耶 · 罗斯柴尔德做得更出色，您不信任他，还能信任谁呢？"

不得不说，威廉的确是个精明的人，事实上，他对梅耶的那些指责全都不是空穴来风。或多或少，梅耶与他的儿子们做过这样的事。然而他所不知道的是，布德鲁斯在他面前所说的那番话也并非纯粹是出于忠诚。威廉做梦都想不到，布德鲁斯与梅耶达成了一项协议：为了报答布德鲁斯的积极“调停”，梅耶在自己的公司里为他的一个情妇谋了一份既清闲，又收益丰厚的工作，与此同时，梅耶还直接送给了布德鲁斯价值 2 万古尔登的罗斯柴尔德家族公司的股份。就算为了让自己获得的股份升值，布德鲁斯也会想尽办法为梅耶多多美言几句的。

这就是事实的真相，威廉就算再精明，也经不住梅耶与布德鲁斯的合伙欺瞒。然而他还是逐渐意识到，这些年来，罗斯柴尔德家族的生意已经越做越大，这使得他们逐渐脱离了对自己的依赖。对此，威廉毫无办法，因为他已经不再是当年那个说一不二，呼风唤雨的选帝侯了。

威廉对于罗斯柴尔德家族的判断还是相当准确的，这些年间，这个家族的财富正在以飞快的速度膨胀。1797 年，梅耶的手中可以动用的资金是 10 万古尔登，10 年之后的 1807 年，这个数字惊人地翻了五番，达到了 50 万古尔登。在成功的商人手中，更多的资金总是会带来更大的收益，因此在 3 年之后的 1810 年，梅耶的资金已经升到了 80 万古尔登。罗斯柴尔德家族的发展如此迅猛当然离不开威廉的资金支持，罗斯柴尔德家族的每个人都不得不承认，是选帝侯的财富帮助内森完成了从曼彻斯特商人到伦敦银行家的转变。到了此时，罗斯柴尔德家族已经积累了足够的资金和人脉，就算没有威廉做靠山，他们也同样可以应付自如了。

06. 把钱送给威灵顿

决定一场战争成败的因素有很多，装备的先进程度，兵员的素质，指挥官的素质……但是，真正能够从根本上决定一场战争的胜与败的，是后勤。古罗马政治家西塞罗就曾经说过：“战争是建立在足够的金钱的基础上的。”具体到这场战争的双方，拿破仑说：“军队是靠肚子行军打仗的。”拿破仑的老对手，英军统帅威灵顿公爵则说：“吃饱了，才可以实现目标。”

“后勤”二字说来容易，但在交通运输并不发达的古代，想要做到却是难上加难。出门在外，从家带的吃光了，就只能就地解决。1793—1815 年，围绕法国革命与拿破仑的崛起，欧洲大陆战火连天，在欧洲参战的所有军队重拾起古老的补给方式：强征。随着战线的拉长，从自己领土运送的物资往往跟不上，同时也容易遭受攻击。而近似于“抢”的方式让军队受到了百姓的怨恨，并且使用这种方式作为物资来源也并不稳定，于是军队经常出现食物短缺的状况。在欧洲反法同盟同法国的战争进入僵持阶段的时候，各国军队，尤其是渡海作战的英军急需更稳定的供给，不仅是各式各样的作战物资，还有士兵的军饷。

事实上，在当时欧洲的诸多强国当中（包括英国、法国、俄国、奥地利、普鲁士等），英国是财力最为雄厚，财政体系也最为完整的国家。英国的国家税收体系更为合理，国家预算更加透明，拥有完善的基金和国债体系以及稳定的货币体系。作为一个领土面积有限，而且拥有大片海外殖民地需要经营管理的岛国，英国优秀的财政体系帮助他们成功支付了18世纪的6场战争的军费，而在这场爆发于19世纪初的战争中，国土面积更大，而且发达程度不亚于英国的法国所面临的财政压力反而更大。

但是，很多人都低估了拿破仑这样的战争天才可以给国家的财政减轻多少压力。拿破仑的战争才华让法国得以以更小的损失在战争当中获取更大的利益，而不断抢夺被攻陷的敌国领土上的财富（比如法国人始终念念不忘的威廉选帝侯的财富）也可以在一定程度上缓解法国的财政压力。而反观英国，他们的军队长期在海外作战，与英国本土隔着一条海峡，这就非常直接地增加了补给的难度，而且一个国家的生产力终究是有限的，再强大的财政体系也经不住战争这个财富黑洞的无止境的摧残。

因此，虽然法国人的日子很难过，但英国为了平衡急速增长的军费开支，也在不停地增加税收。加税就是从老百姓的口袋里掏钱，这自然会增加英国民众对政府的不满，但即便如此，英国政府也还是满足不了这场几乎看不到尽头的战争的消耗。

国内财政状况的恶化自然也会影响到前线的威灵顿公爵和他的军队。事实上，早在1811年3月，威灵顿就曾给当时的英国首相利物浦写信，表示由于经费方面的不足，他只能暂时放弃自己几乎已经是胸有成竹的作战计划。而且，英国人要支付的，还不仅仅是本国军队的军费，作为反法同盟的领袖，他们还要给同盟当中的其他国家，比如西班牙、葡萄牙、普鲁士等国发补贴。威灵顿曾经不止一次地向国会抱怨，后方运过来的资金完全不够用，在支付完给盟友的补贴后已经所剩无几，以至于他只好用纸钞来给士兵们发军饷，使得士兵们大为不满。

优先给本国士兵发饷而忽视盟友的需求的后果则更加严重，因为如果拿不到补贴，那些盟国是绝不会出动一兵一卒的，至于本国的士兵，威灵顿至少还可以依靠自己的威信来缓解其抵触情绪。诚然，威灵顿是一个成熟的、杰出的、有威信的统帅，但如果军饷总是无法到位的话，那么就算是他也无法完全杜绝抢劫事件的发生。威灵顿是这样跟国会说的："除非我们尽早得到一大笔资金，否则我绝不敢贸然带他们到法国去。因为没有粮食和钱，抢劫将是不可避免的，一旦他们这么做，我们就全完了。"

可是，有了钱，问题就解决了吗？事实并非如此，即便伦敦的国库丰盈，把钱送给威灵顿也是一件几乎和"把信送给加西亚"差不多同等困难的事。1813 年之前，有两种办法将金钱从英国输送到驻扎在西班牙的威灵顿的军队手中。一种是用船穿越英吉利海峡，直接将黄金运到葡萄牙或西班牙，再兑换成当地的货币给士兵和盟军发饷；第二种方法是通过向当地银行出售英国汇票的方式，直接从当地的银行那里获取资金。第二种方法无疑比第一种方法便利得多，也更多地为威灵顿所采用，但是这个办法同样也会带来很多问题，所以无法长期使用。

由于大量英国汇票流入西班牙和葡萄牙，到 1812 年，西葡两国的英国汇票市场已经趋于饱和，再加上由于战争的影响，英国国内经济状况始终在恶化，精明的商人们要求威灵顿给予超低的折扣，这让威灵顿难以接受，但如果他不接受，这些商人连一毛钱都不会给他。其实威灵顿自己也能理解商人们的做法，因为他知道，英国的国库实在是太过空虚了。

威灵顿的困境在 1813 年 2 月达到了极限，他在报告中说自己几乎不敢出门，因为只要一出门，就会被无数的债主所包围。而他，手中没有任何资金，口中也找不出任何像样的理由来应付这些人。

就在这危急存亡的时刻，罗斯柴尔德，确切地说应该是内森·罗斯柴尔德成为了救世主。因为他有办法把钱送给威灵顿。

07. 内森的竞争力

商人见到商机，就像是狼群见到羔羊，其共同点就是都会奋不顾身地扑上去。事实上，并不是只有罗斯柴尔德才是精明的商人，也并不是只有罗斯柴尔德才懂得如何利用战争发财。

在威灵顿公爵面临困境的时候，很多比内森更有实力的商人和银行家都愿意为政府出一份力。内森的主要竞争对手包括：伦敦原本已有的银行——哈曼、里德、欧文、佩恩和史密斯，以及著名的巴林兄弟，还有1802年后从德国赶来希望分一杯羹的以施罗德、布兰茨和胡特为代表的一批银行家，可以再算上同为犹太人的亚伯拉罕和本杰明·戈德斯米德。

巴林兄弟原本已经获得政府的认可。负责为威灵顿提供资金的新任军粮供应大臣在1813年11月表示，就“输送资金来讲”，巴林兄弟“各方面均符合政府的要求”。事情有时候就是这么巧，就在这个时刻，巴林兄弟以及其他银行都遭遇了问题。巴林兄弟刚刚经历领导权的更迭，死去的弗朗西斯·巴林的儿子亚历山大立足未稳。与此同时，在欧洲大陆的合伙人霍普公司因为阿姆斯特丹市场的崩溃而元气大伤。

冲击面更广的是1810年伦敦城爆发的危机，“金块委员会”发布的报告中恢复黄金支付方式的建议直接造成市场的悲观情绪，导致政府股价暴跌。由于巴林兄弟和戈德斯米德公司积压了大量新发行的政府贷款，因此在这场悲剧中，巴林兄弟损失了 4.3 万英镑，戈德斯米德更惨，他在宣告破产之后自杀，伦敦金融界陷入了前所未有的恐慌之中。但是，对内森来讲，伦敦城上空拉响的警报更像是为扫除竞争对手而燃放的礼花。

内森的好运气还不止这一点。在金融危机中，内森结识了一个可以帮助他与政府牵线搭桥的重要人物——约翰·查尔斯·赫里斯。这个赫里斯的重要性基本相当于布德鲁斯之于罗斯柴尔德，而英国政府，自然就是内森的威廉选帝侯。结交政府重要人物是罗斯柴尔德家族乃至所有金融大亨的传统，因为政府一出手，就是大手笔，政府也不会像其他人那样精打细算。

赫里斯出身于金融家庭，他的父亲是一个小商业银行家。1798 年，赫里斯进入了英国财政部担任办事员，此后官运亨通，一路高升。3 年后，他被任命为财政大臣尼古拉斯·范西塔特的私人秘书，他同时还为掌管国库的斯潘塞·帕西瓦尔工作。

至于内森和赫里斯究竟是怎么认识的，这件事说来话长。赫里斯有一个私生子，孩子的母亲是他早年在莱比锡求学时交往的一名女子。这名女子后来的丈夫名叫巴龙·林堡，他是一名在莱比锡当地相当有名的烟草商人。或许缘于商人天生对金钱的敏感，林堡做了一桩稳赚不赔的买卖——把内森推荐给了赫里斯。之后的情况则是，林堡家族从内森与政府的业务中抽取 1%的利润作为佣金。据估算，这笔钱有 3 万 ~4 万英镑，做一次介绍人就赚到了这样一笔巨款，林堡的这笔交易实在是空手套白狼的典范。

还有一种完全相反的说法，这种说法看起来就不是那么美好了。据说，林堡与罗斯柴尔德家族之间的关系早就不一般，在罗斯柴尔德的人得知林堡与赫里斯之间的关系时，双方便携起手来，利用赫里斯的私生子对赫里斯进行了敲诈勒索，强迫赫里斯与内森·罗斯柴尔德合作，而赫里斯为了保住自己的职位和锦绣前程，只能选择妥协。无论事情的真相如何，林堡是赫里斯和内森之间的中间人这件事却是确凿无疑的。

就这样，内森和赫里斯接上了头。赫里斯做事是非常谨慎的，在对外的时候，他总是说，在林堡推荐之前，他早就认识并且非常信任内森了，内森是一个可靠而又忠实的朋友。

除了前两个运气因素之外，内森也拥有别人所不具备的核心竞争力，就是我们之前所说的，他知道该如何把钱送给威灵顿。

内森的办法究竟是什么？我们不妨先来看看多年之后，内森自己是怎么说的："当时，我已经在伦敦站住了脚，正在到处寻找投资业务。那天，我得知东印度公司有一批价值80万英镑的货物，由于这批货物急于脱手，所以价格不高。我知道这是一笔好买卖，所以我毫不犹豫地买下了所有货物。世界上谁最需要这些货物呢？当然是威灵顿公爵！我已经以折扣价买了很多他的汇票，赚了不少钱，而且我知道，他在法国已经快要吃不上饭了。于是我把这些货物卖给了政府。可是政府在得到货物后，却又不知道如何运到海峡另一边去。所以我又把货物拿了回来，将这些东西送到了威灵顿手中，那是我做过的最好的一笔生意。"

简单来说，事情的经过就是这个样子，然而，狡猾的内森却也丝毫没有透露这件事中的细节。真实的情况当然不会如此简单，至少，内森丝毫没有透露事情的关键——他是如何把货物送过去的。

这与罗斯柴尔德兄弟在英国和欧洲大陆之间所做的生意性质有关。事实上，虽然内森在英国表面上是在做丝绸布匹和金融生意，但实际上他们在背地里做的是违背大陆封锁政策的走私业务。内森把金币在伦敦装船，穿过英吉利海峡运送到格拉沃兰或敦刻尔克，詹姆斯负责将金币兑换成英国汇票，再运回伦敦。

我们前面提到过，由于后勤不畅，威灵顿只能靠在欧洲大陆出售英国汇票来筹集军饷。然而由于数额过于巨大，因此英国汇票在欧洲大陆急剧贬值。内森和他当时正在法国的弟弟詹姆斯在海峡两岸金币换汇票，汇票换金币，赚的就是英国汇票在英法两国的巨大差价。1812 年 4 月，内森从伦敦装运了 27300 英镑的金币给詹姆斯，经詹姆斯在法国倒手之后，整体价值翻了一倍多——他们换回了票面金额为 65798 英镑的汇票。除了法国外，其他罗斯柴尔德家族的人还从汉堡、法兰克福寻找价格合适的汇票提供给詹姆斯。罗斯柴尔德家族就是用这种方式，使得自身的财富像滚雪球一样急剧膨胀起来。

因此，罗斯柴尔德兄弟在走私上具备相当的经验。他们有一整套属于自己的走私秘诀。比如暗语。内森在信中的代称是“朗拜因”，伦敦变成了“耶路撒冷”，那些被用来走私的金币则被称为“摩西先生”或“莫施先生”。除了安全保密，快捷也是必需的，为了提高效率，内森还派专人负责准备船只，也有专人负责装卸和运输。

走私，这就是内森把钱送给威灵顿的秘诀，这就是内森手中所掌握的核心竞争力。

08. 信任

1814年1月11日，这一天对内森来说非常有意义，因为他正式被英国政府分配了运送物资以资助威灵顿公爵的任务。英国方面，这项任务由赫里斯主持，他需要配合内森用2个月的时间在德国、法国和荷兰筹集60万英镑的款项，然后把这些钱运到停泊在德国赫尔沃茨吕伊斯港口的英国战舰上。之后的任务将由罗斯柴尔德家族来完成，他们负责把这一船钱经法国比亚里茨附近的圣让－德吕兹送到威灵顿手里。对于此次行动，风险完全由罗斯柴尔德家族来承担。然而如果成功，罗斯柴尔德将获得所运货币总额的2%作为佣金。当然，条件是需要不惜一切代价保守秘密。

在这项任务当中，罗斯柴尔德家族所能获取的不仅仅是巨额的佣金，他们也同时取得了一个巨大的突破。这是罗斯柴尔德家族从英国政府手里接过的第一项正式委任，它不仅让内森能够与赫里斯直接联系，还能建立起与英国政府之间密切的长期的合作关系。对于罗斯柴尔德家族的政治和经济地位来说，这无疑是一个巨大的提升，也为后来罗斯柴尔德家族所形成的“与国王做生意”的传统奠定了基础。

虽然在跨海走私方面，罗斯柴尔德家族已经积累了相当多的经验，但这一次运钱的过程还是比内森预料的要困难得多。他们在第一步就遇上了麻烦，由于荷兰已经被法国占领，所以内森和赫里斯在荷兰的筹款行动举步维艰。到1814年2月末的时候，内森几乎已经绝望了，他甚至开始跟赫里斯商量是不是可以将任务中的60万英镑降到 30 万英镑。

赫里斯却要比内森乐观得多，他不为困难所动，而且逢人就说内森的好话，比如他对在阿姆斯特丹的英国工作人员乔治·伯格曼就曾经说过："内森·罗斯柴尔德是一个可靠的人，他为我们提供了很多服务，而且做得非常出色。虽然他是一个犹太人，但我想，他值得我们付出信任。"内森也确实是个会做生意的人，在这次与英国政府的合作当中，他始终坚持自己任务完成之后才肯收取报酬，他的这个做法赢得了英国政府的普遍好感。

在这次合作的过程中，还出现了一些信用额度方面的问题，不过内森用自己在英国人那里建立起的信任感成功地化解了这个问题。事情发生在 1814 年 5 月中旬，在运作资金的时候，内森在英国政府那里的债务超出他自己的承担范围。按理说，英国政府应该立刻叫停与内森的合作，等他把钱还上再继续。这一次又是赫里斯站了出来，他轻松地对相关的负责人说："我们真的不必担忧内森·罗斯柴尔德欠钱的事情。要知道，如今的他正在以自己的信用为我们服务，我们是合作伙伴，所以必须互相帮助。内森是个诚实的商人，但是他再富有也不可能拿得出这样的巨款，我们是一个国家，谁能拥有像一个国家那样雄厚的财力呢？要知道，罗斯柴尔德的信用一向非常好，他为我们办事也很出色，他甚至愿意以个人的名义向我们提供一定范围内的资金，我们又有什么理由不信任他呢？"

当合作的双方互相信任，事情就会变得容易起来。经过赫里斯和内森的不懈努力，英军的军饷问题得到了圆满的解决，不仅如此，由于他们出色的工作，就连需要支付给盟友们的补贴款也几乎不再拖欠了。事实上，内森原本的任务只是给英军提供军饷，给盟友提供补贴款的任务此前是由罗斯柴尔德最大的竞争对手巴林兄弟和其他一些银行负责的，但内森凭借自己出色的工作赢得了赫里斯的信任，将这部分业务从他们手里抢了过来。

事情做到这个份儿上，内森和他背后的罗斯柴尔德家族所面临的唯一的困难就是取得那些接受补贴款的国家的信任了。不过只要钱到位了，这些都不是什么难事，在俄国和普鲁士那里，他们都没遇到什么麻烦，只是在奥地利人那里遇到了些波折，但是也很快解决了。除此之外，詹姆斯还赢得了1814年联军第一次击败拿破仑之后得以重登王位的法国皇帝路易十八的信任，这也为他日后在法国站稳脚跟打下了基础。

内森和他的兄弟们干得实在是太漂亮了，罗斯柴尔德的名字第一次传遍了整个欧洲。在英国政府那里，内森也彻底证明了自己的价值，英国首相利物浦感慨地说："如果没有内森·罗斯柴尔德，我不知道我们去年(1814年)还能做些什么。"的确，如果没有罗斯柴尔德的加入，实在难以想象反法联军可以在1814年轻易地占领巴黎，并逼迫拿破仑皇帝退位。所以，当英国首相利物浦亲切地将内森称为"非常有用的朋友"的时候，再也没有人会对此感到一丝一毫的惊奇。

英国人对罗斯柴尔德的信任使得他们在战场上取得了决定性的胜利，而拿破仑对他的财政大臣弗朗索瓦·尼古拉·莫利安的信任则使整个法国陷入了相当不利的境地。事实上，当内森和詹姆斯相互配合，在海峡两岸倒手金币和汇票的时候，法国人对此并非一无所觉。

有人将这一情况报告给了拿破仑，拿破仑虽是战争天才，但对金融系统的运作却不甚了解。于是，拿破仑决定征询财政大臣莫利安的意见。莫利安认为英国流出黄金表明英国的经济已经到达了崩溃的边缘，法国则能够进一步增强自给，这并不是一件坏事。于是在拿破仑的默许下，法国人便对罗斯柴尔德兄弟所做的勾当睁一只眼闭一只眼了。不幸的是，莫利安错了，事实与此正好相反，罗斯柴尔德家族跨越海峡运送货币的能力最终成了压垮法兰西第一帝国的最后一根稻草。

09. 英国之外

“把钱送给威灵顿”让罗斯柴尔德家族与英国政府之间建立了良好的合作关系，而揽下给其他国家运送补贴款的任务则让这个家族有了与其他国家政府打交道的机会。罗斯柴尔德兄弟在这些生意往来中充分地证明了自己，获取了对方的信任。

罗斯柴尔德家族轻松地与俄罗斯达成了互信合作。1813 年，英国、俄罗斯和普鲁士在赖兴巴赫签订了一项协议，根据协议，英国应该向俄、普提供 200 万英镑的资助，其中三分之二给俄罗斯，三分之一给普鲁士，部分资助款以附息短期国库券的形式支付。但是，由于现金紧张，英国政府不断地推迟支付款项，直到 1814 年 5 月底，协议才真正达成，英国以 15 个月、每期 100 万普鲁士泰勒元以附息汇票的形式分期向俄罗斯和普鲁士提供资助。由于不用支付现金，英国政府暂且得以喘息。

战争旷日持久，英国已经到了油尽灯枯的边缘，俄罗斯和普鲁士也知道英国肯定付不出现金，于是他们转而寻求将汇票形式的补助款兑换成现金的交易。俄国负责这项交易的是一个名叫热尔韦的官员，热尔韦起初没想找罗斯柴尔德家族，他先找的是霍普公司，希望能够在霍普公司那里预支前7个月的款项。当然，费尽心思才得到这个富得流油的工作机会的他也没忘了给自己要求一些回扣。

但是，霍普公司的老板拉布谢尔以前没做过这样的生意，所以表现得有些犹豫不决，这就给了罗斯柴尔德兄弟乘虚而入的机会。老二所罗门和老五詹姆斯直接找到了热尔韦，用更优惠的条件拿下了这笔生意。然后，他们用罗斯柴尔德所固有的高效率将预支的400万泰勒元兑换成了路易金币和欧洲通用金币，而且将到汉堡、德累斯顿和华沙，直接把这些钱送到了驻扎在这些地方的急等着用钱的俄军手里。英国政府也乐于看到这样的情况，这大大缩减了政府应付的利息，在英镑为泰勒元的兑换利率上也能占到不少便宜。

罗斯柴尔德兄弟们之所以能做出这样完美的交易，是他们的父亲从小教导的结果。梅耶始终教导孩子们，在与政府以及官员做交易时，一定要尽可能地开出最优惠、最有吸引力的条件，条件越丰厚，获得高收益的可能性就越高。詹姆斯就是这样做的。他为了拉拢热尔韦，把他变成公司可靠的“朋友”和“帮手”，向热尔韦本人以及其他俄国官员以佣金和无息贷款的方式提供了大量金钱。这些钱虽然名以上是“佣金”和“贷款”，其实无异于贿赂，当然，罗斯柴尔德们更愿意称其为“朋友津贴”。

在与俄国人的这单生意中，罗斯柴尔德兄弟给了热尔韦额外的1%作为佣金。罗斯柴尔德兄弟是商人而非圣人，他们自然知道这些“朋友津贴”究竟能够起到什么作用，这些钱不仅可以使得这一单交易尽快达成，而且为将来的后续交易铺平了道路。有趣的是，对于热尔韦究竟该拿多少钱这个问题，所罗门和詹姆斯兄弟两个之间有着巨大的分歧。所罗门对于给热尔韦1%的回扣这件事简直感到痛心疾首，在他看来，只要给那些没见过世面的俄国佬来“一块手表和一些英国袜子”，就足以让他们感激涕零了。不得不说，所罗门对于俄国人的偏见几乎毁了这单生意，幸好詹姆斯的立场很坚定，他信誓旦旦地向自己的哥哥兄弟保证：“你不了解俄国人，俄国人绝不像你想的那样没见过世面，他们精明得很。多给热尔韦一些回扣会是一个明智的决定，因为我们可以在和俄国人的下一次交易中得到更大的生意。”

现在是时候了解一下罗斯柴尔德究竟在俄国人身上赚了多少钱了。事实上，在俄罗斯补贴款的这项业务中，罗斯柴尔德兄弟获得了 8%的毛利，其中包括英国政府支付的 2%的佣金和 2%的成本补偿以及俄罗斯政府支付的 4% 的佣金。由于是政府间的大宗交易，因此罗斯柴尔德所获得的利润实在是过于丰厚了。更重要的是，由于战争暂时已经告一段落，拿破仑已经被送往厄尔巴岛，直到明年才会回来，罗斯柴尔德甚至没有为这单交易承担过多的风险。

由于英国的众多盟友拿到的补贴款全部是汇票，因此当俄罗斯在罗斯柴尔德手中成功将其兑现之后，其他国家的政府也纷纷找上门来，表示愿意和他们做同样的生意，并且支付和俄国人比例相同的佣金。

这些国家实在已经穷得叮当响了，只要能够立刻拿到钱，他们几乎愿意付出任何代价。德意志的一个邦国梅克伦堡甚至已经疯狂了，只要有人愿意立刻付钱，他们甚至愿意给自己应得的 150 万泰勒元打一个 7 折，然后再额外给付钱的人 5%的佣金。重回王位的法国国王路易十八同样也是“为了现金不择手段”的人当中的一员，詹姆斯很快满足了他的要求——以一个相对优惠的方式。

作为罗斯柴尔德兄弟的故乡，黑森－卡塞尔也是一个好下家，由于拿破仑的垮台，达尔贝格离开了这里，威廉又尚未归国，黑森－

卡塞尔几乎处于无政府的状态。这里的状况也相当之惨，在战争当中，俄罗斯的第二集团军把所有的粮食都征作了军粮，撤退的法国人则带走了国库里所有的钱，先期回到黑森－卡塞尔的威廉的官员悲哀地发现，自己的祖国已经是一穷二白。无奈之下，他们只能举债度日。最好的债主自然是老主顾罗斯柴尔德家族，一开始，他们商定好的借款的期限是6个月，但是，这里久经战乱的老百姓实在是太穷了，税怎么也收不上来，所以只能延期偿还部分款项。当然，延期的条件是要支付足够的利息。

不过，罗斯柴尔德兄弟的兑现生意也并非做得一帆风顺，在普鲁士和奥地利，他们就碰了钉子。在普鲁士，罗斯柴尔德虽然拿到了几笔业务，然而佣金低得可怜，最后的利润远少于其他国家的业务。普鲁士的官员要比贪财的热尔韦难对付多了。尽管罗斯柴尔德兄弟还是以“朋友津贴”开路，尽管赫里斯也在向他们大力推荐罗斯柴尔德家族，但普鲁士的财政大臣比洛王子却仍然不为所动。当然，罗斯柴尔德兄弟也并非一无所获，他们至少保证了自己在柏林可以拥有一席之地。对于这件事，詹姆斯沮丧地说：“跟普鲁士人做生意实在是乏味至极，但至少我们还是做成了一些，虽然利润不多，但也为我们联络普鲁士王室提供了方便。”

在奥地利的情况更不好，虽然英国人够朋友，一直在大力推荐罗斯柴尔德家族，但他们几次竞标都以失败而告终。事实上，他们开出的条件已经足够诱人，不仅不收任何佣金，而且钱币兑换的汇率也相当公道，但是奥地利人就是死活不肯松口，他们始终认定奥地利自己的银行有能力做好这笔生意，不需要外国人来横加干预。对于奥地利人这种古板的想法，聪明如罗斯柴尔德兄弟也只好徒呼奈何。

10. 赚钱的方式

那么，罗斯柴尔德兄弟究竟是如何从这些兑换交易中获利的呢？后世的经济学家认为，他们当时的盈利方式主要有两种。第一个也是最明显的一个，是以佣金的形式得到，我们从上文中也能看到，它可以是 8%，也可以是零，这取决于对方政府的大方程度和罗斯柴尔德兄弟与对方政府做生意的渴望程度。同时，罗斯柴尔德兄弟深谙谈判之道，知道什么时候应该矜持，什么时候需要主动，什么时候需要朋友。佣金属于固定收入，风险比较小，任何一个国家的政府都不会想要因为赖掉一点佣金而影响自己在银行方面的声誉。

第二个利润点的收益率更高，但风险也更大。罗斯柴尔德兄弟利用这个时期经常大幅改变的兑换比率来获利。这也是为何他们在和普鲁士的生意中虽然佣金低得可怜，但还是可以获利的原因所在。与其他国家的交易当然也可以用这种方式获利。举个例子，在当时，欧洲没有统一的外汇市场，再加上连年的战乱，使得在某一天，英镑和古尔登之间的汇率在伦敦、阿姆斯特丹和法兰克福的差异可能相当大。

罗斯柴尔德的盈利方式正是利用这种差异在一个市场买入较便宜的货币，然后在另一个市场以较高的价格卖出。罗斯柴尔德兄弟分处不同的国家，刚好便于他们进行这样的交易。他们不仅在伦敦和法兰克福拥有永久性的基地，在阿姆斯特丹和巴黎也有半永久性的办公室，在柏林和布拉格同样也可以见到罗斯柴尔德兄弟的身影。五兄弟可以共享所有可能影响外汇市场的信息，在今天我们都已经知道的事情是，罗斯柴尔德兄弟传送信息的效率甚至比官方更高。这类交易产生的利润占罗斯柴尔德家族在这一时期所赚取的利润的绝大部分，要远高过他们所收取的佣金。

英镑是当时欧洲最主要的货币，其地位相当于今天的美元。令人惊叹的是，罗斯柴尔德兄弟当时竟然可以操控英镑的汇率，以达到他们利用汇率差来谋取巨额利润的目的。

事实上，英国人对于金融的研究是很透彻的，英国学者早在1814年以前就发现了英镑汇率变化的趋势跟英镑的输出存在的关系，流出得越多，英镑就贬值得越厉害。无论是内森给威灵顿送军饷，还是英国给盟友发放补贴，都会导致英镑汇率的下跌。英国政府不是没考虑到这一点，然而内森向赫里斯保证在把款项运送出英国的过程中有办法保持汇率的稳定，赫里斯才铁了心把补贴款的业务交给了罗斯柴尔德兄弟来处理。

内森确实做到了这一点，赫里斯对罗斯柴尔德兄弟的本事赞叹不已。他说："内森购买了多达70万英镑的荷兰和法兰克福货币，却不会给市场带来一丁点的波动，汇率反而比他出手时更高了。我相信换成是一个军需部官员来做这件事，哪怕他只买10万英镑，对市场带来的波动都会比罗斯柴尔德的举动大10倍。"

罗斯柴尔德兄弟之所以能做到这一点，是因为在几年前的走私交易中，他们就已经开始关注并逐渐试着操控汇率的变化了。在这一过程中，詹姆斯一直在努力地阻止着法郎的升值，否则，其他人也许会从汇率的变化中发现他们兄弟究竟都做了些什么。几年下来，罗斯柴尔德兄弟积累了相当多的经验，于是他们开始更多地利用这一才能获益。1814年5月，巴黎和伦敦之间的黄金差价引起了所罗门的注意；同年6月，内森预见到了法兰克福的英镑价格将会下跌，并督促詹姆斯及时买进；7 月，阿姆谢尔在柏林抛售欧洲通用金币，詹姆斯却在阿姆斯特丹看准时机大量购进通用金币，并将这笔钱送到了热尔韦那里。这就是罗斯柴尔德在这段时间里大肆获利的秘密。

罗斯柴尔德家族的强势崛起让他们成了金融界标杆式的人物，整个金融市场都开始跟随他们的步伐，只要他们买什么，每个人都赶快跟进。因为到了此时，所有人都知道，罗斯柴尔德是在为英国政府做事，他们所采取的行动代表英国政府的态度。

但是，要强调的一点是，使用这种方式牟利属于投机的一种，在获得高收益的同时也伴随着极高的风险。比如，罗斯柴尔德兄弟在汇集输送俄罗斯和普鲁士补贴款所需的现金时，就遇到了相当大的阻碍。他们的生意铺得太开了，以至于超过了他们的财力所能够支付的范围，以至于这一次就算是整个家族动用了所有信用资源，但仍然对支付如此巨额的款项感到力不从心。

不仅如此，罗斯柴尔德家族在这一段所赚取的高额利润也让很多人眼红，就连他们的老朋友赫里斯和热尔韦都会发出抱怨的声音。他们还只是抱怨，普鲁士政府做得就更绝了，他们不由分说地便将因英镑价格意外走低而产生的成本算到了罗斯柴尔德家族的身上——他们向来不是罗斯柴尔德家族的朋友。

罗斯柴尔德兄弟能在操控汇率方面如鱼得水，同样也依赖于家族高效的信息传递系统，使得分处不同国家的五兄弟能够尽可能地共享可能影响外汇市场的消息。这些消息包括某个国家即将得到英国的补贴款，某大国正在策划某次军事行动，某两国即将签署和平协议，等等。他们自己的信息传递渠道往往比官方渠道还要高效得多。

然而即便如此，他们还是觉得自己的消息太不灵通了。比如，身在欧洲大陆的几个兄弟总是会催促身在海峡对岸的内森，让他加快信息系统的运转速度，因为他们觉得自己对于英国的信息了解得实在太少了。有一次，身在法国的詹姆斯发现荷兰阿姆斯特丹的英镑价格猛涨了6%，而内森却并没有传来任何一丝关于此事的信息。自觉错过了大好商机的詹姆斯便写信责备内森：“亲爱的内森，如果你认为补贴款的生意即将告一段落，那么我想，你肯定会预见到，由于货币的减少，汇率也会随之上升。可是，亲爱的哥哥，你竟然对于来信告诉我你的看法这件事如此不热衷，这让我感到很失望，知道海峡对岸都发生了什么事对我来说真的非常重要。”

除了收取佣金和进行外汇投机，罗斯柴尔德家族还有另外一种间接的方法从补贴款交易中赚取利润，那就是投机价格波动的债券。

汇率会随着大规模国际款项的转移和国际形势的变化而进行波动，债券的价格也是如此。比如1812年，拿破仑皇帝率领57万大军入侵俄国，进而导致俄罗斯国债的价格从其票面价格的65%跌到了25%，原因是，人们都认为当时战无不胜的拿破仑可以轻而易举地征服俄国，那么继续持有俄国的债券就会变成一件极有风险的事。1812年冬天，当法国人从莫斯科撤军的消息传来，俄国国债的价格便开始回升，11月30日升到了票面价格的35%，1813年3月升到了50%。

到了1814年，拿破仑在反法盟军的打击下已是节节败退，反法盟军离最终的胜利已经越来越近，此时俄罗斯债券价格的上升速度便明显比前两年快了许多，更不用说英国的补助款也是一大利好消息了。仗打到这个份儿上，明眼人都已发现，法国的战败只是时间问题了，于是乎英国盟国的国债便成了抢手货。

罗斯柴尔德兄弟此前一直致力于进行外汇投机，对于债券领域涉足较晚。俄国债券的价格最低时只有票面价值的四分之一，但是当内森终于想到要利用俄国债券做些文章的时候，其价格已经与票面价格很接近了。但是，即便如此他们还是义无反顾地收购了俄国债券，因为詹姆斯从热尔韦那里得知，作为战胜国的俄国政府即将为债券发放利息。此后，五兄弟陆续又做了几笔债券生意，但总的来说，从这些交易中赚到的钱要远远少于他们炒外汇的收入。

11. 最后一战

在 1814 年 3 月 31 日这一天，反法盟军占领了法国首都巴黎。4 月 13 日，拿破仑在著名的枫丹白露宫签署了退位诏书，法兰西第一帝国灭亡了。退位后的拿破仑被流放到地中海上一个名叫厄尔巴的小岛，他保留了“皇帝”的称号，但这位“皇帝”领土却只有这个面积 200 多平方公里的小岛。

战争结束了，这对于擅发战争财的罗斯柴尔德家族来说并不是一个值得庆贺的消息。虽然在战后的补贴款兑换业务中又赚了一笔，但越来越稳定的局势对于这个以投机为主要盈利方式的家族来说无疑意味着利润的缩水。

当然，财路不会被完全堵死，新的机会是战败的法国向战胜国支付战争赔款的业务，只要涉及货币兑换，他们总是有得赚。在罗斯柴尔德兄弟看来，他们之前在英国补助款输送业务里积累了足够丰富的经验，只要开出具有足够吸引力的条件，这单生意唾手可得。不过这一次，这个办法似乎失灵了。或许是因为之前较少处理以法郎为主的业务，即使他们开出了 0.5% 的佣金这样近乎免费的价格，在竞标法国给奥地利赔款的部分业务时还是遭受了拒绝。俗话说“好事成双”，坏事似乎也是喜欢接着来，罗斯柴尔德兄弟在后来争取其他盟国的赔款业务中也不断遭遇挫折。

正当罗斯柴尔德家族因为接不到生意而焦头烂额的时候，拿破仑这个之前给他们带来了无穷麻烦的敌人扮演了救世主的角色。他在1815年2月26日逃出了厄尔巴岛，率领700名士兵回到了法国。此时，拿破仑展现了自己在法国人民心中巨大的号召力。拿破仑一路发表演讲宣布自己将给法国带来和平，不再向外扩张，而且他不会再实行专制统治，而是改为君主立宪制，确保人民的自由。

复辟的法国国王路易十八屡次派兵堵截，但是所有军队一见到拿破仑就阵前倒戈。康巴塞雷斯、达武、马雷、内伊、苏尔特等文武大臣又回到了他的身边。1815年3月20日拿破仑回到巴黎，簇拥在他身边的是14万人的正规军和20万人的志愿军。路易十八只能出逃。

拿破仑又回来了，罗斯柴尔德家族的好运似乎也要回来了。伴随着拿破仑回来的又会是无休止的战争，因为就算是拿破仑想要和平，反法同盟中的那些国家也不会给他和平。而战争，对于罗斯柴尔德家族来说，就意味着更多的生意和更多的钱。

后面的戏码尽人皆知。拿破仑的回归只持续了百日，然后便在宿命般的滑铁卢战役中败给了他的老对手威灵顿。他的雄心壮志和雄图霸业也在这人生中的最后一战中被一并击碎，只落得在大西洋上的圣赫勒拿岛孤独终老的凄惨命运。

至于罗斯柴尔德家族，有人说内森利用自己家族的情报网络打了个时间差，成功地在英国证券市场赚到了超过1亿英镑的利润，顺便还控制了整个英国的财政体系（正如序章中所说的那样）。然而实际情况却与传说完全相反，罗斯柴尔德兄弟在这场战争的背后蒙受了相当巨大的损失。

损失最初缘于内森对局势的错误判断。拿破仑的回归使得内森认为欧洲将再次陷入长期的战争之中，他自己也将再次接下为英国和它的盟国们运送军饷的生意。然而，内森万万没有想到的是，拿破仑只撑了三个月，并且在他回归的前两个月，双方都在默默地调集军队、积蓄力量，并没有发生大规模的军事冲突。

事情的经过是这样的。1815 年 3 月初，内森决定买进奥地利的股票，并预测维也纳和伦敦的股市即将进入牛市。3 月 10 日，内森收到拿破仑回归，法军纷纷阵前倒戈的消息，他的如意算盘落空了，内森、所罗门以及巴黎的詹姆斯都受到了影响。很快，善于运作的内森重新找到了投机机会——囤积黄金，因为内森认为英国政府即将再次需要将现金运往欧洲大陆。于是，内森自己在伦敦，所罗门在阿姆斯特丹，詹姆斯去汉堡分别以相当高的价格吃进了大量黄金。

此时的内森踌躇满志，表现出藐视一切的自信。他似乎看到了源源不断的金钱滚滚而来，因为他们现在的合作伙伴已经不仅限于英国，补助款生意为他们的合作对象名单加上了俄罗斯、奥地利、丹麦、撒丁以及萨克森、巴登 – 符腾堡、巴伐利亚、萨克森 – 魏玛、黑森等德意志邦国。所以当伦敦的金价大幅升高，英镑受到影响走弱的时候，内森不为所动，他认为英国政府会很快跟法国开战。事情如他所料，内森轻松地用欧洲大陆的货币将英镑对法郎的汇率从 17.50 推高到了 22。

刚愎自用的内森很快就面临不利状况，在阿姆斯特丹、汉堡以及法兰克福的货币市场上出现了能够与罗斯柴尔德兄弟相抗衡的竞争对手。在汉堡的詹姆斯发现自己购买金银的行为已经无法再有效地控制汇率。接着，在 5 月 5 日，内森接到了英国政府的通知，给军队运送军饷的行动取消了。

事实上，造成这一损失的原因是，内森对于政治形势和自身实力的估计都太过于理想化了。这一次，只不过是赫克舍等欧洲大陆银行家对罗斯柴尔德家族的一次简单反击罢了。罗斯柴尔德兄弟相当沮丧，即便所罗门与卡尔试图扭转局面，也已经不能挽回损失。

至于滑铁卢战役的结果，内森的确提前得知了这个消息，消息是1815年6月19日夜里送达的，政府得到消息则是将近48小时之后的事了(虽然内森6月20日就上报了政府，但没人相信)。然而，内森也并没能利用这个时间差在英国公债上大赚一笔。

6月20日（滑铁卢战役结束后第二天），英国公债的价格为56.5英镑，一周后也不过涨到了60.5英镑，滑铁卢战役的消息带来的只是小幅度的上涨，其他国家政府的债券情况也相差仿佛，内森完全不可能以手头所拥有的资金赚得千万英镑甚至上亿英镑的利润。更重要的是，罗斯柴尔德兄弟几乎把所有的注意力都投放在收购黄金上了，根本就没打算大规模购买债券，因为内森认为这些债券的价值相当于鸡肋，远远比不上运送军饷和补贴款所得的利润。

拿破仑的失败似乎是突然间到来的。内森显然并不期望战争如此之快地结束，在他的心中，自然还是希望反法盟军获胜的，但同时，他也在暗中祈祷，希望拿破仑坚持得越久越好。要知道，此时，他们的补贴款业务才刚开始，他们囤积的大量金银面临贬值，还有在阿姆斯特丹待售的100多万英镑的国库券。一旦战争结束，这些业务全部要停止，巨额的亏损也就随之而来了。

7月底，卡尔只能暂停向军队提供款项。9月，詹姆斯迫于现金的短缺也停止了供款。卡尔承认：“军队已经不需要我们找钱了，他们有足够的钱。”福无双至，祸不单行。家族内部也有噩耗传来：他们的四妹朱莉·罗斯柴尔德去世，年仅25岁。“我真的感到特别的沮丧。”在滑铁卢战役两周后内森跟卡尔说，“我无法参与原本希望参与的生意的事。妹妹去世的消息让我不能集中注意力，因为这，我今天只做了一点点事情。”由此可见，拿破仑被推翻之后，罗斯柴尔德家族并没能迎来事业上的大发展，反而度过了一段相当艰难的岁月。

内森接下来面临的是如何快速扭转这样艰难的态势。对于滑铁卢战役带来的损失，内森想到的补偿方法是从战争补贴款入手。内森希望尽可能地延长英国支付盟国补贴款的时间。与此同时，盟国中也有许多人有着同样的念头。战争对他们而言，从来都是捞钱的机会，共同的利益驱使，让他们走到了一起。

其他人也有能力像罗斯柴尔德家族一样发战争财吗？事实并非如此。那些希望拖延时间的人并不是银行家，而是各国的外交官，只要他们能晚一个月缔结和约，英国就得多付他们一个月的补贴款。普鲁士代表约尔丹曾经私下里承认了这一点，紧接着一份相当丰厚的礼物使罗斯柴尔德家族得到了这单生意。俄罗斯负责处理补贴款的官员仍旧是热尔韦，所以俄罗斯的业务也轻易地到了罗斯柴尔德兄弟的手中。奥地利政府的态度也有了缓和，在罗斯柴尔德的老朋友林堡的游说之下，他们决定也将其一部分补贴款业务交给罗斯柴尔德家族处理。

当然，罗斯柴尔德兄弟收到的也不全是利好消息。欧洲大陆竞争的加剧导致佣金减少，局势的稳定也使套汇获利变得更加艰难。金融行业就是这样，昂贵的损失总是在不经意间到来，而就算你处心积虑地去弥补，最后的结果也往往是杯水车薪。罗斯柴尔德兄弟不断提及这段时期他们的利润十分微薄，微薄到经常只有 1%。联想到他们一年前的利润水平，我们不得不感慨命运的无常。面对当前的窘境，年长的阿姆谢尔和所罗门还是相当冷静的，因为毕竟“你不可能每天都能挣到百万利润”，而且“整个世界不可能在一夜之间全部属于罗斯柴尔德”。

第3章

伦敦城真正的统治者

真正的拿破仑从未到过伦敦，“金融界的拿破仑”到过，而且在这里一住几十年。内森·罗斯柴尔德被称作“金融界的拿破仑”。这绝非过分的恭维，因为正如拿破仑是那个时代最伟大的军事家一样，内森也是那个时代最伟大的金融家，是超越了他的父亲和兄弟的存在。在内森的带领下，罗斯柴尔德的英国分支也同样是五大分支当中最强大的。

01. 远渡重洋的布料商

内森·罗斯柴尔德，罗斯柴尔德家族创始人梅耶·罗斯柴尔德的第三子，同时也是帮助罗斯柴尔德家族迈出国际化第一步的那个人。

众所周知，在鸦片战争中，英国人用他们的坚船利炮打开了清朝的国门，进而用他们廉价的纺织品彻底摧毁了中国的手工作坊经济体系。17 世纪的工业革命使得英国的纺织行业得到了长足发展，各种纺织品的产量和质量飞速提升，成为当时全世界范围内利润率最高的商品之一。而这，正是当时已经开始涉足银行业的梅耶将自己的三儿子内森派往英国的最重要原因。事实就是如此，后来被称作“金融界的拿破仑”的内森·罗斯柴尔德，最初去到英国的目的，根本与金融毫无关系——他是去做布贩子的。

关于内森·罗斯柴尔德选择来到伦敦开创事业的直接原因，有一种说法是起源于他与英国兰开夏的一位大棉花生产商的一场争论。

17 世纪时，英国商人控制着整个欧洲的棉花交易，这些垄断者傲慢且狂妄，对待国外合作伙伴时显得特别专横。内森也遭遇了这样的情况，一位兰开夏的大棉花生产商在与罗斯柴尔德家族做生意的时候态度非常粗鲁、不得体，内森非常生气，他决定将自己的事业版图扩展到英国本土去，让这些英国佬见识见识什么叫商业家。

至于内森自己，则是这样说的：“那个城市（法兰克福）已经没有足够容纳我们发展的空间了。与英国方面的所有生意是由我负责处理的。有一次我跟一个大商人做生意，全部市场都归他所有，如果他愿意把货物卖给我们，那对我们非常有帮助。但我可能是冒犯了他，他就是不给我看样品。在一个星期二，我对我父亲说：‘我要去英国了。’那时的我除了德语之外不会任何一门其他语言。但到了星期四的时候，我就已经在路上了。”

在伦敦，内森的“布贩子”做得相当成功。按照他自己的说法，这很大程度上要归功于他灵敏的商业嗅觉。

内森自己说：“离英国越近，货物越便宜。我一抵达曼彻斯特，就用上了所有的钱，东西太便宜了，我获利颇丰。我很快发现其中有三个盈利点——原材料、染料以及制造。我对生产商说：‘我给你提供原材料和染料，你给我提供制成品。’三方面的盈利我全得到了，我也能够以比其他任何人都便宜的价格卖货物。在很短的时间里，我的 2 万英镑就变成了 6 万。这得益于我是一个当机立断的人，我能够立刻给出一个优惠价。”

当时，内森在抵达兰开夏之后，对市场上的布料质量和价格作出自己的判断，然后把订单下发给曼彻斯特，以及曼彻斯特周边的诺丁汉、利兹、斯托克波特甚至苏格兰格拉斯哥在内的生产商。布料随之生产出来，然后由曼彻斯特或附近的染色、印花厂加工为成品。这就是内森布料生意的一贯流程。

那是一个纺织业飞速发展的时代，利润率可以高达 20%，很多人因此而发家致富。就当时来讲，内森算是一个相当厚道的商人，他的开价相当合理：他的价格向来比市场价略低，而且如果是现金交易，他就会给买家打九五折，如果要将货物运往欧洲，那么他还会额外再优惠 4%。

因此，内森在成为一个优秀的银行家之前，就已经是一个优秀的商人了。这就是为什么他可以如此信心满满地跟客户说：“我想，在这里，在曼彻斯特，你不可能找到利润比我更微薄的纺织商了。你可以随意打听，不过我确信，只要你跟我做过一单生意，你下次就还会来找我。因为我给出的价格比这个世界上的任何人给出的价格都低。”

靠着薄利多销的策略，内森的生意越做越大。在这之后，他不仅逐渐将交易的对象拓展到家族以外的更多公司，还开始涉足贷款生意——就像他的犹太祖先们所做的那样。向别人提供贷款对他自己的生意也有帮助，因为内森能够支付的现款或“即时票据”越多，他能够支付给供货商的钱就越少。相反，如果内森尽可能地给客户提供贷款，那么他将吸引到越来越多的客户。这就是内森的经商原则，典型的犹太人的智慧。

就这样，内森的经营越来越多样化。来到英国几年之后，内森对于那些贪得无厌的供货商越来越不满，那些人只知道想尽一切办法榨取利润，而不懂得长期合作的重要性。既然竖子不足与谋，那么就找一个更好的搭档。1805 年，梅耶从法兰克福派了一个名叫林德斯科普夫的人来，这个林德斯科普夫是梅耶的商业伙伴贝尔·内姆的儿子，内森任命此人做他的经理人。事实证明，林德斯科普夫确实是个有能力的人，在他的带动下，内森的经营范围越来越广，从以前单纯地卖布料，变成了多种经营，其中还包括珍珠、玳瑁以及象牙等奢侈品，这些东西英国本土是不产的，基本都来自大英帝国那广阔的海湾殖民地，因此被称作“殖民地商品”。

有了林德斯科普夫帮忙，内森终于可以把自己所有的精力都集中在信贷方面。于是，他经常打交道的人从各式各样的生产商和销售商变成了一家又一家的银行。在梅耶成功地从一个商人转型成银行家之后，他的三儿子也走上了这条路，而且，后来的历史证明，内森要比他的父亲更出色。

此时的内森已经渐渐具备了大商业家的风范，从他说话和写信的语气中可见一斑。他曾经底气十足地告诫一个苏格兰商人说："如果你能让我对你感到满意，那么你也会很满意，因为你将会源源不断地收到订单，让你的工人一刻都不得闲的订单。"然而，这个苏格兰人似乎并不买他的账，这让内森感觉自己受到了侮辱，他的语气也变得更严厉："我写信给你，而你却不曾给我任何回信，这让我很难掌握你的情况。当初在格拉斯哥，你以上帝的名义发誓要优先处理我的订单，可现在我却不知道你究竟做得怎么样了。如果你能按时完成，那么我们就继续合作，如果你无法信守你的承诺，那么我想我们也没有再联系的必要了。"

还真的有公司敢于拖延内森的订单，于是这家公司便受到了内森更加严厉的指责，他尖刻地说："我想，你们肯定是'绑架'了我的货物，如果我不把全部货款先行结清，你们就不给我发货？我会将这当作是一种亵渎。我知道你们是怎么想的，你觉得我不会亲自上门，但你错了，我两个月后就会再去一次，而且我相信以我支付货款的方式，我能够得到大量的货物。当然，是从你的竞争对手那里。"

到 1804 年——他到达英国的第五个年头——的时候，内森已在大名鼎鼎的唐宁街拥有了一栋房子，并且在布朗街拥有一个仓库。

在刚刚来到英国的 5 年时间里，内森的商业之路可谓一帆风顺。然而在此之后，内森的生意受到了战争的影响。拿破仑下令封锁英吉利海峡，使得英国与欧洲大陆之间的航运变得不再通畅。因此，在 1805 年 11 月，一位在英法两国之间做航运贸易的商人哀叹道："现在对欧洲大陆来说，是最为关键，也最为悲惨的时刻。任何种类的贸易都没有了，市场被各种货物挤得严严实实，没有一张订单进来。”于是，大批公司只能选择破产，其中包括汉堡的 M.M. 戴维公司，这是内森和罗斯柴尔德家族的一个重要的合作伙伴。

英国并不大，仅在英国本土贩卖货物显然是不可能有利润的，因此，在这种形势下，内森要想活下来，就只能另辟蹊径。他选择了非法出口这条路——用更加直白的方式来表述就是走私。1807 年 10 月，内森先是伪造了一份德国文件，然后雇用了一艘在美国注册的货船，让这艘货船经过阿姆斯特丹向瑞典运送了一船咖啡，这是他走私生涯的开端。从此，内森便一发不可收拾。

当然，走私的风险尽人皆知，但正是因为风险高，回报率也高得异乎寻常。到 1808 年的时候，由于内森的胆大心细，他的走私船竟然奇迹般地从未出过问题，这为他赢得了“总能把货物运到欧洲大陆的能人”的名声。几年之后他之所以能够接下为威灵顿运送军饷的任务，就是这时候打下的基础。

1806 年 10 月，内森 · 罗斯柴尔德迎来了人生中的另一大转折点，他结婚了，妻子是汉娜 · 科恩。汉娜的父亲莱维 · 巴伦特 · 科恩是伦敦的一位相当成功的商人。这桩婚姻增加了内森的资金，除了妻子的嫁妆 3238 英镑之外，他还从自己的父亲梅耶那里得到了一份丰厚的礼金。

科恩也是一个敢想敢干的人，他知道自己的女婿在搞走私，但他不仅不阻止，还主动加入进去，他鼓励内森拓宽向欧洲大陆出口的货物范围，除英国纺织品外还要出口印度和波罗的海国家的产品。总而言之，什么东西在大陆畅销，他们就走私什么。

然而，内森自己却另有想法，他已经下定决心成为全职银行家。因此，内森在维持一定规模的走私业务的同时开始转入银行业，尽管当时他在伦敦还不太为人所知，然而他却将自己在曼彻斯特的大本营搬到了伦敦。1811 年 7 月初，内森踏出了事业上的关键一步，他在报纸上发了一条消息："内森·梅耶·罗斯柴尔德和他的'罗斯柴尔德兄弟公司'从今日起停止在曼彻斯特的所有业务，一切相关事宜将转到伦敦圣斯威斯兰大街纽考特 2 号，N.M. 罗斯柴尔德会计部进行处理。"伦敦圣斯威斯兰大街纽考特 2 号，这就是未来很多年内内森和他的儿子们在英国的大本营，以至于很多人直接用纽考特来代指罗斯柴尔德家族的英国分部。

从 1799 年来到英国到 1811 年，在离开法兰克福那狭窄、肮脏的犹太街 12 年之后，内森·罗斯柴尔德，这个日后横扫英国金融界的人终于把伦敦当作了自己的主战场。

02. 与政府做生意

在将总部搬到伦敦之后，内森开始更多地跟政府做生意，这使他有机会获得更加高额的利润。那个时候，拿破仑是欧洲的王者，他的统治如日中天，所到之处所向披靡，横扫了整个欧洲。内森这时候做的却是尽力帮助英国。当然，这也是一次押宝式的豪赌，他选择相信最后英国会获胜。

因此，内森作出了很多在当时的人看来很傻的决定，比如，他会以很高的折扣买入反法联军统帅威灵顿公爵的大批期票。内森自己非常满意这笔生意，他也毫不怀疑这批期票未来可以兑现，而最终的结果并没有让内森失望——威灵顿打败了拿破仑。

内森之所以能够频繁地跟政府做生意，缘于他总是可以取得政府官员包括那些高层的信任。通过政府里的渠道，他往往可以优先了解到很多重要的政治、经济以及军事信息，而金融产品恰恰对这类信息反应非常灵敏。提前了解信息，就可以先一步做好应对方案，在证券市场，这样的信息价值千金。

除此之外，来自家族内部的支持以及罗斯柴尔德家族杰出的情报系统也使得内森在伦敦如鱼得水。关于五兄弟合伙做生意的故事，我们在第二章当中已经讲过很多，而罗斯柴尔德家族的情报网络，其效率往往比政府渠道还要高。在这个信息系统里，内森拥有自己的代理人和信使，这些人使用训练有素的信鸽，负责收集欧洲乃至世界各地有关军事、宫廷和政府的情报，然后以最快的速度把这些情报传递回内森手上。内森就是这样先人一步得知滑铁卢战役的结果的（虽然这并没能使他最终获利）。另外，内森也是最早通知阿伯丁爵士法国七月革命爆发的人。

拿破仑在 1814 年第一次被推翻之后，罗斯柴尔德家族开始为欧洲各国提供补贴款兑现业务，这也使得这个犹太家族逐渐被各国政府所熟知。而内森，则是当时的罗斯柴尔德五兄弟中最活跃也最出名的那一个，在英国的政商两界，几乎没有人不知道内森·罗斯柴尔德的大名。这些兑现业务在罗斯柴尔德家族所有投资中可以算得上利润最丰厚的项目。这种生意有两个好处：一是和政府打交道做生意可以有稳定的委托权；二是通过证券的投机收入，内森可以源源不断地有资金用来发放贷款。

在当时，内森首先把外国贷款介绍到英国，然后在跟各国政府谈判的时候要求股息和红利都必须在伦敦支付，因为之前的投资人购买外国债券都是在国外结清股息和红利，并没有享受到政治上的支持。内森的这类举措让他成功地操控了欧洲各国的贷款业务。另外，内森也特别注重信誉的建设，他掌管的银行从来没有出现因为向政府发放贷款而破产的情况。如果真碰到大额的贷款生意而银行支付能力不够的情况，内森甚至会自掏腰包来解决。除了为信誉着想外，内森更相信自己的实力，他认为，自己在英国乃至整个欧洲都有足够的影响力，收回这些钱也完全不成问题。由于内森的信誉实在太好，支付能力又强，所以即便是再苛责外国贷款的人也对他的贷款业务无话可说。

滑铁卢战役之后，内森及罗斯柴尔德家族为各国政府提供的贷款帮助不少国家成功度过了战争之后的财政困难期，比如我们之前曾提到过的俄罗斯以及老主顾黑森 - 卡塞尔。1819 年，内森向英国政府提供了一笔援助贷款，数额为 1200 万英镑。不过这笔生意并不属于内森认为的好生意，由于货币贬值，内森承担了比计划中更多的负担，不过他倒是不缺办法把这些负担转移出去。在通过一笔单独的贷款赚取了 15 万英镑之后，内森买下了乔治三世的姑妈阿梅丽亚公主曾经住过的一处别墅和田产，这也更加巩固了内森与英国政府以及王室的亲密关系。

03. 内森的手段

在战场上，没有任何一个人敢称自己常胜不败，就连军事上的天才拿破仑最终也被打倒。正所谓商场如战场，混迹于金融圈的内森自然也不可能只赚不赔。虽然他经手的生意大部分是成功的，但投资失败进而蒙受损失的情况也时常会出现。除了滑铁卢战役那一次之外，内森还曾经按照巴克斯利爵士的计划投资财政部，结果，这笔失败的生意让他损失了 50 万英镑。但是衡量一个银行家是否杰出的标准并不是看他做了多少笔成功的买卖，而是看他能否经得起失败的打击。毫无疑问，作为一名银行家，内森当得起“杰出”这两个字。比如，在 1823 年法国入侵西班牙的时候，内森预料法国贷款可能无法收回，于是多关注了一下其他生意，最后有亏有赚，成功地弥补了大部分的损失。

谨慎也是内森作为一个杰出银行家的优秀特质。内森的谨慎表现在如果一个国家正陷入动乱，或者当他自己对这个国家请求贷款的行为有疑虑时，他就会毫不犹豫地终止交易。比如对于常年动荡不安的西班牙，内森向来是敬而远之的，甚至对那些在西班牙殖民统治下的南美国家，他也从来不闻不问。尽可能地远离危险，这是内森一贯以来的行事准则。然而，关于“危险”的定义，却是由内森自己判定，有时候在他眼里，就算是走私，也并不包含在“危险”的范畴之内。而在 1824 年和 1825 年的投机热潮中，无数商人（很多人甚至不是银行家）开始疯了一样地投资证券，敏锐的内森却从中嗅到了“危险”的味道，并且时常告诫周围的人，帮他们规避风险。

除了证券生意之外，另外的一笔关于水银的买卖成了内森日后津津乐道的话题。当时，澳大利亚的伊德里亚和西班牙的阿尔马登水银矿的产品几乎垄断了欧洲的水银市场。水银的用途很广，在工业中经常用来从金属化合物中提取金银，在测量和计量中也经常会用到，因此是一种非常有价值的化学物品。西班牙的阿尔马登除了水银之外，还有很多其他有价值的矿藏。

1831 年，处于困境的西班牙跟内森谈判贷款业务的时候，希望把阿尔马登的矿藏作为支付贷款利息的担保抵押给内森。内森敏锐地察觉到这座水银矿是个发财的好机会，因此，内森又一次祭出了自己操纵价格的拿手好戏。在他跟西班牙商定之后没多久，人们发现阿尔马登的水银价格翻了一倍，再看伊德里亚的水银价格也是一样。内森把两个水银矿都控制起来，垄断了整个欧洲的水银市场。从商业上来讲，这无疑是一个经典的案例，内森通过这单生意获得了大笔的利润。不过，这笔生意却给内森带来了骂名。原因是水银除了有工业用途之外还具有药用价值，涨价后的水银对于需要水银的患者是个巨大的打击。这一点，即使精明如内森，也是无论如何都料想不到的。

在与英国政府打交道的时候，内森与英国的国有银行——英格兰银行便时常产生矛盾。有一次，罗斯柴尔德家族在伦敦的一个工作人员来到了英格兰银行，他本打算兑现一张由内森的大哥阿姆谢尔开出的大额支票。英格兰银行的职员以“只兑现银行的支票，不接受个人支票的兑换业务”为由拒绝了这个要求。这位工作人员在英格兰银行碰了钉子，于是回去之后便向内森如实禀报了自己的经历。听闻此事，内森大为恼火，撂下一句狠话：“个人？我倒要让他们见识我们这些所谓个人的厉害。”

三个星期之后，已经做好了充分准备的内森带着厚厚的一摞支票本亲自来到了英格兰银行，里面全是他命令罗斯柴尔德家族的人在英国乃至欧洲大陆收集到的银行支票。银行的职员有点诧异内森的到访，毕竟，在伦敦金融圈不认识内森的人还不多。来到柜台之前，内森淡定从容地从支票本里掏出一张5英镑的支票要求兑换，银行职员不明白身为大富豪的内森为什么要亲自来做这样的事，但还是迅速地数给了他5枚面值为1英镑的硬币。在仔细地把5枚银币数过一遍之后，内森小心地把它们装入准备好的帆布袋中。

内森接下来的举动把这位职员乃至银行里所有的人都惊呆了。他打开了支票本，把他准备好的一大摞不同国家不同数额的支票全都拿出来兑换。银行职员没办法，只能不停地按照支票上的数字支付现金，桌上的钱币堆积如山，然后被神情严肃的内森一股脑地装进帆布袋里。接着是另一个支票本，另一座钱币堆成的小山以及更多被塞满的帆布袋。内森一边收钱，还一边义正词严地督促着忙得不可开交的银行职员：“快点，我没有多少时间。”

最后，直到这家银行所有的钱币都被兑换一空，内森才派人拿着这些装满了钱的帆布袋离开。第二天，内森放出话来：“这些先生拒绝接收我们的支票，我已经发誓再也不会要他们的支票，我这么做只不过是警告他们，我所收集到的支票远不止这一点，我想，他们估计要再忙上两个月吧。”很快，被吓怕了的英格兰银行就宣布继续接收罗斯柴尔德家族的支票。对于之前罗斯柴尔德家族遭受的傲慢待遇，内森原封不动地还给了英格兰银行的人。“内森抖一抖，伦敦就得颤一颤”，这就是“金融界的拿破仑”的手段。

事实上，这次的行为只是内森向英国政府乃至全欧洲的金融界展示自己实力的一种方式。在绝大多数情况下，内森在性格上虽然有些刚愎自用，但绝对不会因为一时冲动而不计后果地作出不理智的决定。作为一个精明的商人，他懂得无数种把危机转化成契机的方法。

有一次，一位股票经纪人在证券交易市场里大骂内森，情绪激动的他随后甚至将谩骂的范围扩大到整个罗斯柴尔德家族乃至整个犹太民族。有人立刻将这件事情告诉了内森，内森听完后并没有生气，而是非常平静地说了一句："谢谢您善意的提醒，这个人会有用的。"随后这个人成了内森操控市场的一大法宝，内森通过一家看似和自己不沾边的机构收购了这位经纪人手里的大量有价证券，就这样，内森轻易地把反对者变成了自己的"帮凶"。

由此可见，内森成功的另一大秘诀就是保守秘密。一位为内森撰写过个人传记的作家曾经说过："内森对他的所有生意都保密，我想，这是他取得成功最主要的秘诀之一。对于想要探知他秘密的人，内森总是会采取各种各样的手段让他们摸不着头脑。假如他预先判定股市会上涨，他就会提前告诉他的经纪人抛出一半的股票，然后大肆散布股市将要大跌的消息。人们开始担心，恐惧感不断蔓延，进而跟风式地疯狂抛出股票。这是很多人希望看到的结果，包括不受雇于内森的经纪人，也纷纷低价买入。到了这时，好消息传来，股市立刻回升，内森也就轻易获得了他想得到的东西。"

而对于这位伦敦城里的重要人物以及数一数二的富翁，《绅士杂志》的一位编辑是这样评价内森·罗斯柴尔德的："在制定款项利率时，不管是贷出还是借入，不管是世界上哪个地方，内森都不需要片刻思考，并且他的记忆力非常精确，在回家时给下面的办事员交代每天工作的时候完全不需要任何记录。"这也许是内森作为杰出银行家的一种天赋吧。

04. 一个真实的人

1806年，内森与英国商人的女儿汉娜·科恩结成了夫妇。汉娜的父亲莱维·巴伦特·科恩当时是伦敦最富有的犹太人之一。在结婚之前，老科恩对于这位未来的女婿还有些疑虑，在他看来，内森是一个敢于冒险，甚至热爱冒险的人，那么他很有可能曾经非正当地谋取过他人的财产。于是，科恩希望内森可以向他出示一些证据，证明自己所获得的财富的正当性。当他小心地向内森提出这个要求时，正处在“人生当中最应该讨好岳父的阶段”的内森却毫不犹豫地拒绝了。他的理由很简单：良好的品德与财富是相辅相成的，而现在，把女儿嫁给自己，对科恩先生来说无疑是一个最好的选择。在最该讨好岳父的时候说出这样的话，足见内森个性的强硬。

与他的强硬个性相辅相成的，是内森对于慈善事业的蔑视态度。内森始终认为，财富是对一个人的智慧和努力程度的最好嘉奖，而那些贫穷的人只能怪他们自己，所以丝毫不值得同情。因此，在对死后财产的分配上，他留给慈善事业的数目为零。而当有些时候，内森不得不掏出钱来捐助慈善事业时，他还会发脾气，在那一瞬间，这位一向精明的金融家就会暂时失去判断力，甚至充满无奈地说：“看吧，只要我在这张支票上签字，我就变成一个不折不扣的蠢货了。”

内森有时候也会对街边的乞丐进行一些施舍，不过，别以为这是内森偶尔的慈悲心发作，他只是想要搞一个恶作剧而已。有一次他曾经亲口跟人说：“有时为了找点乐子，我会给乞丐一个基尼。

他会认为我搞错了，担心我弄明白了会跟他要回来，就飞快地跑掉。你也可以试试看给乞丐一个基尼。真是太有意思了。”

也许是天性，罗斯柴尔德家族的人都喜欢自由自在、不受约束，内森与人交谈非常直爽和坦率，他自己认为这样做远好过所谓文明人士的那一套谦恭和礼仪，他把那些视为虚伪和惺惺作态。当然，其中也有一定的蔑视权贵的因素在里面。

曾经有一位德国王子希望结识内森。此时的内森已经是一个举足轻重的大人物，要想见他的面，就算是王子也并非易事。这位王子经过引见之后终于获得了面见内森的机会，但是当他走进内森房间的时候，内森正在忙着，面前还堆着一大堆文件。于是王子自报了一下家门，内森只是点点头示意他坐下，但是仍然埋头做自己的事情。王子感到十分尴尬，想自己贵为王族，虽然这次是有求于人，但也着实没想到会遭受这样的冷遇。僵持了几分钟后，王子实在忍不住了，开口道：“先生，请允许我自我介绍一下。我是……”王子正要报出自己的尊贵头衔，却被内森一口打断，甚至连头也不抬一下：“哦，你也请坐吧。”

这就是内森待人接物的一贯作风。你可以理解为傲慢，也可以理解为豪放和不拘小节，但有一点可以肯定，无论是达官贵人还是平民百姓，在他那里一向是一视同仁的。事实上，内森的周围永远不缺乏希望结识他的人，从王公贵族到神职人员，从赫赫有名的大商人到年轻的学徒，甚至无论是来自民主国家的使节，还是来自专制国家的下臣，都可以与他交谈甚欢，只要他觉得面前的这个人不是一个无趣乃至死板的人就行。在慈善方面极其吝啬的内森在社交方面却十分讲排场。内森的宴席永远豪华得让人目眩，华丽的餐具、精美的家具、美味的菜肴令人流连忘返。

内森偶尔也会展现出幽默的一面，他曾经半开玩笑地对蒙特莫瑞西公爵说："我们俩的地位差不多，你认为自己是最优秀的基督教男爵，而我恰恰是最优秀的犹太男爵。"这让我们看到了这位金融家除了积累财富外另一方面的小聪明。因此，就算没有什么重要的生意，那些政客、贵族和商人也都喜欢和他打交道，因为内森实在是个既慷慨又有趣的人。

当然，也有不少人瞧不起内森的这种种做派。比如，曾经有记者撰文讽刺内森浑身充满铜臭气，是个十足的暴发户，然而得知此事之后，内森却丝毫不以为意，只是一笑置之，然后继续我行我素。

一些细微的行为举止也是让他为那些讲究礼仪乃至有些吹毛求疵的人诟病的原因。一些人觉得他有时候显得太粗暴和笨拙，与他的社会地位太不匹配。有讽刺者就经常拿内森笨拙的举止作为攻击目标，还有他肥胖的身体，不修边幅的外表，带有犹太味道的口音。一位作家曾经用讽刺的语气极其详细地描摹过内森在与人谈话时的一举一动："他的容貌间显露出一种僵硬和紧张的神情，会让你想到是不是有人在背后掐他，而他好像害羞不敢说出口。一般来说，眼睛是心灵的窗口，不过在他这里你会觉得这窗口是假的，或者窗口的背后是其他什么东西而非心灵。在他的眼睛里，你看不到任何一丝光芒，即便是发布命令，眼睛里同样也没有任何火花闪现。这使得他整个人看起来就像是一个没有思想的空壳。"

对于这些讽刺和攻击，内森的反应依然是老样子。也许，在他的眼里，这些所谓攻击只不过是源于那些不如他的人对他所取得的成就表现出的一种妒忌心理。对于这种人，内森向来是不屑于跟他们一般见识的。

事实上，庞大的财富为内森所带来的也不仅仅是显赫的社会地位与奢华的生活享受。在比几乎其他所有人都拥有更多的财富之后，内森的内心就被蒙上了一层阴影，暗杀的恐惧一直伴随着他，让他时刻不得安宁。内森心里很清楚，在这些年的金融生涯中，自己曾经亲手毁掉了别人的无数桩生意，也曾令不少人倾家荡产。这绝不是内森在杞人忧天，他前前后后收到了数以百计的恐吓信，还有一封来自欧洲大陆一个神秘法庭的信，信中说由于内森提供贷款给他们反对的政府，不日将对他执行死刑，这让他食不甘味、夜不能寐。相比于那些毫无意义的酸言酸语，这才是实质性的威胁。越是富有的、取得了极大成就的人，对死亡的恐惧就越深，再加上内森本来就是一个小心谨慎的人，以至于他随时都将一支上了膛的手枪带在身边，甚至连睡觉的时候也不例外。

长期遭受恐惧感的折磨使得内森变得有些神经质。有一天，两个身材高大、长着浓密胡须的人走进了内森的房间，在内森对他们礼节性地欠身之后，两个人也欠身还礼，但是一句话也不说。一瞬之间，内森感到这两个人非常可疑，他们神情紧张，目光躲闪，而且还试图在口袋里掏什么东西。多年以来，在内森的想象中，来结果他性命的杀手正是这副模样。求生的本能使得内森抄起了一根木棍朝那两个人劈头盖脸地打了过去，与此同时，口中还在大声呼救。然而在事后，内森才尴尬地发现这两位所谓“杀手”其实是银行家。一位熟人写了介绍信推荐这两个人来拜访他，他们想要从口袋里掏的，正是那封信。闹出了大笑话的内森感到万分抱歉，在无数次地跟两位访客道歉之后，他略显虚弱地说道：“请原谅我这个可怜的人，拜我的那些财富所赐，我每天都要忍受死亡的恐惧。”

05. 内森之死

死神不会因为人们对他的恐惧而放缓脚步，也不会因为某个人拥有其他人远远不及的财富而高抬贵手。

内森的去世显得有些突然，恐怕连他自己都想不到，也许是防范太过于严密了吧，想象中的杀手直到他死也没有光顾。1836年，内森的长子莱昂内尔与表妹的婚礼在法兰克福举行，内森赶去出席。在罗斯柴尔德家族内部，相互之间经常通婚来加强家族联系，这也正是遵循老罗斯柴尔德的遗训，家族内部要时刻保持团结。

只有一件事使得这桩原本十分盛大的婚礼蒙上了阴影，那就是内森·罗斯柴尔德面临死亡的事实。说得准确一些，他病了；没人能够想到，这个自他们父亲于1812年去世之后就一直是罗斯柴尔德家族领头人的人，会在他的权势达到巅峰状态的时候突然死去。根据史料记载，内森所患的疾病可能是坐骨直肠窝脓肿。正如他妻子所说的那样："一个最不受欢迎的访客再次拜访了他，一个最不方便的地方生了令人难以忍受的毒疮，这让他非常气恼，尤其是坐下来的时候。"他的儿子说得更为直白："爸爸的屁股上长了一个可怕的毒疮，他受尽了折磨。现在只能卧在床上，经受了难以忍受的苦楚。坐马车的旅程加重了病情，因此他现在需要大量休息。"

内森·罗斯柴尔德最后的病情以及死亡是一个研究19世纪医药匮乏的案例。可能并不是德国医生的干预治疗"杀死"了他们的病人，这种治疗的目标就是放出脓血，这并非没有道理；但是这会给内森带来难以忍受的剧痛，因为当时没有任何麻醉剂。在内森抵达法兰克福后不久，医生就实施了穿刺手术，但另一个脓包很快出现，与第一个脓包一样给他带来了疼痛，并限制了他的行动。

“亲爱的安东尼，”内森的妻子汉娜在写给当时留守巴黎，帮助叔叔詹姆斯照管生意的儿子的信中透露了自己深刻的焦虑，“这让人非常担忧，因为这些病痛太痛苦了。但是医生向我们保证不会有危险。你知道爸爸如果生病，他根本受不了。”

莱昂内尔在 6 月 13 日报告说：“大开孔的情况很好，不会有其他手术。切利亚斯教授今天早上抵达这里，发现两个伤口的好转情况超过了他的预期；实际上，他十分满意它们的好转趋势，并向我们保证，爸爸恢复健康只是时间问题。”他的母亲也同样得到“这位来自海德堡著名教授”的保证，“不会再有其他脓包形成，开孔状况良好”。

毋庸讳言，内森的病情影响了婚礼的喜庆气氛。但是内森不同意因为他而推迟婚礼的意见。实际上，他坚持自己也会出席婚礼。婚礼那天，如他的妻子记录的那样，“他鼓起勇气早上 6 点起床，走到夏洛特住的地方，这一切他尚能支撑，后来又穿上礼服，去到卡尔的家里，准备出席庆祝仪式。”

“一切进行得非常顺利。”如释重负的新郎下午能够向当天未到场的兄弟们报告说，“爸爸身体恢复得很好，能够来参加婚礼了……就如他抱怨的那样，他是唯一感受痛楚的人，做到这些需要一点毅力。但你们知道，爸爸最不缺的就是毅力了。不过仪式只持续了半小时，而且很肃穆……它进行得异乎寻常的顺利，因为爸爸的到场，我们的家族完美无缺。”实际上，内森似乎特地淡化了他的病情，试图开各种玩笑，让到场的人忍俊不禁。

然而，这一切都是内森为了不破坏婚礼的气氛而做的掩饰。仪式一结束，他就被极度的疼痛击倒了。他并没有回到旅馆，而是被抬到他女儿夏洛特和女婿安塞尔姆家里的床上，安塞尔姆是所罗门的长子，当时他们在法兰克福定居。一对新人则出发去威斯巴登度过为期24小时的蜜月，越来越烦躁的内森再次接受了医生的手术。尽管他忍受了“所有手术，嘴里微微地哼着歌”，但此时，他显然已经无法再保持乐观，于是他坚持让在纽考特的医生兼邻居本杰明·特拉弗斯赶到法兰克福。

婚礼之后整整6个星期，整个家族只能默默地等待内森康复。到6月底，他已经好了很多，可以继续通过莱昂内尔向留守在伦敦照管生意的二儿子内森尼尔发去口述指令。莱昂内尔则显得相当烦躁。“爸爸恢复得很好，但是很慢。”他对兄弟们说，“每天，全家人都在一起用晚餐，冗长而且单调。他们一整天只是从这个房子跑到另一个房子，什么都不做，什么都不说。”但是医生们继续进行治疗并排出伤口里的脓血，伤口并没有出现真正好转的迹象。内森在“苏打水、薰衣草、橙子和水果”中寻找缓解痛苦的一丝安慰，这些东西全部是信使从伦敦运送过来的。

“第二个伤口今天早上进行治疗了，”莱昂内尔7月9日报告说，此时距内森抵达法兰克福已经有一个月，“爸爸以最大的勇气接受了手术，一直在开着玩笑。伤口比第一个要大，因为脓包非常深，那一定非常疼。”然而，再次的手术却并没能阻止病情的进一步恶化。

最终，在7月24日，内森陷入了持续的高烧，情况十分危急。第二天，在一种焦躁、近乎昏迷的状态下，他把儿子叫到身边。焦虑不已的莱昂内尔写信给内森尼尔说：“他立刻让我写信，希望你继续卖出英国证券和国库券以及2万英镑的印度股票。你同时还要寄一份手头持有各种股票数量的账目过来。我不知道我是否错误地领会了他的意思，但是我不想他再解释。他还要你卖出葡萄牙政府用作还账的证券，不要在意一个或两个百分点的损失。”

对莱昂内尔来说，不在意多达 2% 的损失而进行抛售似乎与父亲的性格并不相符，以至于有些难以理解。突然，他意识到父亲可能感觉自己快死了，内森尼尔和安东尼随即准备前往法兰克福。7 月 28 日，在他们赶到之前，内森的兄弟、妻子汉娜、长子莱昂内尔和当时在法兰克福上学得以顺便出席兄长婚礼的小儿子梅耶守在他跟前，此时的他已是奄奄一息。

5 天后，一只信鸽从布洛涅将消息纸条传到了伦敦，上面只有简单的 3 个字：“他走了。”

对于内森之死，所罗门写道：“在掌握了一切权力的时候，他死了；去世前 10 分钟，按照我们的习俗给他临终祷告时，他说：‘没有必要为我祈祷这么多，因为，相信我，以我的良知来说，我没有罪。’然后他又转向我的女儿贝蒂，她向他告别时，他用非常英国的方式说：‘永远晚安了。’”

内森的葬礼可以用“奢华”来形容。把他的遗体从法兰克福运回英国后，罗斯柴尔德家族准备了一口巨大、奢华的棺材，“形状跟这个国家的其他棺材很不一样，精雕细琢，每边都装有银制的把手，看起来更像是死者的私人房间而不是棺材”。还有奢侈的陪葬品，跟他的财富非常匹配。送葬人的马车排了一英里长，全是官员和社会名流，还包括奥地利、俄国、普鲁士、那不勒斯和葡萄牙各国公使，轰动一时。

内森的去世，轰动了整个商界，金融世界对他给予了高度评价。正如《泰晤士报》描述的那样，8 月 8 日早上给内森送葬的队列，打头的是 4 人一排的警察，跟在步行的警察后面的是一名英俊潇洒的骑警。再后面跟着的，就是以一些官员为先导的灵柩队伍了。跟在内森灵柩后面的，是他的儿子和直系亲属们，他们与戈德斯米德、科恩、萨穆埃尔和伊斯雷尔等家族各个分支的成员一起分乘 40 辆送殡车。

其他送葬者的队伍则更加庞大，市长谢里夫·所罗门和一大堆外国公使以及那些与内森相熟或不相熟的贵族分乘 35 辆马车，这些马车更加豪华也更加显眼。由于整个队伍由 75 辆马车外加一大群步行的人组成，所以长得异乎寻常，整个队伍仅穿过康希尔就用了 15 分钟时间。前来围观的人更多，他们大多数是平民百姓，在内森活着的时候，他们没有机会跟他打交道，在他死后，他们却可以远远地望他的灵柩一眼。

葬礼之后便是各式各样的纪念仪式。著名的石版画《伟人的身影》便是诞生于此时，这幅画画的是内森经典的侧面剪影，他站在皇家交易所的柱子前，手里握着 4 把钥匙。这 4 把钥匙不仅象征着权力，更象征着继承他事业的 4 个儿子。

对于那些想要对内森之死进行悼念的人来说，买一枚市面上常见的刻有内森头像的戒指和胸针是一个不错的选择。除此之外，还有一些别出心裁的商家开始出售一种印着内森图案的纪念围巾，围巾上面的图案并不稀奇，还是经典的站在柱子前的内森，只是多了一段用多国语言写成的颂词："杰出的商业才能和事业心，伟大的善举和乐善好施的行为。"虽然后人想不明白人们在围这条围巾的时候如何将上面的图案展示出来，但在当时，这种围巾却是异乎寻常的畅销。内森生前曾经让很多人发家致富，也曾让数不清的人倾家荡产，但是在他死后，却确确实实为那些有商业眼光的人提供了一次赚钱的机会。

毋庸讳言，内森之死所震动的绝不仅仅是金融界，也不仅仅有英国人愿意为它哀悼。正如《泰晤士报》所描述的那样，为内森送葬的人当中包括了大量的各国外交官员，其中有普鲁士、俄罗斯、奥地利和那不勒斯的公使，这些人来送葬并不奇怪，因为从拿破仑战败时开始，内森就在各式各样的国际金融业务中跟他们保持着密切的关系。

最后值得一提的是内森在当地犹太人心中的崇高地位。内森死后，居住在伦敦的犹太人几乎全部出现在了葬礼的现场，很多人从外地专门赶来送内森最后一程。为内森抬灵柩的不是别人，正是那些犹太人自由学校的孩子。在葬礼结束之后，犹太大教堂的 7 名成员每天前往纽考特，以满足进行祈祷所需要的男性成员人数，按照犹太教传统，为亡者祈祷需要至少 10 名 13 岁以上的男子。在他们的心里，内森就是这个民族最杰出的代表。

06. 数不清的遗产

直至内森死亡，人们仍然不知道他究竟有多少财富。内森只是留下了简短的遗嘱，每个女儿可以获得 10 万英镑，但是如果她们和家族之外的人结婚，则将取消获得这笔钱的权利。生意是由四个儿子和他们海外的叔叔共同掌管。就这样，传奇人物内森 · 罗斯柴尔德走完了他的一生。

在内森活着的时候，无数人争着想要拜访他，巴结他，以期从他手中获得一单生意，或者至少可以从他的口中打探到一些内幕消息和做生意的建议。但是现在他死了，人们对他的兴趣却没有丝毫的减弱。这其中的原因其实很明显，内森 · 罗斯柴尔德在当时是当之无愧的英国最富有的人，而英国则是当时全世界最富有的国家，所以在世界上的其他地方，几乎也不可能找得出比内森更富有的人了。看看现在人们对比尔·盖茨、巴菲特和李嘉诚们的关注，我们对此也就不难理解了。

那么，截止到内森去世的时候，他究竟赚了多少钱呢？

首先，我们知道，内森与他的四个兄弟共同构成了罗斯柴尔德家族银行。到他去世为止，他在家族总资产当中所占的份额大约是四分之一，共计约148万英镑。这笔钱当中不包括内森在自己的遗嘱中赠出去的部分。在内森去世后，根据遗嘱，他的四个儿子和其他家庭成员总共分到了大约200万英镑的遗产，这些钱是内森的“私房钱”，是不计入家族总资产当中的。因此我们可以得出结论，内森的全部财富，其中不包括他在皮卡迪利以及冈纳斯伯里的花园，大概有将近350万英镑。

这在当时，绝对是一笔别人想都不敢想的财富，绝对可以用“富可敌国”来形容。我们可以用罗斯柴尔德家族的竞争对手巴林兄弟的资产来做参照物。巴林兄弟的资产在内森去世那年，也就是1836年，大约为78万英镑，只比内森的零头多一点，内森死后他的最重要的继承人莱昂内尔的资产都要远远超过巴林兄弟。

与巴林兄弟的比较让我们看清了一个事实，那就是内森在他所从事的银行业当中拥有绝对的统治力，排名第二的巴林兄弟跟他相比完全不在一个档次上。但是与此同时，我们也应该清醒地认识到，在内森所处的时代，银行业还并不是特别发达，那个时代的主题是工业革命，那是一个工业大发展的时代，而原本的财富掌控者贵族阶级虽然在走下坡路，但实力也仍然强劲。所以在当时，真正有钱的不是银行家，而是工业家和继承祖业的英国最富有的贵族地主们。

19世纪的经济学家鲁宾斯坦曾经开列过当时英国的百万富翁名

单，这份名单大致相当于如今的《福布斯》排行榜，但是没有《福布斯》这么详细，也没有每年更新。根据鲁宾斯坦的这份名单，我们可以发现，与内森大致处在同一时代的人物中，并没有任何一个人的资产能够超过内森，与他最接近的是银行家威廉·丹尼森，他逝世于1849 年，逝世之后留下的遗产为 230 万英镑，其中还包括了价值 60 万英镑的不动产。

直到 1857 年，榜单上才出现了第一个资产超过内森的富豪，这个人名叫詹姆斯·莫里森，他从事的行业和内森比较相似，也是纺织业和银行业。他留给后代的遗产总数超过了 400 万英镑，而此时，距离内森去世已经过了 20 多年了。

要想将贵族地主们与内森做一番比较就更加困难一些，因为贵族们的资产流动性比较弱，财务管理也不够完善，所以人们很难确切得知他们究竟有多少钱。但是好在，我们还可以比较不同形式的资产所带来的收入。诺森伯兰公爵、德文希尔公爵、格罗夫纳伯爵、斯塔福德侯爵以及布里奇沃特伯爵是当时最有钱的几家大贵族，在1819 年，他们每家都会有大概 10 万英镑的净收入。但是，明眼人都知道，他们虽然有钱，却是已经被时代落在后面的人，所以他们的收入水平是逐年递减的，因此，到了内森去世的那一年，他们的净收入水平就只有 8 万英镑左右了。与之相比，内森在去世前 5 年每年的平均收入为 87623 英镑。

这或许可以得出一个结论，那就是在 19 世纪 20 年代，相对于那些有权有势的大贵族，内森在收入水平上并没有太明显的优势。但是我们忽略了一点，那就是内森相对于同时代贵族而言拥有金融方面的优势。

所谓金融优势，简单来说就是身为银行家的内森是债权人，而贵族则大部分身背巨债。随着时间的推移，大贵族们的债务水平也与日俱增。比如德文希尔公爵，这位公爵大人的生活以奢华著称，他的生活方式导致他背上了60万~70万英镑的债务。这些债务所产生的利息给他带来了巨大的财政压力，并最终成了公爵生活中最重的一笔开支——公爵大人成了一个每年必须还债的现代“卡奴”。由此可见，德文希尔公爵虽然极其富有，但并不善于理财，因此，随着时间的推移，他的债务很快突破了100万英镑，这逼着他不得不卖掉自己的不动产来获取流动资金。

事实上，身背巨额债务的大贵族绝不止德文希尔公爵一个，甚至可以说，欠债已经成了当时贵族阶级的一个共同特点。最典型的例子就是白金汉公爵，他比德文希尔公爵还有钱，也比德文希尔公爵更能欠债，到1848年的时候，白金汉公爵已经背上150万英镑的巨额债务，他无力偿还，最后只能把所有土地和房产用来抵债，可是就在他被债主从自己奢华的宫殿里赶出去的时候，他也还是没想明白，为什么自己竟会落到如此田地。

内森的赚钱能力确实无与伦比，他虽然是一个财富家族中的一员，但在英国，他几乎是白手起家的。我们之前曾经提到过，内森说他刚来英国时的启动资金是2万英镑。他拿着这2万英镑从纺织行业起步，然后搞走私、玩金融，从曼彻斯特闯进了伦敦，从小商人变成了大富豪。在这30多年间，他的资产总共翻了100多倍，内森的传奇经历完美地阐释了19世纪正在形成中的自力更生理念。

在这一节当中，我们把无数人拿来与内森相比，但实际上，真正最有资格与内森比肩的，还是他的几个兄弟。在内森去世的时候，詹姆斯也已经成了法国最富有的人。在英法两大强国之外，罗斯柴尔德兄弟的优势就更大了，阿姆谢尔、所罗门和卡尔都是各自国家毫无争议的财富第一人。

07. 新角色

内森·罗斯柴尔德有四个儿子和三个女儿，按照罗斯柴尔德家族传男不传女的家训，四个儿子莱昂内尔、安东尼、内森尼尔和梅耶将继承他的巨额财富。不过四个人有着不同的兴趣爱好，内森尼尔选择定居法国，梅耶和安东尼对金融并不感冒，反而对于艺术、体育更加热爱，投入了更多的时间和精力在这些方面。莱昂内尔于是挑起了这个巨大的担子。

莱昂内尔可以说是罗斯柴尔德家族第三代成员里最出色的一位，在金融方面他似乎也继承了父亲内森·罗斯柴尔德的头脑。内森去世的时候，莱昂内尔年仅 28 岁，这个时候罗斯柴尔德伦敦公司的业务已经非常庞大，人们不禁怀疑这位年轻人能不能经营这样一家著名的大企业。后来的结果证明，莱昂内尔不仅可以接手父亲的事业，而且让罗斯柴尔德家族的生意和财富都更上了一层楼。

今天谈到犹太人，还有一点值得我们称道的地方就是他们对教育的重视。内森非常注意培养几个儿子的技能。早在莱昂内尔刚 20 出头的时候，就已经跟着内森协助他处理公司的业务了。内森坚持让所有有关重要交易的信息和谈判会议必须由他本人或他的儿子们处理，他经常跟几个人一起讨论，鼓励他们尝试，并提出一些细节，让他们研究每个金融项目的各个方面，鼓励他们通过自己的经验来作出判断，锻炼他们快速采用最优方法处理问题的能力。莱昂内尔正是在内森的亲自调教下，完全熟知了公司业务各个方面的运作细节并掌握了所有的制度准则，这些都为他接手公司打下了良好的基础。

内森还传授了一句让莱昂内尔和他的几个兄弟都非常受益的话："创造巨大的财富需要具备巨大的勇气和审慎的态度，并且得到之后，守住财富更要花费十倍于此的智慧。"因此，从莱昂内尔接手罗斯柴尔德公司开始，他就将全部的精力和心思都放到了如何守住内森创下的巨大财富上，他的成熟度远超过同龄人，深谋远虑、专心致志。

跟内森一样，莱昂内尔也会进行大量的证券交易，不过在做交易的过程中，他跟内森不太一样。莱昂内尔不希望有暗箱操作的情况发生，而暗箱操作正是之前对证券市场拥有绝对权威和控制力的内森经常使用的方法，很多交易商都愿意这么做，不过莱昂内尔却拒绝这种不光彩的行为。自然，他在证券市场的影响力跟内森比起来就差多了，但是却赢得了口碑。

莱昂内尔对于市场有着敏锐的感知力，他总是能准确觉察买卖时机，并会对每个有利于他达到目的的机会迅速出击。1876 年，他从埃及总督手中及时购买了苏伊士运河的股票，他从这项交易中净赚了近 10 万英镑。对于这两种方式，我们不评论孰是孰非，至少莱昂内尔证明了他很胜任新的角色。

外汇贷款是莱昂内尔比较偏爱的一类交易。在莱昂内尔眼里，这类交易就是纯粹的挣钱的交易，几乎没有风险，并且利润也很可观。纵观莱昂内尔的一生，他对于外汇贷款业务总是特别积极，他接手后的罗斯柴尔德银行至少接受过 18 笔外国贷款业务，贷款总额累计更是高达 1.6 亿英镑。之所以出现如此之多的贷款交易，主要是欧洲很多国家在财政压力下不得不考虑贷款，而罗斯柴尔德家族的强大实力往往都会成为这些国家青睐的对象。

举例来说，1847 年，莱昂内尔跟英国政府就爱尔兰的饥荒问题达成了一项贷款协议，并在之后的 1854 年再度追加了 1600 万英镑的贷款；1876 年，莱昂内尔又给英国政府提供了 400 万英镑的贷款；他还作为俄罗斯政府的代理人以及法德战争后的银行集团及金融家的代表为法国争取了更多的战后赔款。当然，所有的这些业务也为罗斯柴尔德家族带来了丰厚的回报。因为涉及的国家很多，可以说，莱昂内尔跟各个国家间的这些贷款交易，完全可以写成一部欧洲的金融史。

这里可以讲一个小故事，可能在莱昂内尔一生中这种情况都很少见。一向擅长迅速作出判断的莱昂内尔也有过优柔寡断的情况，这发生在他跟俄罗斯就一项贷款业务进行谈判的时候。之所以犹豫不决，不是因为这笔业务存在多少风险或是其他不确定的地方，主要是跟莱昂内尔的政治前途发生了冲突。这是一笔利润丰厚的贷款业务，其实俄罗斯政府除了跟莱昂内尔接触之外，也找了其他的银行进行过交流。莱昂内尔当然希望能够成交这笔业务，不过他也很清楚这笔贷款的用途，当时波兰正在反抗俄罗斯沙皇的专制统治和压迫，俄罗斯拿到这笔钱正是要投到对波兰人的镇压中去。

此时的莱昂内尔正处于竞选下议院席位的关键时期，而他标榜的政治口号正好是自由，竞选中他公开宣布对自由的拥护。如果接下这笔生意，的确可以赚得大笔利润，俄罗斯政府开出的条件也是相当诱人的，但这无疑是自己扇自己耳光，好不容易累积起来的政治信用和公众支持也会因此直接变成笑话；但是放弃这样诱人的交易，莱昂内尔也非常不舍得。要么放弃交易、放弃巨大的利润，要么就要作好背负骂名的准备，甚至严重的话今后的政治生涯都会受到不断抨击。不过，莱昂内尔到底是一个商人，最后他决定接下这笔业务。但遗憾的是，由于他的优柔寡断，机会已被别人拿走了。

08.“绝对忠于基督教”

莱昂内尔除了在金融领域的巨大成就外，还有一个方面就是他始终坚持对争取犹太人的平等政治地位而作出的努力，这一点也被所有犹太同胞所铭记。与父亲内森不同，莱昂内尔性格恬静，做事循规蹈矩，没有年轻人常有的叛逆性。在父亲的亲自调教下，他继承了父亲的金融天分，表现出非凡的智慧和商业手腕。

1833 年，英国政府从罗斯柴尔德银行借了 2000 万英镑，内森让莱昂内尔亲自运作这笔贷款，结果组织得非常成功，由此，莱昂内尔在英国金融界声名鹊起。内森去世以后，莱昂内尔顺理成章地成为英国罗斯柴尔德家族的掌门人，银行的生意在他手中被打理得井井有条。在取得了商业上的成功后，莱昂内尔开始利用自己的财富和影响力为犹太人积极争取各项利益，他一生担任了多个犹太组织的领导或是重要职务。例如长期担任大犹太会堂的主席，曾担任联合犹太会堂委员会的成员。在他去世时的 1879 年，他还担任着犹太董事会的代表。莱昂内尔一直忠于自己的人生信条，他也是罗斯柴尔德家族第一位走上政治舞台的成员。

然而，在当时的欧洲，犹太人普遍处于一种被歧视的状态，属于政治上的边缘种族。前面我们已经介绍过德国法兰克福犹太街的一些情况，在英国，犹太人遭受的待遇也是类似的，他们也无法享受跟基督教徒同等的政治和公民权利。英国是一个以宗教刻板闻名的国家，在英国，长时间以来受到不平等对待的还有罗马天主教教徒。不过，新法的通过改变了罗马天主教教徒的情况，他们被接纳为具有同等权利的国民，开始享受跟基督徒一样的政治权利。

看到罗马天主教徒们获得的待遇，犹太人似乎看到了希望，他们表达了希望享有同等权利的想法并被部分开明的基督教徒所接纳。不过，大多数人长期形成的偏见并不是这么容易就能消除的。莱昂内尔即便拥有巨大的财富，并为英国政府提供了多次帮助，但在政治上仍然低人一等。不过，犹太人从来就不是一个轻易放弃的种族，他们始终努力争取着自己的权利。

在 19 世纪初的时候，英国的所有法官和自治州州长都不是犹太人，直到 1837 年，这样的格局才被打破。在当年的伦敦和米德尔塞克斯郡的州长选举中，犹太人大卫·所罗门爵士当选。迫于民众压力，为了让大卫·所罗门爵士能够顺利上任，大臣坎贝尔签发了一份凭据，但是这份凭据并不能保证大卫·所罗门成为市议员，而修改有关限制的条例则是到 1844 年才最后由林德博斯大臣完成的。

州政府的限制解除了，不过进入内阁却是另外一回事。在内阁里获得上议院和下议院席位或选票前，有一个令犹太人无法接受的《断绝宣誓》，没有一个有良知的犹太人会宣读那句“绝对忠于基督教”。当时在内阁，托利党占据着绝对的优势，在上议院和下议院都占有多数席位。托利党又被称为保守党派，原因就是他们拒绝所有的改革，对于犹太人权利的改革也被他们毫不犹豫地排斥了。

09. 大争论

尽管罗斯柴尔德家族在欧洲金融市场上呼风唤雨，但由于他们都不属于英国国教教徒，所以，在其他领域的行为受到了相当多的限制，他们被排斥在政治生活之外。当时，英国实行君主立宪制，议员有着至高无上的权力。在英国，只有当上了上议员，才能真正进入政治生活的圈子。

在好友英国首相迪斯雷利的大力游说下，莱昂内尔终于下决心以自由党候选人的身份参加英国下议院议员的大选。当时，外界也在敦促莱昂内尔在政治上采取更为积极的行动。不过，他最后当选伦敦商业区的成员可谓是一波三折。1841 年，爱尔兰领导人丹尼尔的一个政治协会邀请他出席一个公共集会，提议讨论犹太人的政治地位问题。两年后，甚至有人主动提出要为他参选提供帮助。

在这个过程中不得不提到的一个人物是约翰·罗素，最后莱昂内尔的顺利就职离不开他的大力支持。

在下议院议席的角逐中，莱昂内尔的参选纲领没什么特别的，除了“信仰自由”的宗教纲领外，就是支持自由贸易。他认为犹太人拥有自己的权利，他还主张扩大公民权，并宣布反对死刑。在最关键的时刻，家族成员从来没有停止过为莱昂内尔加油打气。安东尼留在伦敦，给莱昂内尔的竞选提供援助。弟弟梅耶也写信给他说：“我希望你能成为下议院议员。我可以想象这次竞选给你带来了很多烦恼和麻烦，但上帝保佑，你一定会成功的。这是我们家族最伟大的胜利之一，并且会给德国以及全世界的犹太人带来福音。”

经过一番激烈的角逐，在 1847 年的选举中，莱昂内尔轻松获得了竞选的成功，被选为伦敦商业区的成员之一。听到这个消息，莱昂内尔的家人和朋友都迫不及待地为他开庆功宴。梅耶的妻子欢呼道:“这一选举结果对犹太民族来说,是新世纪的开始。他们跟你一样,获得了最伟大的成功。”

所罗门也从维也纳写贺信给他说，没有什么消息比这更令人兴奋的了。不过还没等他们从兴奋中平静下来，就遇到了一系列的反对，有态度坚决的基督徒表示犹太人不适合坐在议院，另外，莱昂内尔被要求在宣誓时宣读《断绝宣誓》中的“绝对忠于基督教”。对于坚守犹太教信仰的罗斯柴尔德家族来说，这当然是不可接受的。

莱昂内尔希望以犹太教的方式宣誓被拒绝，他最终宣布退出以示抗议。虽然中途约翰·罗素做出了很多努力，他在讲话中说：“罗斯柴尔德家族努力加入我们的委员会，正是为了在当前形势下用合适的方式解决影响他的所有犹太臣民在公民权和政治权利上的缺失状态。”并表示这个群体是四万多人，这是他们共同的利益，并且这个群体不会威胁到国家的安全与和平，他们守秩序、友好并且工作努力，没有必要也没有能力制造群众暴动。

约翰·罗素另一方面也对《断绝宣誓》做了一个解说并获得了好评，他认为《断绝宣誓》并不是专门针对犹太人，只不过政府对犹太人有些成见，因此才会没有就犹太人的同化法案进行认真讨论。他极力发挥他的贵族身份将犹太人同化的议案尽早提上日程。

同时持支持意见的还有来自支持辉格党的格莱斯顿先生，难得的是原本他也是持有成见的那批人，但是之后改变了自己的观点，认为犹太人应该不仅进入地方法庭和政府，也应该进入国会。白金汉宫托利党成员迪斯雷利先生也支持犹太人，他很快就在第二年初提出了具体法案。

反对的代表是布拉德拉夫，并与支持派产生了争论，他激烈地反对犹太人进入议院，仍然偏激地看低犹太人。对此，支持犹太人的一方举出了很多事实反驳那些基督至上的观点，认为已经有很多公认的杰出议员都曾经公开嘲讽过基督徒的愚蠢，犹太人至少还表现得更友好，比如对于基波和休姆的准入，并没有出现像现在这样的反对声音，他们一个是自然神论者，一个是伤害过基督教的人，最后都进入了国会。并且关于那个引发犹太人最大反感的宣誓——"绝对忠于基督教"并不是一直都出现在宣誓词里的，在詹姆斯一世之前用的就不是这套誓词。

最后在下议院的分组投票中，同意莱昂内尔进入国会的法案获得了通过，但是提交给内阁大臣们时，却被 35 张反对票否决了。莱昂内尔随后不得不辞职。

很快，莱昂内尔参加了第二次竞选，并再次当选，赞成票约有 7000 票。约翰·罗素再次插手，由于他是比较有话语权的，他保证这件事情会有一个圆满解决，然后在 1850 年 5 月 30 日宣读了他所提出的第二项法案。因为上一次莱昂内尔的被迫辞职，已经在伦敦商业区引发了许多政客的不满和愤怒，内阁此时的压力也非常大。即便如此，内阁对于约翰·罗素的提案仍然持模棱两可的态度，不愿将其递交上议院。

针对这种情况，当地的人们决定组织一次会议来讨论这个问题。参会的人非常多，大家的一致看法是，莱昂内尔之前表现得太过友善，从来没有真正在议会上坚持自己的权利，这样下去是不行的，他必须要更强硬地去争取自己的入会权。莱昂内尔听取了大家的意见，并在 1850 年 7 月 26 日走上了下议院的圆桌席，要求让自己成为伦敦商业区的成员。

最终问题还是出在宣誓词上面。议会牧师问他想用新教教义还是用天主教教义宣誓时，莱昂内尔说："我要对旧约《圣经》宣誓。"他的要求再次被迫撤回。罗伯特·因格里斯爵士为莱昂内尔辩护，认为他在议会的席位和选票都是正当的，应该获得认可，莱昂内尔和他的律师或代理人应该拥有在议会的非议院席的发言权。不过这番辩护除了引起争论之外，结果并没有什么变化。在长时间的争论之后，得出的结果还是把莱昂内尔排除在外："莱昂内尔·罗斯柴尔德无权参与任何议会的讨论和选举，除非他接受以法律形式规定的《断绝宣誓》。"

10. 拆除壁垒

作出这样的决定之后，政府接下来却面临了一系列的问题。首先是 1851 年，前面我们提到的大卫·所罗门爵士当选为格林尼治商业区成员的过程中，违背了议会的规定，参选和投票之前并没有宣誓。为了不把犹太人排斥在外，同时也是为了国会的权威，英国政府对大卫·所罗门做出了罚款 500 英镑的处罚决定。人们的努力还在继续，1851 年 4 月上旬，为犹太人专门撰写的一份新的《断绝宣誓（犹太人）》法案递交到了国会，该法案在议会通过后再次遭到上议院的否决。

因为克里米亚战争以及外部的一些因素，犹太人的问题暂时被搁置。到了 1852 年，莱昂内尔再次参选，人们不断地为争取最后的成功而努力。1853 年，再次递交了新的法案，成效是显著的，支持的人数创下了新高，却在递交上议院后再次被拒，只是反对的人少了很多。1857年，又有新法案提出来，然后又被否决掉。于是，在莱昂内尔的从政道路上，出现了这样的循环：竞选—当选—拒绝就职—再次竞选—当选—再拒绝就职。

不过，犹太人在这个问题上表现出来的毅力、决心和坚持，让所有人都很受震动，反对的声音正在一天天变弱。上议院最后采取了一个比较有意思的方式，他们依然否决了下议院的法案，因为至少要保持上议院的权威性，不过他们随后通过了他们自己的一项法案，与否决的法案内容基本一致。这也算是一种变相的妥协，事情到此有了一个好的结局。

很快，在1858年7月23日，英国国王批准了这项法案。3天之后，莱昂内尔宣誓就职。关于宣誓词“绝对忠于基督教”，在约翰·罗素的坚持下，全体同意删除。莱昂内尔以旧约《圣经》进行宣誓，并签署了誓言。至此，莱昂内尔才算顺利就职，这距他第一次当选已经过了差不多12年的时间。

这场旷日持久的战斗也让莱昂内尔的就职成了当时英国政坛的一个热门话题。这是罗斯柴尔德家族长期以来所期待的政治胜利，在以基督教为国教的英国这实在是不同寻常的。为此，莱昂内尔的妻子欢呼道：“缺口已经打开，诽谤、偏见与狭隘的障碍显然正在消除。”

就职之后，莱昂内尔向伦敦商业学院捐赠了一笔金额巨大的奖学金，也算是为这场长期而艰苦的抗争做一个纪念，并且在1866年，正好这笔奖学金授予的学者是一位犹太人。可以说，莱昂内尔的政治热情应该是起源于他对于犹太人自始至终的关心，他从小就以自己是犹太人而自豪。自从就职之后，虽然他从没在政府里担任什么重要职位，甚至在议会的会议上也不曾进行过发言，但是他确确实实发挥了他的影响力。

莱昂内尔自就职之日起一直为伦敦商业区服务，直到他身体不允许他这么做的时候。1874 年，他患上了系统自由综合征，在此之前，他的付出几乎从未间断。

任期内，莱昂内尔的一个提议遭到了选民们的反对，当时格兰斯通提出废除所得税的计划，这项计划将会导致政府财政收入的大大减少，莱昂内尔提议应该通过另外的新型税款来弥补预算亏损，这个提议非常大胆，但是商业区的人们都非常反对，因为莱昂内尔提出的新型税是仿照奥地利向商人征收执照税，虽然他自己也是商人，这样的提议不知道是不是他想显示自己并没有私心，不过显然这样的提议不会被商业区的人们所接受。在莱昂内尔身体出现了问题之后，他不再进行拉选票的活动，最后的结果就是他也没能再当选。这样看来，莱昂内尔并不是一个天才的政治家。

11. 痛苦的慈善家

莱昂内尔不是一个擅长言辞的人，他的情绪也时常起伏不定，不过他情绪上激烈的部分，很大程度上是受他自己病情的影响。由于年轻时的猎场生活，莱昂内尔后来患上了严重的痛风，这种病令人非常痛苦，相当折磨人。莱昂内尔不仅没办法做剧烈运动，连普通的行走都成问题，他只能坐着特制的轮椅，上马车也需要有人抬，而他本来管理的生意上的事情就很烦琐，这令他很多时候都有一种焦急的情绪。

但是熟知莱昂内尔的人都知道，他其实是非常温和的一个人，他和他的妻子都热衷于做慈善，并且他经常称赞并帮助周围善良的人们，只是痛风的痛苦实在太难以忍受，他一旦受不了就会发脾气，事后却又常常后悔。

莱昂内尔一生做了很多慈善，捐了很多钱，不过详细的捐款数目很难完整地统计出来。有些捐款，人们都猜测是莱昂内尔捐的，但是没有确切的证据可以证实。比如，在有罗斯柴尔德家族的人参加的慈善活动中，总会收到大额的匿名捐款。

据说莱昂内尔觉得捐助能让自己获得轻松，暂时忘却工作的压力和身体的疼痛。在莱昂内尔公布的捐赠项目里面，大部分都是慈善机构，不分国家和信仰，都接受过他的捐赠。对于国外的慈善活动，他也积极参加。《时代周刊》记录了莱昂内尔对建立爱尔兰饥荒基金会所做的工作："1846 年 12 月，在莱昂内尔新的办公室里，成立了'英国救灾组织'，莱昂内尔·罗斯柴尔德先生及他的兄弟们为其他基金会捐助总数合计达 1000 英镑。之后成立了一个委员会，成员都是伦敦商业区最有名的商人和银行家，包括塞缪尔·琼斯·罗伊德先生，还有之后当选为主席的奥弗斯通大人，为救济友邻的农民饥荒，基金会募捐总数达到了 50 万英镑。而在此期间，莱昂内尔面对过极大的压力，他都坚持了下来。”

在慈善方面，莱昂内尔的妻子甚至比他本人更加积极，她深深同情那些受苦受难的人，几乎把一生都投到了慈善事业中。她总是亲自去拜访那些需要她帮助的人以及她帮助过的人，报道上写的和人们传说的，并不能满足她对了解实际情况的渴望，她要考察那些需要帮助的人是否真的有困难，据说她这样身体力行的探访在她一生中一共有近 2000 次，这实在是令人敬佩。这位夫人不仅帮助这些需要帮助的人，还会对他们进行鼓励，很多勤恳的学生包括一些艺术家都在她的帮助和鼓励下对未来充满了希望。

对于慈善的热衷也为莱昂内尔乃至整个罗斯柴尔德家族赢得了更高的声誉。在莱昂内尔的大女儿里奥诺娜与她的堂兄阿尔方索（詹姆斯·罗斯柴尔德的长子，巴黎罗斯柴尔德家业的继承人）的婚宴上，迪斯雷利爵士在致辞里这么评论：“在这个屋顶下的是罗斯柴尔德家族最富声望的核心人物，整个欧洲和全世界都知道他们家族的姓氏，这不单单是因为他们的财富，更是因为他们良好的家族荣誉、美德，以及正直的公众形象。”

12. 优雅的贵族

莱昂内尔为自己修建了一座豪华公馆，有六层楼高，富丽堂皇，成为当地最出名的私人府邸，旁边就是阿普斯理大楼。莱昂内尔的这种高调使得一些人心里不舒服，有一位银行家故意把自家的楼建得比他的六层公馆高了一层，似乎这样就可以高出一筹。

莱昂内尔在他的公馆里摆满了各种奢侈品以及当时最先进的陈设，到过他的公馆的人如同进入童话国度。"我跟我的女儿离开巴黎，按时到达了我们的宾馆，按照约定前去与莱昂内尔·罗斯柴尔德共进晚餐，同时见到了晚宴的嘉宾林德赫斯特公爵和他的夫人。宴会奢华富丽。餐桌上的纯金和纯银打制的餐具熠熠生辉，新鲜绚丽的花朵在中间作为点缀，所有的用人穿戴正式、训练有素，连行走时也听不到他们的脚步声，表情、神态都是那么平静而温暖，在他们的贴心服侍下，每个人都觉得自己是席中的上宾。另一次我们参加的为嘉宾林德赫斯特公爵举办的宴会，更加奢侈，时间也更长，宴会地点是拜仁·梅耶·罗斯柴尔德在蒙特莫尔的别墅里，说是别墅，其实更像是一座宫殿。提早一个星期，拜仁就派人去把别墅装饰一新：美轮美奂的画卷，精致典雅的家具，怡人清爽的庭院，神采奕奕的赛马和猎犬！令人叫绝的露天早餐和午饭，之后是在拜仁·安东尼·罗斯柴尔德家中的晚宴，完美得简直无法用语言形容！"

在社交场合，人们并不经常见到莱昂内尔，倒是他的两个弟弟安东尼和梅耶经常出现。莱昂内尔喜欢画，也喜欢花，从这些美好的事物当中，他可以获得心灵的平静，让他暂时脱离生意和身体上的烦恼。

有一位作家，平时跟莱昂内尔私交非常好，对他的这点爱好非常了解。据他介绍，莱昂内尔“用好几个小时集中精力处理完生意上的事情之后，他就离开商业区的办公室，回到家中，立刻就觉得置身于一个充满自由、生机的美好所在，心情也会迅速恢复平静和安宁。对他来说，艺术品绝不仅仅是作为装饰摆设。他对生活保持着严谨的态度，这也渗透到他对艺术的欣赏当中。他收藏的艺术画作里面，许多都是当时公认的最杰出的大师的代表作品。他并不是为了炫耀而收藏这些珍品，对他而言，这是兴趣所在。这些艺术品让他不断产生新鲜的观感。就是在这样的一种和谐的氛围里，脑子里不知不觉就会觉得愉悦，纯粹的愉悦，这会激发出智慧的火花，让他对于现在跟以往的重要问题可以产生更好的想法”。

虽然并不常出席社交场合，不过莱昂内尔也会偶尔展示出一点社交场合最适合的幽默特质。

有一次，莱昂内尔在一位朋友家吃晚饭的时候，旁边坐了一位女士，这是一位为儿子操了不少心的母亲，一心想把儿子培养成一位商人。坐在罗斯柴尔德家族这么一位成功的商人旁边，这位女士显然觉得这是一个大好的机会，于是她决定跟莱昂内尔取取经。在用餐过程中，她向莱昂内尔提了很多问题，并把回答作了认真的记录。

她问道：“您认为我的儿子适合做哪种生意？”

开始还在侃侃而谈的莱昂内尔突然安静了，他开始委婉地将话题转移到其他方面。这是个不太好讨论的话题，莱昂内尔不想随便给别人建议。好不容易抓住这个机会的这位女士当然不会就此放弃，最后，没办法再绕圈的莱昂内尔告诉她：“好吧，女士，在我看来，卖火柴是一个不错的生意，当然，如果有足够多的火柴的话。”

莱昂内尔和他的弟弟们都很喜欢赛马这项运动，不过莱昂内尔把他对赛马的热情转化到了商业行为中。他自己经营了一个种马场，专门用于培养优秀的赛马，或许他喜欢把事情控制在自己能力所及的范围内，所以不愿假手于他人。

《时代周刊》在莱昂内尔去世之后写的一篇颂扬他的文章里提到过：“大家都知道赛马的一个目的就是选出优秀的马种，可以确定，假如有钱人都为这个目标而投资的话，那他们就能做很多普通人做不了的事。因此，对于莱昂内尔·罗斯柴尔德来说，非常有必要让一匹好的赛马繁衍后代，于是，他自己开始了培育良马的计划。他绝不在没有把握的投资上浪费金钱，于是他自己潜心经营了一个种马场。作为一个彻头彻尾的生意人，在这一点上，他显然取得了成功。两年前他的种马场培养出的赛马赢得了多项比赛，包括德比马赛、奥克斯马赛、圣·勒格尔马赛，这个时候所有的人都感觉他的付出得到了应有的回报，你能从人们的庆祝盛况看到赛马运动再次兴盛的希望。他(对此)作出的贡献如此巨大，我们怎能忘掉他呢？虽然很少有人在财富上能跟罗斯柴尔德家族相比，但是在这样一个四处都是金钱的时代，很多人都可以拥有这样的机会，只不过不是所有的人都能取得这么好的效果。莱昂内尔·罗斯柴尔德做的事情总是会吸引更多的富人加入，而他所做的都是真正对社会有利的事情。”

13. 天赋的传承

莱昂内尔的去世非常突然，甚至去世前的最后时刻，他还在处理公司的事务。1879 年他去世时年仅 55 岁，没有人意识到这一天会这么迅速地来临。

1879 年 5 月 30 日，那天是星期五，如平时一样，莱昂内尔还在新法院跟很多人见面，有的人来寻求他对于经济商业的评述，有的人代表慈善机构来领取捐款，在所有见面的人的印象里，他和平时没什么两样。

当天，莱昂内尔按照平日的习惯，开车去了甘纳波丽公园，这里位于罗斯柴尔德家族名下地产的中心位置，园艺出色，环境很好，莱昂内尔非常喜欢来这里，他在这里逗留了两天，星期天下午才离开回到皮嘉迪丽。那个时候他只是略微觉得身体有些不舒服，医生对此并没有太重视，只是当作痛风的症状了。第二天中午，莱昂内尔突然大不一样，爆发了从来没有出现过的癫痫，病情变得极其严重。莱昂内尔最终逝世的时间是周二清早，此时距离爆发癫痫的时间还不到一天。

莱昂内尔的三个儿子——纳蒂、阿尔弗雷德和里奥继承了他的家业。而莱昂内尔的几个弟弟内森尼尔、安东尼和梅耶，都在莱昂内尔离世前几年就不在了。伦敦罗斯柴尔德家族的产业最后几乎都交到了纳蒂手里，他继承了他的伯父安东尼的男爵爵位。

阿尔弗雷德和里奥虽然也会出席公司的某些会议，不过显然他们对于商业利益远远不如纳蒂上心。事实上，他们在商业上的天赋并不比纳蒂差，不过看到大哥对于生意经营的投入，两个人就不约而同地把生意上的事情都交给了他来管理，而他们则将更多的时间放到了享受生活上。纳蒂确实不负所托，继承了他的父辈乃至整个家族的商业天赋，而他对于自我管理也是非常严格的，绝对不会因为社交或兴趣影响自己对于家族生意的关注，他更喜欢在疲倦的时候看看书，或是在田野里走一走来放松自己。

阿尔弗雷德跟哥哥纳蒂不一样，他总是出现在各类社交场合。在海摩尔举行的球赛和晚宴，排场奢华至极，参加的人包括多名外交界和政坛的名人要士，甚至皇家贵族有时也会出现，在这里能经常看到阿尔弗雷德。除了这类社交活动，他还热衷于向那些在艺术领域努力的人提供资助，不管他们处于什么地位，阿尔弗雷德都向他们表达自己的欣赏并给予鼓励，很多雕塑家、画家和演员都非常感激他对自己艺术与生活中的支持和帮助。

里奥的兴趣跟两位兄长都不一样，既不热衷于经商，也不喜欢热闹，他总是把时间花在打猎和赛马上。在罗斯柴尔德家族的新法院参加完会议，他的下一站不是在新市场的种马场，就是在乡村猎犬。

他将大量时间花在赛马和培育良马上，观看自己赛马的比赛，赢了会相当高兴，输掉了也会非常沮丧，然后就会开始想办法提高他的赛马的速度和耐力。不过令他非常难过的一点是，努力并没有带来想象中的好结果，这成了他一生都很遗憾的事情。里奥同时也是一个心肠很好的慈善家，他捐了很多钱，也捐了很多物品。对于向他求助的人，他都不忍拒绝，甚至有时反而让自己受到伤害。

莱昂内尔去世之后，在 1879 年到 1885 年的几年间，纳蒂、阿尔弗雷德和里奥一边要平复父亲去世的悲痛，一边也成交了几笔大的贷款生意。按照罗斯柴尔德家族的老传统，他们都会从政府那里寻找到商业机会，这几笔成交的业务分别来自与匈牙利政府、巴西政府和叙利亚政府的合作。

值得一提的是他们与埃及政府的贷款合作。当时的埃及正遭遇经济危机，而欧洲各国也在争取各自在埃及的权利，如果没有罗斯柴尔德家族为埃及政府提供贷款，埃及的经济将会受到巨大的冲击。对于这样解救政府于危难的及时帮助，埃及时任财政部部长 M. 希克斯·比切的心里充满了庆幸与感激："之前，前首相言明埃及正面临即将破产的危险，的的确确，是在仅一个月前因为罗斯柴尔德家族提供的贷款才度过这一危机的，他没有使用法定债券，而仅仅是用私人债券做抵押就贷款给了前外事秘书。如果贷款晚到一点点，那后果真不知道会怎么样。"

罗斯柴尔德家族在与埃及政府的这次贷款业务中也收获了丰厚的利润，有人羡慕他们的好运。M. 希克斯·比切的话至少说明当时的情况还是面临着风险的。债券被抢购，很快就销售一空，圣·斯维辛街那天早上挤满了人，最后没能买到债券的人还非常遗憾，这倒是之前他们和埃及政府都不曾想到的。罗斯柴尔德家族通过这笔业务再次获得了好口碑。

莱昂内尔之后，家族财富已经累积到了相当庞大的规模，纳蒂三兄弟的经营策略必然需要作出一些调整，他们所要考虑和关心的是寻找安全可靠的投资，让他们的财富自动累积，而不是冒着风险去寻求资本的急剧增加。只要保持家族的传统，每一步走得小心谨慎，罗斯柴尔德家族的事业就会不断地兴旺下去。纳蒂三兄弟及他们的后人无疑也是这么做的，看起来他们似乎已经比不上父辈和前人能拥有的那种成就，不过另一方面也可能是罗斯柴尔德家族的低调所致。

第4章 革命的风暴

19 世纪的法国，革命一场接着一场，政权一个接着一个。对于罗斯柴尔德这个已经在法国站稳了脚跟的家族来说，法国这一场接一场的革命风暴就成了破坏力超强的龙卷风。

01. 富可敌国

在各国的资产阶级革命当中，法国革命是最轰轰烈烈的，这也使得这个欧洲强国在很长一段时间里一直处于混乱状态。从 1789 年的三级会议到 1853 年重蹈战争覆辙的法兰西第二帝国，各个党派、阶层都千方百计想组建一个代表自身利益的政府，所以在这将近 70 年的时间里，法国没有出现过一个比较稳定的政府，革命大潮中频繁更替的每一届政府都转瞬即逝，寿命短暂。先是制宪议会及其领导的临时政府，随后取而代之的是国民公会的恐怖统治；然后国民公会解散，进入督政府统治时期；不久，拿破仑发动政变，推翻督政府，建立执政府，几年后成立法兰西第一帝国。后来，法国又进入了颇具讽刺意味的“政体轮回”时期：波旁王朝复辟，其间还包括纯属碰运气的拿破仑“百日王朝”，七月王朝，之后是短命的第二共和国，最后是波拿巴家族的第二帝国。

罗斯柴尔德巴黎分行是在 1812 年创立的。在法国的政权更迭中，罗斯柴尔德家族的生意越做越大。不仅仅是罗斯柴尔德家族，这一时期，整个法国的金融业发展都异常活跃。

1848 年 6 月，巴黎的一家报社刊登了一篇署名为“劳动组织”的文章，给出了在巴黎最富有的几大金融世家的确切财富信息：“拉斐特 · 弗里尔和德拉马尔各为 1000 万法郎；博东，1200 万法郎；鲁热满和拉丰，各为 1500 万法郎；多朗、德莱赛尔、阿基雷温和阿尔方，各为 2000 万法郎；奥廷格和佩拉普拉，各为 2500 万法郎；富尔德，3000 万法郎；赫普，4000 万法郎；格雷斯尔，1 亿法郎；罗斯柴尔德，

6 亿法郎。”

说罗斯柴尔德家族富可敌国也不为过，之前国王可支配的资产也不过 8 亿法郎，其他贵族，杜斯 · 德 · 奥马尔、阿代尔伊德夫人各为 7000 万法郎；杜斯 · 德 · 蒙皮斯尔，2000 万法郎。按照上面的这份名单，除了罗斯柴尔德家族之外的所有金融家族的财产之和也不足 3.6 亿法郎，比罗斯柴尔德家族少了 2 亿多法郎。如我们之前所说，法国的各任政府都很缺钱，罗斯柴尔德家族凭借巨额财富，在法国赢得了举足轻重的地位和无与伦比的影响力。

《奥格斯堡总汇时报》曾评论说：“每个人都不禁会问，在纷乱的政治变革中，罗斯柴尔德家族是如何稳步发展，始终保持其领头羊的地位的呢？答案其实很简单。这个家族不倾向于任何一个党派，他们始终与政府为友，遵守法律和秩序。这种策略使其在各个政权统治下都能保持相对的优势地位。从德卡兹、维莱尔，到马蒂尼纳克、波利尼纳克，再到路易 · 菲利浦，罗斯柴尔德家族始终能够左右逢源。”

帮助詹姆斯积聚起如此巨额财富的，除了他的家族背景之外，还有他自身所具备的非凡的才能。当时的证券界中，在预测、判断方面，没有人比詹姆斯更机智果敢；在执行计划时，没有人比詹姆斯更精明干练。在整个欧洲，他一次又一次的成功始终是人们津津乐道的话题。人们常以投资界的塔列朗来称赞他。

事实上，詹姆斯在法国政界的影响力比很多人想象的更大。从某种程度上说，1840 年 M. 梯也尔内阁的倒台主要还是由于罗斯柴尔德家族“从中作梗”。詹姆斯曾与首相梯也尔针锋相对，当时他是以“证券大王”和奥地利事务总顾问的身份自居的。

一次，梯也尔在报纸上公开回击时，就曾借题发挥，质问詹姆斯：

“作为一个德国人，你是否觉得法国的荣誉对你而言就毫不重要了？”

詹姆斯机智地回应说：“如果我这样的人都被贴上德国的标签的话，那么所有的法国同胞就都成了德国人了。”

不论做得对或错，梯也尔总是认为自己尽到了一个法国首相应尽的职责，他唯一的目标就是维护国家的荣誉和利益。对于梯也尔的这种思想，罗斯柴尔德家族从来不以为意，因为他们家族从来不倾向于任何一个国家。他们是国际化的，或者说，至少也是欧洲化的，不是德国的，不是法国的，更不是英国的、俄国的或意大利的。他们与许多王室交好，在各国外交领域都享有广泛的影响力，在整个欧洲金融市场上呼风唤雨。

梯也尔卸任后，基佐接替了他，与梯也尔相比，基佐就“国际化”得多了，没有太强烈的民族主义。不过也正因为这个原因，基佐的内阁被人们戏称为“外族的政府”。那段时间，是罗斯柴尔德家族最春风得意的时候，几乎在任何地方，人们都可以感受到他们的影响力，当时议会中的大部分成员都或多或少地与这个家族有一些交情，在任何必要的时候，总会有人愿意为其伸出援手。

话题再说回来，虽然詹姆斯在政界的影响力不容小视，但这和他对证券界的影响力比起来也就不足一提了。此时在证券市场上，他根本无须借用自己的政治影响去达到目的，因为他完全可以凭借自己的才智随心所欲地操纵证券价格。加上还有整个罗斯柴尔德家族作为后盾，詹姆斯对证券市场的垄断达到了有些专横霸道的地步，再冒失的人也不会敢于站出来挑战他的权威，因为他有强大的资金作为后盾，动辄抛出或者买入价值数亿法郎的债券，即使其他所有对手联合起来，也无法与他抗衡。人们知道，跟罗斯柴尔德作对，就是在跟自己的钱作对。

02. 如鱼得水

罗斯柴尔德巴黎分行虽然是在 1812 年才创建的，不过，我们之前也曾提及过，在这之前，罗斯柴尔德家族的业务就已经开拓到了法国。后来即位的国王路易十八跟罗斯柴尔德家族的关系也非同一般，在他逃亡的那段时间，一直受到罗斯柴尔德家族的资助。

对于詹姆斯·罗斯柴尔德选择在巴黎建立银行分支，不得不承认，面对当时极为不利的环境，他这么做，的确是很有远见卓识的。也许通过对国王的服务，他已经为自己在法国的发展铺平了道路，并且当时没有谁比好战的拿破仑更需要经济支持了，可以肯定，只要有这种机会，詹姆斯就绝不会放过。此外，来巴黎的詹姆斯并非只为拿破仑效力，商人的目的就是赚取利润。同时，英国政府曾委托内森·罗斯柴尔德将一些军事物资运给远在西班牙作战的英军，并且那次运输路线途经法国，可以想象在巴黎的詹姆斯一定在这个过程中有提供帮助，比如设法取得法国政府的通融，否则怎么可以保证那些物资在途经法国时能万无一失呢？

詹姆斯在巴黎刚刚设立分行的前几年，罗斯柴尔德这个名字在巴黎并不引人注意。1815 年拿破仑退位后，罗斯柴尔德家族曾经负责过经办联军向法国索要的数十亿法郎战争赔款，其中詹姆斯经手了大量的资金，这让他在巴黎累积了相当的资金和资源。

之后的时间里，詹姆斯没有参与什么大宗的引人注意的金融交易活动，人们对他也没什么印象。到 1823 年，詹姆斯干了一件大事，惊动了全法国，他以 89.55 法郎的单价收购了当年法国政府的全部国债。这件事也入选了《绅士杂志》总结的该年度大事记，在提到这笔业务的时候，杂志里说，这笔业务一成交，国债价格立即就上扬到 90.25 法郎；并认为这一现象显示了罗斯柴尔德家族享有出色的社会信誉和影响力。在巴黎，做出了如此大手笔的詹姆斯变得妇孺皆知，成了这个国家的风云人物。

面对越来越大的负债压力，1824 年，法国的国债总额接近 30.7 亿法郎，时任法国首相的维莱尔侯爵开始推行一些卓有成效的财政措施，其中一项措施是用利率为 3%的国债替换所有利率为 5%的国债，愿意兑换的债券持有人可以持旧债券来换取新债券，每 75 法郎的旧债券可以换取 100 法郎的新债券。

这可以减轻政府每年的利息支付压力，不过愿意兑换的人并不多，根据估计，只有大约三分之一的持有人愿意兑换。最后的情况是政府必须拿出 1 亿多法郎现金去赎回部分债券以应对各方吵嚷不息的讨债声。政府为了筹集这笔巨额资金，只得再次借债。在跟英国、丹麦和法国的所有大银行家提出请求被拒绝了很多次之后，只有三家公司答应给予援助，分别是罗斯柴尔德的主要对手巴林、著名银行家拉斐特和内森·罗斯柴尔德。

首相维莱尔与三家公司代表组成的委员会进行了谈判和讨论，委员会由亚历山大·巴林主持，成员有詹姆斯男爵和拉斐特。经过商讨，委员会提出的提供贷款条件是：以 80 法郎的价格出售利率为 3%的新债券。根据计算，价格定在这个水平的话，购买者可以获得 3.75%的利润。如果政府以售价为 80 法郎的债券来抵偿贷款的话，那么旧债券在兑换之前，价值相应地会达到 106.66 法郎。确定了计划，三家公司就开始照着这个目标运作，在巴黎，预计需要的金额将达到 10 亿法郎。

跟他们的预期一样，投机商认为这几家企业绝不会以低于 80 法郎的价格发行“3%债券”，于是在巴黎和阿姆斯特丹大胆地买入。同时，“5%债券”的价格已经涨到了 106.66 ~ 110 法郎，卖价已经不能再高了。

接下来的情况却出现了一个小意外，事情是这样的：原本维莱尔想把这项措施写进政策条文，长期推行下去，不过必须经过两院的审批。下议院经过激烈讨论后，以 68 票的多数压倒少数，通过了首相的提议。然而在上议院，该提议遭到强烈反对，这倒是令所有人都有些意外。原来是跟维莱尔积怨已久的德·查德布兰德子爵在暗中操纵，他并不是针对政策本身，只是为了反对维莱尔。由于掺杂了私人恩怨，提议被否决了。

证券市场对于政策的反应是异常灵敏的，消息一出来，当天“5%债券”的价格就一路下挫，从前一天的 106 法郎直线下降到 98 法郎。首相的方案遭到拒绝对于投机商们是沉重的打击，这是他们始料不及的。他们一直预期规定的兑换会顺利持续下去，并相应地做了大量交易；尤其是那些曾大笔买入的人，不得不尽快脱手，哪怕这样做损失惨重。

面对这样的情况，德·查德布兰德子爵不得不引咎辞职，而这个消息一出来，第二天一开市，“5%债券”就回涨到了 104 法郎。在这场金融混战中，巴林公司和拉斐特都受到重创，罗斯柴尔德公司却得以全身而退、毫发无伤。这得益于他们一贯的周密与谨慎，在大家都看好一种债券、孤注一掷时，他们冷静地同时买入、同时抛出两种债券，从而有效地平衡了收益、降低了风险。由于“3%债券”的贷款项目落空，该债券也不再继续发行下去，因此，不久前以 104 法郎的价格出售的“5%债券”又可以以 98 法郎的价格买入了，并在低价位上徘徊了一段时间。

03. 七月的风波

在巴黎，詹姆斯遇到了很多竞争对手。其中一位就是巴黎的著名银行家 P.J. 乌夫拉尔。1830 年，乌夫拉尔提前得到可靠消息，说波利尼纳克内阁将颁布一项特别法令——史称“七月敕令”，还没等消息得到证实，乌夫拉尔就召集了几个银行家和证券经纪人一起商讨对策，然后马不停蹄地起身赶往伦敦。他们一到伦敦证券交易所，就开始大量地抛售债券，导致整个债券市场价格呈现出下滑的势头。

在伦敦的内森立刻警惕起来，罗斯柴尔德公司是英国债券的大股东，这种不正常的势头对罗斯柴尔德家族影响巨大，为了详细了解英国市场上出现大量抛售的原因，内森迅速派信使去巴黎向詹姆斯打探消息。对于政府是否将颁布敕令，巴黎证券交易所里早就议论纷纷了，不过大家都只是猜测而已，谁都不敢肯定。

詹姆斯几个月前刚刚与政府签署了一笔以 102.7 法郎的价格出售“4%债券”的协议，跟内阁的交情不浅。于是，他立即心潮澎湃地亲自去见首相波利尼纳克，请波利尼纳克就时局的真实情况透露一点信息。在众人的期盼下，詹姆斯从首相府邸回来，毫无保留地告诉了大家他打探到的信息，首相“以个人名誉做担保”，敕文不过是空洞的提议而已，从来没有被内阁认真考虑过，到现在为止还只是一个幻想。就在所有人都松了一口气的时候，第二天，国王查理十世就连续签署了早已由大臣们准备得尽善尽美的四项敕令。次日，敕令在官方报纸《奥格斯堡总汇时报》上向社会公布。

敕令发布后，乌夫拉尔大捞了一笔。据他的证券经纪人推测，仅在革命发生的前后几天，他就至少赚了 200 万法郎。而另一方面，罗斯柴尔德公司和他的合伙者们发现，自己承揽发行的 7830 多万法郎的债券一夜之间就缩水了 20% ~ 30%。之后的很长一段时间里，这笔债券的价格都停滞不前，几乎无人问津。

好在内森在伦敦及时发现了异样，将消息传到了巴黎，詹姆斯所掌握的大部分债券在此之前就已脱手，因而他的损失很小。不过也因此得罪了一帮合伙商，他们狠狠地谴责了詹姆斯，认为他在危急时刻置朋友于不顾，自己先抽身溜掉了。事情到此为止，合伙商也没有再难为詹姆斯，毕竟在此之前，詹姆斯总是与大家一道分享利润，而且这次事出突然，没人料到会发生这种事，大家最感叹的是这个原本前景光明、利润丰厚的生意一下子就没了。之后，公债的价格一度还跌到了 48 法郎，乌夫拉尔着实赚了不少。

因为颁布的这几项法令封闭了自由派报刊，解散了议会，还限制了选举权，巴黎人民被激怒了，引发了著名的“七月革命”，之后，统治法国 240 年的波旁王朝宣告终结，接下来进入统治的“七月王朝”则代表了法国金融资产阶级的利益。

04. 敌意

另外一个重要对手是皮埃尔，詹姆斯跟他的竞争纠缠了很长的时间。两个金融巨子之间的争斗异常激烈，他们只要逮住机会就互相诋毁、谩骂。到后来，这种敌意不断滋长，已经突破了生意的界限，演变成私人恩怨了，一经诱导，在任何可能的场合都会发泄出来。只要能击败对手，无论是声誉上，还是财产上，只要有机会，他们会毫不犹豫地使用任何阴谋诡计。

在1848年欧洲革命的冲击下，法国罗斯柴尔德银行遭受了极大的损失。此后不久，由于在1848年革命中的保驾之功，詹姆斯的竞争对手福尔德成为当朝红人，出任法国财政部长。福尔德和罗斯柴尔德家族因为在争夺法国北方铁路的修筑权时结怨，前者一直想要伺机报复。与此同时，詹姆斯手下的助手艾米里·皮埃尔为了实现自己的社会主义理想，背着詹姆斯偷偷投靠到福尔德的门下。

作为一个坚定的圣西门实业社会主义者，皮埃尔向福尔德建议，成立一家属于社会公众所有的银行——动产信托银行，将法国老百姓的小额积蓄集中起来，就可以打破罗斯柴尔德这样的私人银行家对国家金融的垄断。政府今后可以直接从民间融资，用到国家建设最需要的地方去，还可以把经济发展所得以股息和分红等形式返还给老百姓，实现国强民富。正想伺机打击罗斯柴尔德的福尔德，闻听此言，正中下怀，于是双方一拍即合。

1852年，在拿破仑三世和财政大臣福尔德的大力支持下，皮埃尔的动产信托银行开张了。法国政府亲自出面为新银行做宣传，投机者蜂拥而至，狂潮席卷了整个法国，投机行为迅速从中产阶级蔓延到了普通百姓。

詹姆斯表现得出奇的冷静。他认为，像这个一半建立在“名人效应”一半建立在公众投机基础上的银行是靠不住的，其偿付能力值得怀疑，所以他断定这样的银行长不了。

然而，动产信托银行一问世就异常火爆，定价500法郎的股票到1856年3月攀升至1982法郎，分红从1853年的13%飙升到1855年的40%。这使得詹姆斯关于动产信托银行的论断听起来更像是无稽之谈。

不久，动产信托银行很快控制了法国三条主干线路，又制造出大量新型金融产品，吸引了无数小投资者，公司资产迅速增长，罗斯柴尔德在铁路融资上的老大地位受到空前的挑战。动产信托银行被誉为挑战罗斯柴尔德家族统治地位的“斗士”。

1854 年克里米亚战争爆发，皮埃尔借机向罗斯柴尔德家族发动了一场大规模的进攻。奥地利在战争中保持中立，但仍需要动员军队加强边防，可政府连动员军队的钱也拿不出来。专与詹姆斯作对的奥地利驻法国大使胡伯纳给皮埃尔支了一个毒招，建议皮埃尔与奥地利政府接触，购买奥地利铁路的多数股份。这一招打到了罗斯柴尔德家族的痛处，因为除所罗门拥有的北方铁路，以及所罗门竞争对手西纳银行拥有的南方铁路外，奥地利的其他铁路都属于国有。在胡伯纳的穿针引线下，皮埃尔与奥地利政府谈判成功，以低于修筑费用 25%的价格买下了奥地利国有铁路的一大批股票。

这种趋势再持续下去，所罗门的北方铁路将独木难支，最终会被皮埃尔挤垮。罗斯柴尔德家族决定对其展开报复性行动。1855 年底，皮埃尔开始吃到苦头。在那一年，刚刚取得了奥地利国有铁路控制权的皮埃尔想乘胜前进，提出要在奥地利也建一个动产信托银行，但他们被告知奥地利已经有了一家这样的银行，名字与法国的差不多，叫“公众信托银行”，银行的负责人是詹姆斯的二哥所罗门的长子安塞尔姆。原来罗斯柴尔德家族对动产信托银行进行了精心研究，认为这种投机性质的银行占不了金融界的主流，但为了反击其对家族利益的冲击，他们决定以毒攻毒，以家族声誉担保，也成立一家类似的银行，但是杜绝投资生意。

1855 年，奥地利公众信托银行开张，向社会公开招股。罗斯柴尔德家族的金字招牌吸引了无数的小投资者，维也纳市民露宿街头，通宵排队购买银行的股票。由于认购者太多，安塞尔姆不得不一次又一次地对原始股进行溢价处理。结果，到了当天晚上，价值1500万弗洛林的股票卖到了6.44亿弗洛林，公众对罗斯柴尔德家族理财能力的信任由此可见一斑。在此后的一星期内，公众信托银行的股票在维也纳证券市场上从每股17弗洛林上涨到34弗洛林。

詹姆斯领导着罗斯柴尔德家族的第三代人对皮埃尔的动产信托银行展开了全面反攻。他们首先利用动产信托银行战线拉得过长、资金不敷使用的困境，切断其现金支持。1855年9月，皮埃尔宣布发行长期债券，罗斯柴尔德家族利用其在央行的影响力，以“减轻资本市场的压力”为由，冻结了动产信托银行企业债的发行，使其难以继续为庞大的土地开发项目提供投资。此举对皮埃尔打击不小。

1856年初，罗斯柴尔德家族向奥地利政府提供了1000万英镑的贷款，取得了意大利隆巴底至威尼斯铁路的修建权。不久，罗斯柴尔德家族又用300万英镑取得了奥地利南方铁路的修建权。随着铁路建设越来越超出国界，动产信托银行明显敌不过罗斯柴尔德家族五兄弟遍布各国的分支机构之间相互呼应、相互支援的优势。1857年后，在铁路融资方面皮埃尔不得不甘拜下风。

1859年，法奥战争爆发，法军击败奥地利军队。皮埃尔的动产信托银行资助了法奥战争，开始显露败象。1860年，动产信托银行的股票价格从1600法郎下跌至800法郎。此后爆发一名董事金融诈骗的丑闻，更损害了皮埃尔的信誉，福尔德因此引咎辞职，但在一年后被拿破仑三世召回。复职后的福尔德对皮埃尔明显冷淡，动产信托银行扩张过度，管理不善，利润逐年萎缩。福尔德因此向拿破仑三世进言，法国政府在筹集公债方面不能依靠皮埃尔，而应与罗斯柴尔德银行修好。

1864 年，拿破仑三世出兵墨西哥，企图将亲法的马克西米利安大公扶上王位。皮埃尔为政府发行战争公债，企图从中大捞一把。詹姆斯则在一旁袖手旁观，他早就对法国军队的战斗力失去信心。果不出所料，法国战败，马克西米利安被革命者处决，为政府发行战争公债的动产信托银行蒙受了巨大的损失。这时候，动产信托银行的投机性、脆弱性显露无遗，投资者纷纷将皮埃尔告上法庭。

拿破仑三世也开始冷落皮埃尔，他假惺惺地说："动产信托银行为政府做了很多事，但我不能阻止国家的司法程序。"这是压垮骆驼的最后一根稻草，动产信托银行开始用自己的本金向投资者支付股利，1866 年，银行出现了 800 万法郎的赤字，股价下跌到 350 法郎，从此一蹶不振。

1867 年 10 月，动产信托银行宣布破产，皮埃尔逃亡到出生地葡萄牙，在一间普通的公寓里过起了贫民生活。皮埃尔的长期支持者福尔德辞职，几个月后就在失意中死去了。至此，欧洲金融界人士彻底分清了在两个金融巨人长达十几年的争斗中谁才是最后的胜利者。

05. 家贼难防

多样化投资是分散风险的最有效方式。因此，罗斯柴尔德家族虽然是靠金融发家的，但他们绝不仅仅在金融这一棵树上吊死。正如内森会抽空投资水银矿一样，除了证券交易之外，詹姆斯所领导的法国罗斯柴尔德家族也涉及了工业、商业等许多领域，其中最大的手笔就是投资法国的铁路业。

历史上有很多人可以被称作"铁路大王"。美国的铁路大王是范德比尔特，英国的铁路大王是赫德森，而在法国，铁路大王正是詹姆斯·罗斯柴尔德。前面曾经说过，19世纪的主题便是工业大发展，无论是纺织这样的轻工业，还是钢铁这样的重工业，无一例外都在19世纪取得了长足的发展。在19世纪中叶，铁路成了法国最炙手可热的产业，向来走在别人前面的罗斯柴尔德家族自然不会放过这个大好机会。事实上，从塞纳河畔的凡尔赛铁路到宏伟的北方铁路无一例外都是詹姆斯投资兴建的。

詹姆斯在修建北方铁路的过程中还通过投机倒把大赚过一笔。

当时，法国政府对于铁路的修建非常重视，因此，为了防止国家的基础建设项目被詹姆斯这样的商业巨鳄完全把持，国会通过了一项法案，这项法案规定凡法国境内的铁路一律以招标的方式进行修建，不会再单独地授权给某个人或是某家企业。从政府的角度来看，这一举措确实是很有必要的。但是这一次，詹姆斯比政府更精明，因为在招标以前，詹姆斯早已经跟所有可能的竞争对手全都谈妥了，所以到了竞标那天，总共只有詹姆斯这一家公司前来投标，政府别无选择，只能忍气吞声地让詹姆斯负责北方铁路的修建。

詹姆斯的精明不只体现在招标的时候。为了营建北方铁路，法国政府投入了30万份面值500法郎，总计1.5亿法郎的债券作为资金。手眼通天的詹姆斯早就得知了这一消息，债券还没上市，他就已经开始在卖方市场进行大规模投机活动，用尽了一切手段把债券的价格抬到了一个令人难以置信的高度。不仅如此，他还动用自己的媒体资源为债券的发行鼓动声势，压住所有反对的声音。

打通人脉也是必不可少的，而当时价值极高的铁路债券便成了最好的礼物。因此，每个与铁路建设相关的重要人士，包括首相、议员、记者等等都收到了詹姆斯赠送的铁路债券。依据职位高低和人物的重要程度，詹姆斯送出的债券少则 5 份，多则 50 份，个别核心人物收到得更多。

巨额的贿赂让这些人死心塌地地为詹姆斯的阴谋保驾护航。在多股力量的共同推动下，债券价格越升越高，市场预期也越来越好。于是，詹姆斯的目标——那些无知的民众终于坐不住了，他们纷纷拿出自己攒下的血汗钱去买债券，希望通过投机大赚一笔。这样一来，债券彻底被炒火了，证券分红甚至一度达到了 348 法郎，赶上了债券面值的 70%。

是时候收网了。詹姆斯一声令下，手下的交易员们开始疯狂出售手中的债券。这样一来，原本长势良好的铁路债券瞬间崩盘，价格一泻千里，普通百姓高价买进的债券在一夜之间贬值大半。早买的人还算好，那些追高买进的人亏得更多，有的甚至倾家荡产。

剩下的就是抄底行动了，詹姆斯开始悠然自得地以票面价值一半的超低价把铁路债券再买回来，这一买一卖之间，詹姆斯所赚取的利润超过千万法郎。虽然看起来简直就是那个以讹传讹的“英国公债之战”的翻版，但是这却是一个真实的故事。事实上，那个故事之所以容易被人相信，就是因为内森所使用的正式证券市场上最常用的投机手段，所以詹姆斯也会这样玩也就不足为怪了。

1846 年 6 月 15 日，规模浩大的北方铁路正式竣工通车，消息传出，举国欢庆。就在完工当天，法国的亚眠市举办了一场盛大的庆祝会，这是一场名流之间的聚会，只有王公贵族、将军、议员和超级富豪才会被邀请。整个庆祝会上欢声笑语、热闹非凡，而詹姆斯，无疑是这场聚会当中最耀眼的明星。

尽管北方铁路项目让詹姆斯获利极丰，但另一件与北方铁路有关的事却让他吃了瘪。这就是在当时影响力颇大的卡朋特斯诈案。

卡朋特是修建北方铁路时詹姆斯的会计兼出纳。这个欺诈案可谓史无前例。

有一家报纸对其相关细节的描述如下：

> 有关北方铁路偷窃案的迷雾已经渐渐被拨开，案情可以说是水落石出了。在报道中，本报一切忠于事实。一开始，公司并不打算将内幕对外公布，但新闻界不甘心让这样一件耸人听闻的大案草草收场，于是，在新闻界的强烈要求下，公司终于做出让步，对案情做了一些解释，宣称损失约为600万法郎。但是据推测，实际损失远远不止这些；这600万法郎仅仅是指被窃的债券，而盗贼们还席卷了公司保险柜里的所有现金。
>
> 损失的确切金额还未查明；事实上，要查清涉案金额是相当困难的，甚至已经无从查起，因为盗贼们销毁了几乎所有能够有助于调查该案的资料。被窃金额估计高达3000万法郎到3200万法郎。这笔损失不会由北方公司单独承担，股东们将按投资比例承担相应的损失。

卡朋特、格雷莱和他们的其他同伙显然已经为此案做了很长时间的准备，因为早在出逃之前，他们就已经偷走了大量的款项，并且，6个月前，还在英国花180万法郎买了一艘轮船。

在他们携款潜逃后，查出来的一些资料显示：他们早已在纽约买好了一幢房子，也许这正是他们离开英国，逃往美国的原因吧。这伙人到底从什么时候就已经开始筹划，现在已经无从得知。不过据调查发现，早在很久以前他们就开始将偷取的债券在市场上暗中销售了。

为了保证在上级抽查由他们保管的债券时不露马脚，他们耍了一个很狡猾的花招：库存的债券都是一沓沓捆起来的，每沓 1000 张，这伙人串通了一些底层员工，从每沓中抽出 200 张到 300 张，然后再把剩下的重新捆好，从表面上看几乎没有任何蛛丝马迹。后来，由于检查人员只是简单潦草地看了看，所以没有被察觉。就这样，盗贼们在携款逃跑之前就已经拿到相当大的一笔钱了。

卡朋特是第一个从巴黎撤走的，走之前，他向詹姆斯男爵请了四天假，詹姆斯男爵欣然应允了。在请假时，卡朋特还与男爵有一次长谈，事实上，他一直都是詹姆斯男爵看重的人。谈话中，詹姆斯男爵兴致很好地告诉卡朋特：他刚刚又做了一笔好生意，大概能赚 500 多万法郎。他还说："如果北方铁路的投机进展顺利的话，我将在这 500 万法郎上再添 300 万法郎。"

卡朋特问道："这 300 万法郎会在那 500 万法郎之前还是之后呢？你口袋里装着 3500 万法郎，还是 5300 万法郎？要不把那 500 万法郎赏给我吧，这点钱对你而言不过是九牛一毛而已……"

听了这个玩笑话，詹姆斯男爵哈哈大笑。自然，他是不会交出这 500 万法郎的。"我不能把我的 500 万法郎给你，不过，拿着这个吧……把我的表链给你，作为今天的一个纪念吧，今天我很高兴。"

不用说，这个表链是价值不菲的。尽管当时卡朋特已经为自己谋取了巨大的财富，却没有蔑视这个小礼物。他毫不客气地收下了，在离开巴黎之前，将它作为礼物送给了他哥哥。

这段谈话是詹姆斯男爵后来告诉他朋友的，我们可以看出卡朋特与詹姆斯男爵的关系已经到了最私密的层面，并且是詹姆斯男爵亲自任命他为北方铁路总出纳的。因此，当得知自己一手提拔的人居然如此无情地背叛了他时，詹姆斯男爵极为震怒，发誓要用尽一切手段把这个忘恩负义的叛徒捉拿回来。

公司雇用了专业侦探进行调查，詹姆斯男爵在银行为他们开了一个没有限额的存款账户，并对外宣称他将不惜一切代价和手段——甚至愿意为此悬赏 1000 万法郎。

离开巴黎后，卡朋特直接赶赴伦敦，然后马不停蹄地到了利物浦，从那里登上他们早已买好的轮船。等其他同伙一到，他们就立即出发了。在卡朋特请假期间，公司安排格雷莱负责现金管理。到了为员工和工人发工资的那一天，格雷莱却没有露面。对此，詹姆斯男爵并没有感到什么不妙，他亲自去了公司，想用自己的备用钥匙打开保险柜，好取钱支付工资。他先打开了小保险柜，却发现里面空空如也。他立即起了疑心，于是叫来经理在一旁盯着，因为他将承担所有的责任；然后他打开了大保险柜，不出所料，里面也是空的。

债券的丢失是后来才发现的。

公司迅速采取措施追捕窃贼。然而这些人一开始就准备得如此周密，连格雷莱与他们会合都非常顺利。就这样，卡朋特、格雷莱，还有其他四个员工一下子就消失得无影无踪了，卡朋特还带上了他的情妇，她此前一直在巴黎过着极为奢华的生活。

卡朋特和格雷莱都还很年轻。卡朋特相貌英俊，不过略显苍白，好像患有痨病似的。格雷莱来自一个非常富有的家庭，拥有一笔相当可观的财产，据说有 50 万法郎。有人说他们之所以走上犯罪道路是因为在证券市场上赔了钱，也有人说是因为他们生活太奢侈；其实这些说法都是不确切的。相反，他们的生活都是很平静、很有规律的。如果说他们最近花钱有些大手大脚的话，那也只是犯罪行为所需的。

总之，他们绝不是被生活所迫才犯罪的，他们简直就是让自己一头扎进了无尽的内疚与忏悔之中。中国有句老话：家贼难防。詹姆斯不惧任何竞争对手，却在自己人这里栽了跟斗，这件事也让詹姆斯耿耿于怀了很长时间。

06. 态度的转变

詹姆斯是巴黎最富有的银行家，也是国王和大臣们的心腹知己，他结交广泛。从详细的记录里，我们可以看到詹姆斯在 19 世纪 30 年代和 40 年代与海因里希·海涅和巴尔扎克两人建立了非常紧密的关系。表面上来看，还挺让人感到困惑的。

海涅因为他的自由派观点而被德国放逐，而且他一生都对革命和民族主义事业保持了高昂的热情。巴尔扎克从性情上来说还是个浪漫的保守派，他曾在 1831—1832 年寻求参选成为波旁王朝的一名立法者，而且毕生都在用一种不那么献媚的笔触描绘七月王朝统治下的社会。从政治方面来看，这两位作家都是激进人士。

而且詹姆斯和海涅之间并非一开始就很友好，有种说法认为海涅经常让詹姆斯难堪，比如詹姆斯问道："海涅，你能告诉我为何这种酒叫作'拉克利玛·克里斯蒂'吗？"

"你要做的就是翻译我的话。"海涅回答说，"当基督看到富裕的犹太人能够买得起这种好酒，而如此多的贫困家庭却饥渴难耐时，他禁不住流下了眼泪。这就是这种酒的名字的由来。"

海涅是汉堡银行家所罗门·海涅的侄子，他母亲一直希望他成为一名银行家。1827 年，他在伦敦有些偶然地遇到了内森。在他的口中，内森就是"一个肥胖的犹太人"。海涅之所以这么说，是因为当初他觉得内森是个著名的商人，他希望成为内森的学徒，但内森认为他没有经商的潜质，毫不留情地拒绝了他。就因为此事，海涅与罗斯柴尔德家族结下了梁子，他在1830年前后针对罗斯柴尔德家族的权势进行了非常尖锐的评价。

但是，到了1834年，他与法国的罗斯柴尔德家族的关系完全变了个样子。

在奥地利剧作家格里尔帕策看来，海涅在詹姆斯家中地位特殊。格里尔帕策曾经在詹姆斯家里跟海涅和罗西尼共进晚餐，当时的情景让他很震惊："很明显，主人们畏惧海涅，他则利用这种畏惧，抓住每一个机会狡猾地取笑他们。但是如果你不关注某些人，就不应该与他们共进晚餐。如果你轻视某个人，也不应与他共进晚餐。实际上，这次晚宴之后，我们的熟悉程度并没有增加。"

从现在可以找到的资料和信件中看来，却不是这么一回事。海涅对于詹姆斯似乎是越来越毕恭毕敬，并且唯恐什么地方冒犯到了这位银行家。大多数人认为，海涅这么讨好地对待詹姆斯很大程度上是金钱的压力所致——他需要得到詹姆斯慷慨的资助。海涅对詹姆斯最初的一些描述出现在《路德维希·博恩》一书当中，他认为詹姆斯金融资本的增长使得他变成了与黎塞留和罗伯斯庇尔一样的社会"革命者"。尽管这三人有着惊人的相似之处，这样说还是有些夸大了詹姆斯的影响力，但这并不是有意羞辱詹姆斯。

让人吃惊的是，海涅对自己的冒昧之举感到非常不安，他采取了一些警戒措施，寄了一份证据的复印件给了詹姆斯的妻子贝蒂。"到你手里的是我的一些'犯罪事实'，它们让我很不安。"他在信中写道，"我还能在你们面前出现吗？……或许你们会用一个微笑宽恕我。对于我自己，我如何苛责自己都不为过，因为对于一个隐藏了如此多高尚情感和善良意愿的家族，我竟然如此评价，尽管没有恶意，但方式极不合适。”

到 19 世纪 40 年代初，海涅在发表于《奥格斯堡总汇时报》的文章里，一再重复地赞美詹姆斯。比如，将詹姆斯与其他诸如贝诺伊特·福德等银行家进行了有利于詹姆斯的比较，并赞扬了他的博爱工作。最令人感到不适的颂扬出现在 1843 年 6 月出版的文章，他将詹姆斯与路易十四相比，认为他发掘他人潜质的能力高人一等："为了确保不带来冒犯，我今天要把德·罗斯柴尔德先生比为太阳。我可以做到这点，首先，这不会花费我任何代价；第二，我现在就可以很好地证明这点，因为现在所有人都向德·罗斯柴尔德表达了敬意，以获得他的金色光芒带来的温暖。"这篇文章后来收录进他的《鲁特西亚》一书。

几个月后，海涅除了颂扬詹姆斯之外，又做了其他的"贡献"：他的出版商坎佩给他寄了一份猛烈批评罗斯柴尔德家族历史的手稿——激进共和派人士腓特烈·斯迪门的《罗斯柴尔德家族：历史与交易》一书。海涅回信说，如果手稿能够压住不出版，将会得到回报，"罗斯柴尔德先生在过去的 12 年里一直向我提供这样的回报，要这件事能够完成"。

不过 1845 年之前，没有任何詹姆斯向海涅提供财务资助的记录，因为当时的海涅无须此类帮助。实际上，《鲁特西亚》一书中，紧接着詹姆斯与路易十四对比的那段文字，海涅清楚地表明，自己不愿加入围在詹姆斯身边的乞讨人群里："如果我能够自信地说，这种疯狂的崇拜对可怜的太阳来说是一种苦恼，他得不到一丝喘息的机会，我认为金钱对他来说更像是诅咒而非祝福。如果他的心肠更硬一些，他或许能够忍受少许的不适，我建议每个急需用钱的人去找德·罗斯柴尔德先生；并不是让他们从他那里借钱，而是亲眼看看金钱能够带来的痛苦。”

海涅认为，詹姆斯之所以备受折磨，“是因为他有太多的钱，因为世界上所有的钱全部流进了他巨大的口袋里，因为他背负着如此沉重的负担，他的周围挤满了向他伸出双手的饥民和窃贼。这些手是多么可怕，多么危险”！

海涅随后讲了一个笑话：“‘您近来怎么样？’一个德国诗人有一次问男爵先生。‘我快疯了。’后者回答说。‘我才不相信，’诗人说，‘除非你开始往窗外扔钱。’男爵用一声叹息打断了他的话：‘准确地说，那就是我发疯的事情，我有时没往窗外扔钱。’”

海涅之后遇到了一些经济困难。他原本每年可以从他富有的亲戚那里获得 4000 马克的补助，1844 年 12 月，他的叔叔所罗门·海涅去世时给他留下了一笔 8000 马克的遗产，但随后他从侄子卡尔那里获得的补助比之前少了一半，为此家族里产生了一系列的矛盾。

在这种情况持续了几年之后，到 1847 年，海涅第一次需要罗斯柴尔德家族提供资助。刚开始时，他只是寻求投资建议，但当经济状况每况愈下时，他逐渐要求得到金钱上的资助。

1846 年，詹姆斯让海涅一起参与投资铁路股份，海涅赚了 2 万法郎。第二年，詹姆斯又给他的“朋友”提供了新发行的法国政府债券业务中的“最优先待遇”。但是，到了 1852 年，海涅的言语中已经透露出“乞讨者”的意味：“无论何时，当你巨大的业务获得收获时，你不仅让你家族最亲密的朋友，也让诗人的孩子们分享一些甜头。现在，当你再一次占据巨大企业的领导地位，从革命的风暴中以一个胜利者，更多的则是以一个百万富翁的角色出现时，我冒昧地提醒你，我还没有死，尽管我的情况很难被称为‘生活’。”当他的请求得到满足后，海涅有些感伤地表示感谢：“鉴于你最近的仁慈，上帝很明显会祝福你，你签订的任何合约都会给你带来好运。”

3 年后，海涅再次向詹姆斯提出了一个类似的请求，希望获得新成立的奥地利中央合作银行的股份，他的这一请求同样得到了满足，得到了 100 股股份。海涅的夹杂着阿谀以及尴尬感谢的信件表明他发现减少“乞讨”是多么艰难。之后不到两个月，海涅便去世了。

07. 欠债高手

詹姆斯和巴尔扎克之间的故事完全相反，可以说，詹姆斯·罗斯柴尔德是这位名留青史的大作家的超级粉丝。1832 年詹姆斯在艾克斯与巴尔扎克第一次碰面。然而就是这短短的一次碰面，就让詹姆斯彻底喜欢上了这个天才作家。

于是，正如很多艺术家都会和大富翁打交道一样，巴尔扎克也从此攀上了詹姆斯这个大靠山。很快，巴尔扎克决定前往意大利，而詹姆斯连想都没想，就决定资助他。詹姆斯不仅帮巴尔扎克付了路上的盘缠，而且给他开了一封介绍信，嘱咐他在意大利有什么难处，就拿着这封信去找卡尔。

就这样，詹姆斯和巴尔扎克之间的往来越来越频繁。两年后，在维也纳，巴尔扎克利用詹姆斯的这种好意，从所罗门那里借了 500 法郎，而担保人则是他在巴黎毫无戒心的出版商。同年 11 月，他与另一个出版商谈判时，似乎也要求詹姆斯的妻子贝蒂提供过类似的担保。

在一段著名的旁白中，巴尔扎克描述了 1837 年在大街上遇到海涅和詹姆斯的情形："这就是人们所说的，犹太人全部的精神以及金钱的化身。"当然，真正让巴尔扎克感兴趣的不是詹姆斯的犹太精神，而是他的金钱。

在19世纪40年代中期，两人之间的关系达到了巅峰。有了詹姆斯的资助，巴尔扎克的事业也越来越兴旺。1842年，巴尔扎克的剧作《奎诺拉号的消息》在巴黎上映，他亲自把贵宾席位的门票送到了詹姆斯夫妇的手上，盛情邀请他们出席。两年后，他又公开将自己的新作《实业家》献给了那位他所敬爱的"詹姆斯·德·罗斯柴尔德男爵——奥地利驻巴黎总领事和银行家"。

詹姆斯对待巴尔扎克确实足够好。不仅仅是金钱方面的资助，詹姆斯还曾帮巴尔扎克送过情书，他通过自己的关系将巴尔扎克的一封充满了爱慕之情的信送给了一位波兰女伯爵，并且在她前往那不勒斯的时候，帮助她通过海关。当巴尔扎克于1846年准备前往波兰时，詹姆斯甚至帮他把他之前的女仆，同时也是他的情妇安置到一家邮票店里，因为巴尔扎克坚持认为那里比较安全。

随着关系的进步，巴尔扎克的胃口也越来越大，并且逐步暴露出自己的本性。同样是在1846年，詹姆斯向巴尔扎克提供了150份北方铁路的债券，但是巴尔扎克只想要现金，他将自己的股份作为抵押从詹姆斯那里又借了1.7万法郎。

事实上，巴尔扎克在与詹姆斯交往的时候的最大"爱好"就是不断向他借钱，并尽可能地久拖不还，这使得两人的关系开始恶化。1847年之后，终于意识到巴尔扎克是个什么样的人的詹姆斯开始向他讨债，不管涉及的金额有多小，也不管债务人多么幽默，决不拖延。1848年10月，此时隐居在威尔卓尼的巴尔扎克吃惊地从他母亲那里得知，罗斯柴尔德家族拒绝接受巴尔扎克从其他银行家那里开出的面额为 2500 法郎的汇票。巴尔扎克认为，这意味着詹姆斯将要讨要他所欠的 1.7 万法郎。

由于担心詹姆斯会从别人寄给他的汇款里扣除所欠的债务，这位作家想出了一个蹩脚的作弊方法：他让一笔 3.1 万法郎的汇款不直接寄给他，而是寄给他的母亲，而且用的还是她出嫁前的名字。这一策略显然未能奏效，到 1849 年 2 月，巴尔扎克有些抓狂地试图用另一个银行家的汇票支付北方股份的下一期款项。“你不知道，”他在那年 3 月暴怒地写信跟母亲说，“欠罗斯柴尔德的那 1.7 万法郎给我造成了多大的困扰，限制了我所有的行动。”

巴尔扎克并不是仅从自己的角度看待这个问题：作为一个败家老手，他经常能够洞察债主的想法。“罗斯柴尔德家族，”他承认，“就如暴雨之后的海狸，必须全身心投入到修补工作中去，1848 年这一年给他的金融业务带来了巨大的灾难。”等到他 1850 年夏天回到巴黎时，正常的金融业务已经得以恢复。同年 6 月 11 日，也就在他因一连串小病去世的两个月前，巴尔扎克仍在安排与罗斯柴尔德家族一起买入 100 股法兰西银行的股票。

在他去世后，跟在他灵柩后面的，除了詹姆斯，还有维克多·雨果、大仲马和一群巴黎的文人墨客，就好像从他的《人间喜剧》当中冒出来的一样。罗斯柴尔德家族 32 年后还帮了巴尔扎克一个忙，他们从他的遗孀手里买下了福托奈街的房子，价格则是巴尔扎克当时所付金额的 10 倍。

08. 聪明人

詹姆斯在法国历经了好几任政府，跟他关系最好的莫过于1830—1848年在位的路易·菲利浦。

此前的路易十八在位时期，贵族们自恃出身显赫、血统高贵，非常傲慢无礼。据说有一次，在为政府效劳后，詹姆斯提出想把夫人介绍到宫廷里与贵妇们认识。然而，当官员们向公爵夫人问询时，这个傲慢的女人居然断然拒绝了，还说："这种事情想都不要想。你别忘了，我们法兰西的国王是欧洲最支持基督教的国王。"因为这种狭隘的宗教歧视，詹姆斯与这一届政府的关系并不那么亲密，当然为了生意，该做的事情还是得做，但是詹姆斯后来停止了对国王的帮助，并且暗暗减少了对政府经济上的支持与政策上的建议。

1830年的革命推翻了波旁王朝的统治之后，詹姆斯感觉出了一口气，他热情地迎接了新政府的到来，并且以自己所有的影响力和资金为后盾给予新政府以极大的支持，还与新皇室的贵族们建立了亲密而友好的关系。当然詹姆斯也获得了热情的回报，这个新政府和像詹姆斯这样的金融家们关系非常好，甚至被称为"金融家的王朝"。那个时期，詹姆斯几乎每周都会应邀到皇宫赴宴，王子们也常常参加他在拉斐特城堡举办的晚会。詹姆斯在那届政府期间的影响力非常强大，甚至可以说不再是詹姆斯向皇室请求恩惠，而是皇室向这个富甲天下的银行家寻求帮助。

罗斯柴尔德家族经常举办宴会，且极尽奢华与壮观，詹姆斯邀请整个巴黎的外交界、金融界的精英到府上。罗斯柴尔德家族的宴会盛况堪比皇宫宴会，甚至人们以能出席罗斯柴尔德家族的宴会为荣。不过，见惯了人情世故的詹姆斯对于各种阿谀奉承习以为常，并且他还会经常嘲弄这些人，甚至搞得人下不来台，连报纸上都把他的这些“直率”的话当成笑话刊登出来。有时候，他也会遇到旗鼓相当的对手，被对方狠狠地挖苦一番，不过他从来都不以为意。反正詹姆斯是乐此不疲，并且不停地挑战更高级别的嘉宾，似乎被取笑的“受害者”级别越高，他从中得到的乐趣就越大，他故意想用自己所谓直率言行给别人造成痛苦与难堪。

对那些受过他恩惠的艺术家、记者等人，詹姆斯的行为对他们简直是一种折磨，虽然很反感他的行为，但他们却从来不敢反驳他那些不得体的言语。一天，雅丹在所罗门·德·罗斯柴尔德家的餐厅里描绘一些壁画。詹姆斯进来时，看见他正在一边工作一边自娱自乐地唱歌、吹口哨，于是冲着雅丹嚷嚷道：“嘿！你这个画画的工匠！下来一点，我有话跟你说。”雅丹不屑地耸了耸肩，没有回应，然后接着画。

一次，受到冲撞的是一位议员，当时议员正好在歌剧院碰到了詹姆斯，礼貌地问候他近况如何。

“还不错。”

“夫人可好？”

“关你什么事？”詹姆斯没好气地回了一句，粗鲁地转身走开了。只剩下议员呆若木鸡地站在原地。还有一次，詹姆斯举办宴会，邀请了沃特姆伯格的保罗王子来到拉斐特城堡。尊贵的客人来了，不知道是不是由于詹姆斯认为需要用特别的方式来表达自己的荣幸之情，他执拗地以一种极不庄重的语气来称呼王子。对于这种不讲礼节的行为，起初王子轻蔑地以沉默来回应，不过詹姆斯似乎意犹未尽，抱着不达目的决不罢休的态度一直纠缠，最后王子终于忍无可忍，愤怒地拂袖而去。

报纸上还刊登过一则詹姆斯和画家韦内特的故事，在故事里詹姆斯被描述成了一个吝啬的商人，不过詹姆斯自己倒是从来不觉得自己小气。

故事说的是，有一次，詹姆斯拜访了韦内特，询问为他作一幅画要收多少钱，画家告诉他说："为男爵先生您作一幅画要收 4000 法郎。"

"见鬼！你只需要拿起刷子涂几下就好了，却要收这么多钱，这实在太贵了！"詹姆斯讨价道。

画家无奈地耸了耸肩："请问，您懂艺术吗？反正，就是 4000 法郎，一分也不能少。"

詹姆斯再次表示这个价格高得简直让人不可思议。

于是画家说："您再这样的话，我就把价格提高两倍。您到底想不想要画了？"

詹姆斯立即起身离开了画室，他觉得眼前这个人一定是个疯子。"等等！"画家追在他后面喊，"我为您作一幅不收钱的肖像吧。"

画家没有食言。在他那幅名为《一个吝啬鬼》的画里，一个犹太人抱着一箱子珠宝、钱币急急忙忙地偷跑，脸上流露出丑恶的贪婪。这幅肖像是对詹姆斯的无情嘲弄。詹姆斯对这件事情也是耿耿于怀很久，不过我们倒是可以理解为这是商人对于价格的天性反应。

其实，詹姆斯并不是一个小气的人，他对于慈善的热心也是出了名的。不触及商业的时候，詹姆斯是一个非常慷慨的人。也许是平时在日常生活中太过于斤斤计较，人们更愿意相信他的仁慈之举是出于某种商业目的。一些报纸更是长期渲染詹姆斯的小气吝啬，关于他的非营利性质的慈善行为的报道，也会带着明显的嘲讽语气甚至是恶言诽谤，这更是加深了人们心中这位金融家贪婪吝啬的印象。

1846 年的时候，法国农业歉收，詹姆斯眼见这样的情况可能会引起饥荒，于是在 1847 年早些时候，他就开始采取了相应的行动，想要帮助人们渡过难关。詹姆斯从欧洲和美国市场上购入大量玉米，后来以低于成本的价格在巴黎出售，还在圣狄德罗教堂附近开了一家烤面包店。饥民们可以在那里买到很廉价的面包。但对于这么慷慨慈善的举动，报纸报道出来完全就变了一个味儿，鉴于一直以来詹姆斯在媒体公众心目中的形象，他们都不愿意相信詹姆斯会不存私心地做这些事情。在报纸的评论里，说他卖的面包根本不是面包，面粉也压根儿不是面粉，纯粹就是麦麸、灰泥，还掺着砒霜，并告诫大家要保持警惕。还有人断言说，罗斯柴尔德买了大量变质的面粉，为了掩饰，还掺和了一些甜杏仁。有一点可以肯定，作为一名精明的商人，詹姆斯绝对不可能用更贵的甜杏仁来替代面粉做面包的。

1848 年虽然爆发了革命，巴黎一片混乱，说不清楚热情高涨的群众会不会激动过度而冲进詹姆斯家中，危及他家人的人身和财产安全。在这样的情况下，詹姆斯还是捐出了至少 4 万法郎帮助那些负伤和失业的人。当然，也没有革命群众光临他家。

鉴于詹姆斯的慷慨仁慈，当时革命派的一个高层马克·考斯蒂尔指派卫兵守护了酒店、宾馆以及詹姆斯的府邸。考斯蒂尔的这番好意后来也收到了詹姆斯的回报。在巴黎的混乱局势下，不到一年的时间，风云变幻，考斯蒂尔从领导人变成了被流放的对象，当他被流放到伦敦时，落魄而困顿，穷得像一个乞丐。就在考斯蒂尔万般无奈的时候，他收到了詹姆斯来自巴黎的一封信和 3 万法郎，数额不大，但对考斯蒂尔来说无疑是雪中送炭。考斯蒂尔用这 3 万法郎起家做起了卖酒的生意，主要经营白兰地，据说生意还不错。对于这样的善举，仍旧有人推断詹姆斯是出于精明、自私的动机。反正听得多了之后，詹姆斯也不以为意了。

我们还可以从一些小故事里看出詹姆斯精明的商业头脑，同样是做慈善，同样是帮助人，他往往有令人叫绝的行为。有一次，对于人们指责他不顾那些生活窘迫的犹太同胞和建议给他们一些债券，詹姆斯不置一词表示接受。一天早上，他使用了一个计谋，使得债券价格陡然上升，紧接着又急转直下，詹姆斯一下子就赚了85万法郎。他把这笔钱都捐给了一所正在建设中的“犹太之家”。

在今天，我们说起慈善，很多时候也会涉及投资增值的方面，詹姆斯绝对是这方面的先驱。

还有一次，一个叫菲利克斯的人拜见了詹姆斯，这个人非常有才华，雄心勃勃地想干一番事业。他向詹姆斯陈述了自己的计划，詹姆斯也非常感兴趣，觉得新颖独特，并且看起来已经具备了成功的所有要素。

但是，令菲利克斯困惑的是詹姆斯拒绝为他投资，却让他上了自己的马车，于是菲利克斯跟着詹姆斯一起去了股票交易所。在那里，两人一直挽着胳膊，形影不离。果然，不久就有几个金融家走上来跟菲利克斯搭话——在他们眼中，这个年轻人是大金融家的好朋友，而且看起来两人的交情还不浅呢！一番交谈之后，菲利克斯向他们介绍了自己的事业构想，这些金融家都爽快地表示很愿意为他投资，并答应要用自己的资金和影响力来支持他。就这样，菲利克斯获得了他想获得的，而詹姆斯没出一分钱。

了解詹姆斯的人对他的评价是很高的，比如海涅在提到他这个朋友兼资助人时，曾经这么描述詹姆斯：“他是一个不寻常的人，他在金融方面的才能简直不可估量。并且，他慧眼识人。他在观察人的时候，有一种让人不可思议的天赋，或者说直觉。不管是什么行当的人，他都能看出其能力大小。在这方面，许多人都把他与路易十四相提并论，这种说法绝不过分。与那些总是局限在金融圈里的同业人士相比，詹姆斯男爵的交际范围就广泛多了，他与各行各业乃至各个阶层的人都有密切的交往。即使某个行业他毫不了解，他也知道谁是这个行业中最领先的人。”

海涅接着说：“尽管也许他对音乐知之甚少，但歌剧作曲大师罗西尼是他府上的常客；还有，著名的肖像画家阿里·谢佛尔是他的家庭画师，杰出的厨师卡瑞尔是他的主厨；他对希腊语一窍不通，但著名的希腊文化研究家海伦斯特·拉特罗尼却是他最喜欢的学者；他的家庭医生是和蔼可亲的杜派特仁，他们之间有着兄弟般的情谊。早些年的时候，他还非常欣赏克里米克斯的政治才能，并成为其最忠实的支持者之一。另外，一开始时，是罗斯柴尔德首先发现了路易·菲利浦的政治潜力，并且一直与他私交甚密。”

詹姆斯于 1868 年 11 月 15 日去世。詹姆斯对于法国作出的巨大贡献得到了法国政府的认可与奖赏，他也因此获得了政府授予他的无数头衔与荣誉。在他死后，他的长子阿尔方索作为继承人继承了他的地位和绝大部分产业。

第5章
跨国银行组织

罗斯柴尔德家族之所以有掌握整个欧洲经济命脉的影响力，其中很大一部分原因在于他们是一个巨大的、跨越国界的银行组织。这不仅仅意味着更大的规模和更丰富的情报，在罗斯柴尔德五兄弟的手中，仅“跨越国界”这四个字，就足以令他们想出无数赚钱的办法，做无数的文章。整个家族虽一分为五，却总是可以默契配合，并且避免矛盾，这就是罗斯柴尔德家族的强大之处。

01. 金融业的中心

法兰克福是德国的贸易重镇，这个名字来自罗马为了抵御哥特人的进攻而修建在莱茵河河岸上的堡垒，于查理曼大帝在此修建了宫殿之后而出名。查理曼大帝修建运河连接了莱茵河和多瑙河之后，加上地理位置的优势，法兰克福成了一些重要贸易路线的必经之地。在查理曼统治下，这里还有每年定期的贸易集会，并且在整个欧洲都很有名，于是法兰克福逐渐繁荣起来。

之后的弗里德里希二世和路德维希二世都对贸易予以大力支持，也实施了许多促进贸易繁荣的政策。法兰克福还承接了马克西米利安一世的加冕仪式。正是这些吸引了越来越多的人来到法兰克福，这座城市的商业地位也越来越高，后来成为德国的三大贸易中心之一，另外两座城市是科隆和萨尔茨堡。1510 年，法兰克福还获得了货币的铸造权。

虽然在 17 世纪早期，受“三十年战争”的影响，法兰克福的贸易一度陷入低迷，但很快就恢复了。原因是：其一，汉堡—萨尔茨堡商业同业公会垮台，同业公会之前垄断的英国贸易权遗留了下来，法兰克福抓住机会迅速建立起英国商品的自由市场；其二，很多商人还想着到新发现的美洲寻找机会，这也推动了法兰克福的贸易发展；其三，也是在这个时期，欧洲兴起了书籍贸易热，正好有着兴旺的印刷业的法兰克福迅速占得先机；其四，本就闻名欧洲的莱茵河地区出产的酒，酒业贸易也是生机勃勃；最重要的一点是法兰克福政府对于贸易的支持和保护力度较大，尽力避免一切可能对贸易有损的事件，面对所有想要合作的盟友，法兰克福提出的主要条件就是支持和保护贸易，为了保护商人以及他们的货物安全，法兰克福甚至可以派出护卫队。

政府的这些政策和举动获得了大量好评，有人说："法兰克福的交易会是整个世界最重要的市场。"甚至还有人说："这个世界是德意志的果壳或仓库。"虽然历史不算很长，但法兰克福很快就因贸易而繁荣起来，引起了其他城市的嫉妒和不满。纽伦堡就不允许市民参加法兰克福的贸易集市，违者处死，这算是用以表达不满的最激烈的政策了。伴随着贸易的繁荣，现代金融的前身——信贷流通业开始出现。同时，信贷流通业也促进了贸易的进一步发展。随着交易越来越频繁，交易量也越来越大，继续使用现金交割显得很不方便，并且随身携带大量现金也不安全，以及不同的货币兑换的问题，于是支票越来越被经常使用。法兰克福逐渐发展为全德意志的贸易中心。

正如我们前文提到过的，老梅耶·罗斯柴尔德虽然出生在法兰克福，不过他的商业启蒙却是在汉诺威。当年学徒生涯刚满，按照犹太教的规定要回到出生地，于是梅耶回到了法兰克福开始他的生意。这位杰出的商人，从经营古钱币到进军银行业，生意越做越大。即便如此，老梅耶·罗斯柴尔德也没想到，后来五个儿子凭借着他们的才能，将罗斯柴尔德家族企业变成了世界上首屈一指的大企业，并且五个人直接主导着整个欧洲的金融市场，甚至通过金融还会对政治事件产生巨大的影响力。银行家们要看罗斯柴尔德家族的脸色，政治家们也时时求助于他们，这种强大的统治力给他们带来的是数不清的财富。

老梅耶之后，他的五个儿子分别在欧洲五个重要的国家发展，其中老大阿姆谢尔留在了德国的大本营——法兰克福。他同样也是一位欧洲知名的金融家。

02. 威严的绅士

当年老梅耶·罗斯柴尔德在法兰克福起家的时候，居住在那条拥挤破败的犹太街上。作为老梅耶·罗斯柴尔德的长子，阿姆谢尔出生的时候家里的条件也并不是那么好，全家人都在辛苦劳作。年轻时的阿姆谢尔很早就开始帮助家里分担责任，因此并没有受到很好的学校教育，包括学习外语或历史。之后随着家里的条件越来越好，他才开始留出时间来学习一下外语，不过他的英语和法语说得很一般。他也抽空锻炼身体，学习马术什么的。

对于自己在这些方面的欠缺，阿姆谢尔非常清楚。或者是受当年老梅耶·罗斯柴尔德做古董生意的影响，他一直保持了对古钱币和旧金属制品的兴趣，并对此有高于普通人的见解，包括绘画。他对于艺术的品位和他绅士的举止，让他在女士面前总是显得风度翩翩，再加上他幽默而精妙的语言，女士们总是对这位罗斯柴尔德先生有着良好的评价。不管怎么样，阿姆谢尔擅长的是，或者说他投入最多精力的还是罗斯柴尔德家族的生意。

阿姆谢尔的风头虽被内森盖过，但他毕竟是长子，掌控着罗斯柴尔德家族的大本营。对于阿姆谢尔这个人，有一位作家是这么评价的：

阿姆谢尔·梅耶是欧洲年龄最大的有钱人之一，他有着东方气质，完全遵守犹太人的习俗。他总会把帽子戴在后脑上，遮住他的白发，衣服的扣子大多数时候都是解开的，从肩膀那儿很随意地敞开。如果他发现其他人在注视自己的时候，他坦率的脸上立刻会露出活泼的微笑。他始终把手插在裤袋里把玩他的钱币。

在办公室被办事员们拥簇着的阿姆谢尔，就像一位威严的君王，他之下是各位秘书，还有很多来来往往的经纪人。阿姆谢尔具备这样的才能：他能正确应对各种问题，并能够立刻作出正确的决定。一旦阿姆谢尔作出了他的决定，没有人会有勇气去挑战他的权威。想要私下和他讨论一桩生意几乎不可能，在他的办公室里，他会像法庭审理案件一样公开一切生意上的事宜。在工作时间，他自己跟他的办事员们一样小心谨慎，而且比他们更少安排休息、娱乐时间，就算是在剧院里，一个信使的到达也会让他分神。他还必须在凌晨就起床仔细阅读并拟定那些快件，正因为如此，他才可以毫不耽误地把这些重要的信息传递到巴黎、维也纳和伦敦他的兄弟那里。为了方便处理生意上的事情，他还在卧室旁边设立了一间办公室。

虽然阿姆谢尔获得了很多任命和头衔，但他最常佩戴的还是黑森公爵授予的缎带。法兰克福经常会举办盛大的宴会款待那些居住在这里的政要名流以及往来的王公权贵，以便能够获得更多的支持，每当这种时候，阿姆谢尔就表现得像是一位苦修士，所有犹太习俗中认为是不洁的食物他从来不碰，他对宗教信仰的虔诚让他更加被人尊敬，为此他还获得了“法兰克福最为虔诚的犹太人的称号”。

阿姆谢尔相对于他的弟弟内森，更像是一位绅士，他非常注意自己的言行举止，总能给人一种不可抗拒的威严，但又不会让人感觉到丝毫的傲慢。另外还有其他的作者，对于阿姆谢尔的描述都很一致。阿姆谢尔非常善于辨识人的性格，他似乎有一种直觉，只要跟他接触过的人，他都能准确地判断出他们最真实的动机，不管他们如何掩饰，天生似乎就很了解人性的阿姆谢尔，总可以一下就看出其本质，这让人很难在他面前伪装。

另外，阿姆谢尔非常善于用人，他并不任人唯亲，只要是有才能而且诚实的人，在他那里都能获得机会。阿姆谢尔对于自己对他人的判断力也非常自信，只要被他注意到的人，他总是不吝提拔。

在有身份的人面前，阿姆谢尔是一个亲切而幽默的人，即使对于那些有求而来的人，他也表达出他的尊敬。坊间还流传着很多他的精彩语录。比如当雕塑家谢瓦利尔·托瓦尔森经过德国时，在许多地方都受到了热情接待，也参加了很多宴会，结识了很多德国名流。不过，令他印象最深刻的却是一次宴会上与阿姆谢尔见面时的交谈，阿姆谢尔对他说："你看起来是那么的英俊，谢瓦利尔，以至其他人都觉得是你雕刻出了你自己。"

还有一次，阿姆谢尔收到了一封陌生人的信，信中说："男爵先生，请寄给我一千古尔登，然后忘掉我。"不知道这封简单又直接的信哪里打动了阿姆谢尔，他之后果真就给这个人寄去了一千古尔登，还附上了回信："我已经给你寄了你要的数目的钱，并且按照你说的，忘记了你。"

03. "信使"

住在犹太街的犹太人，地位总是低于基督徒，阿姆谢尔也不例外。即使他之后拥有了大量的财富，他的影响力也仅仅停留在商业和金融层面，在文化和政治方面，他仍旧不能跟那些基督徒平起平坐。在 1812—1815 年，犹太人的地位曾经短暂获得了提升，普利梅特王子授予了他们平等的权利，不过很快又被剥夺，直到 1853 年才又重新恢复。阿姆谢尔属于犹太教里的塔木德派教徒，虔诚的他同时又是一个开放的人，对于不同的宗教信仰他信奉自由和宽容的原则。有一次跟他信仰的教义完全相反的犹太教参加选举，他还出资予以帮助。而他的慷慨还不限于此，他去世后捐给了犹太社团 120 万古尔登，还另外留下了一大笔钱给需要帮助的穷苦的人们。

对于阿姆谢尔流传最广泛的是他对于贫困者的慈善行为，有很多关于这方面的小故事。

他从来都是步行，碰到乞丐也从来不会拒绝施舍。法兰克福几乎每一个贫困的犹太家庭都享受过他的善意。他还花很多钱帮助建立了新的犹太医院。每当贫苦家庭遭遇不幸的时候，他从不袖手旁观。当出现严重的霜冻或旱灾的时候，他总是把那些无家可归的人收留在自己的寓所门前，一大批一大批地收留。他住的房子在外面看起来非常普通，甚至有点难看，以致陌生人经过的时候，根本猜不出这是世界上最富有的人的住所。

1832 年夏天，为了避暑，阿姆谢尔来到艾姆斯河，住在了罗姆伯格的一所私人住宅，认识了一位同样住在这里的普鲁士男爵，两人一见如故，聊得非常投机，于是经常结伴出行。一天下午，两人一起散步向着著名的四塔走去，聊得正起劲，阿姆谢尔突然停了下来。就在这时，这位男爵发现一个人偷偷走近阿姆谢尔，从他乱糟糟的外表来看，就像一个小偷，果不其然，这个男子打开了阿姆谢尔的口袋，不过并没有掏出什么东西，只是塞进了一封信，然后又静静地走掉了。

从头至尾，阿姆谢尔都没有发现，直到他又继续开始往前走，伸手准备掏东西的时候才发现，不过他只说了一声："哦，我知道了。"等到天色渐晚，两人又沿着原路返回，路上又碰到奇怪的事，又是一个衣衫不整的人突然出现在阿姆谢尔面前，手里也是一封信。男爵先生差点就要上前揪住他扭打起来，阿姆谢尔倒是没有任何的惊讶或警惕，他显然经常遇到这种情况，这只不过又是一封乞讨信。

有一个中午，也是在夏天，发生了一件趣事，同样也是采用了写信的方式。在场的还有其他几位阿姆谢尔的朋友，当时他们正一起享受午餐，突然正对阿姆谢尔座位的窗户打开了，一封信被塞了进来，正好落在他的盘子里，其他人都大吃一惊，阿姆谢尔却见怪不惊，按照惯常的方式，从口袋里掏出了一枚金币，跟信一起再从窗缝扔了出去，也不看信的内容。在跟其他几位说了一声抱歉后，他又走向开着的窗户，弄清楚了来信的原因和内容后才回到座位，表现出一副满意快乐的神情。阿姆谢尔对于这样的请求几乎从不拒绝，只是方式总是比较特别，周围的人经常都不太明白是怎么回事，不过他似乎很享受这其中的乐趣和成就感。

阿姆谢尔在慈善事业上投入了很多钱，这一点和他的兄弟内森非常不一样。他每年都要资助很多贫困的人，向政府求助却没有得到回应的人们更多地会选择向阿姆谢尔求助，而他也几乎从不会拒绝。那些提交给阿姆谢尔的救济申请，涉及的数额往往多达几千甚至上万古尔登，阿姆谢尔满足了其中大部分的申请，至于他在这上头究竟花出去多少钱，后人已经难以统计了。

至于那些给阿姆谢尔写乞讨信的人，阿姆谢尔则亲切地称他们为“我的信使们”。

04. 家族的根基

阿姆谢尔经营的罗斯柴尔德银行的法兰克福总行生意范围非常广，在欧洲的客户，比内森在伦敦的分行还要多，巴黎和维也纳也无法跟这里相比。阿姆谢尔的客户包括德意志大部分邦国和公国的王公，此外，很多贵族也都向罗斯柴尔德银行借钱来弥补资金上的不足。

生意场中的阿姆谢尔更加慷慨，毕竟生意上的钱是借出去的，借得越多通常意味着将来会赚得越多。从一些资料里可以查到阿姆谢尔贷出款项的数字，人数很多，钱的数目也很大。这里列出的部分还不是完整的清单，不过已经可以看出罗斯柴尔德家族生意中庞大的私人客户群，他们大都是身份和地位较高的人。

维克托·伊森伯格王子 140000 古尔登

维克扎伊伯爵 700000 古尔登

斯扎巴里伯爵 300000 古尔登

内林根·韦斯特伯格伯爵 80000 古尔登

冯·尼基伯爵 340000 古尔登

冯·胡雅迪伯爵 500000 古尔登

冯·斯泽彻伊伯爵 1800000 古尔登

亨克尔·冯·多内斯马克伯爵 1125000 古尔登

冯·弗洛伯格伯爵 100000 古尔登

冯·格兰泽·埃斯特哈泽王子 6400000 古尔登

弗雷海尔·冯·格雷芬克劳王子 130000 古尔登

斯科瓦岑伯格王子 5000000 古尔登

瓦尔德伯格·沃尔费格王子 800000 古尔登

瓦尔登斯王子 350000 古尔登

冯·瓦特姆伯格伯爵 2070000 古尔登

阿姆谢尔最强大的一点，应该是基于整个罗斯柴尔德家族的强大，也就是他们五个兄弟在欧洲组成的强大的共营组织，或者应该把它们统称为跨国企业。法兰克福在欧洲金融地位的提升，也跟罗斯柴尔德家族的兴起有关。之前的法兰克福虽然已成为德国甚至欧洲的重要贸易城市，但它的金融业并不比其他城市更具优势，在罗斯柴尔德家族介入银行业，并且内森几兄弟分别前往伦敦、巴黎、维也纳、那不勒斯之后，罗斯柴尔德家族的事业更加发达，他们联合起来，控制了整个欧洲的金融，但凡大型的金融活动，都能看到罗斯柴尔德家族的身影。

法兰克福正是依靠罗斯柴尔德家族强大的金融网络而领先于欧洲其他贸易中心。阿姆谢尔在罗斯柴尔德法兰克福银行，通过这样的联合优势，牢牢控制着法兰克福的金融活动。在法兰克福，阿姆谢尔操控了证券市场，他在这里几乎是无所不能的。也有其他银行和金融机构对罗斯柴尔德银行的这种地位表示不满，阿姆谢尔把这些不满当成小牢骚。有评论说："流通的钱币越来越少，之后情况会更加糟糕，这不正表明了罗斯柴尔德家族已经完全控制了局势，玩弄市场于股掌之中了吗？"

后来，罗斯柴尔德家族开始做贷款生意，这样的生意总是不缺乏竞争对手的，不过若是遇到了罗斯柴尔德家族作为对手，结果很可能不会太好。很多企业的选择就是避开罗斯柴尔德家族或者寻求跟他们合作，还有很多企业把罗斯柴尔德家族当成风向标，跟进他们的行动。

一次，巴黎的一家银行碰到了一个令其困扰很久的问题，该银行收到了一张由北美的一家从来没有听说过的银行开出的支票，银行对于未经信用证明的支票很是谨慎，兑也不是，不兑也不是。正好罗斯柴尔德家族也收到了一些莫名的汇票，人们纷纷等待罗斯柴尔德家族的反应，阿姆谢尔平静地存放了 4000 万泰勒在一家银行，人们的疑虑顿时被消除了。不过人们不知道的是，那家不知名的小银行是阿姆谢尔刚刚买入的，而 4000 万泰勒的资金正好就是经由那家银行发行的支票汇出的。

阿姆谢尔死后，罗斯柴尔德家族在法兰克福的生意由他的两个侄子——威廉・罗斯柴尔德男爵和 C. 冯・罗斯柴尔德男爵接管，在这两个人的精心经营下，企业的财富也得到了稳步增长。

05. 奥地利的犹太人

作为奥地利首都，维也纳的重要性不言而喻，罗斯柴尔德家族看中它作为奥地利大型交易中心的地位，并选择在这里建立罗斯柴尔德银行的一个分支。来到这里的是老梅耶・罗斯柴尔德的第二个儿子——所罗门・罗斯柴尔德。

跟在欧洲其他国家不一样，几个世纪以来，犹太人在奥地利的境遇显得要好一些。虽然一段时间里，犹太人也必须缴纳民税，必须戴尖帽子、在左臂上缝一块黄色碎布，好与基督教徒产生明显的区别，他们也不能自由择所而居，而是按规定聚居在一个特定的地方——利奥波德城。不过，犹太人通过他们的财富对奥地利国事有着巨大的影响力，他们经常跟奥地利的贵族阶层往来，甚至有人就在政府里担任重要职务。奥地利政府很多时候财务状况都不太好，犹太人的财富正好可以帮助政府解决这个问题，他们也乐得跟政府打这方面的交道。

在费迪南德二世统治期间，犹太人与皇室往来密切，地位当然跟欧洲其他国家的不一样。在奥地利宫廷和政府，犹太人因为总会派上用场而享受了很多的特权，政府也会对他们的这些权利提供保护，不过在奥地利也发生过数次冲突。犹太人赫谢尔·梅耶因为通过一些不正当的方式敛财，且数额巨大，据法兰克福《公关》杂志在1667年披露的数字是不少于220万荷兰盾，在维也纳被判终身流放，并被处以7万荷兰盾的罚款。之后在1670年，犹太人和维也纳的学生之间的冲突迅速扩大到更多人的暴动和闹事，政府不得不出面，这次是将犹太人驱逐出他们的聚居地利奥波德城，连犹太教堂也被改为天主教堂。

这次帮助犹太人的又是他们的财富，很快在议会主席冯·辛森多夫的允许下，犹太人又搬了回来，而他们中的代表塞缪尔·奥本海默接手了宫廷的各项跟金融有关的业务，成为“宫廷代理人”。但塞缪尔很快遭遇了麻烦，他获得的特权引发了人们，尤其是当地的商人和金融家的嫉妒。1700年和1706年，维也纳爆发了两次骚乱，塞缪尔都遭受了很大损失，家被洗劫，现金和值钱的物品被盗，信件和账本被撕成碎片，好在他跟宫廷的关系没有受到影响，生意总是可以再做的，尽管他的银行差点破产。1706年，由于在西班牙继承权战争中与意大利签订合同、提供军需，他的机会又来了。

在奥地利当时最有地位的犹太人应该是银行家约瑟夫·迈克尔·阿斯汀，在1783年，他受到了约瑟夫二世的册封。约瑟夫二世是当时的德意志国王、匈牙利国王，并且是已经加冕的神圣罗马帝国皇帝，他的这一册封震惊了整个基督世界。另一个有名的金融家是伊斯克勒斯，他和阿斯汀的妻子都来自柏林。伊斯克勒斯的妻子是弗雷德里克大帝在位期间著名的犹太银行大亨伊特姿的女儿，阿斯汀的妻子范妮·伊特姿是约瑟夫二世跟前的红人。两个家族跟奥地利政府商务往来密切，在当地货币市场算得上是最有影响力的家族。

当然，在罗斯柴尔德家族决定来到维也纳建立分支之前的情况是这样，之后，格局就发生了变化。此时，内森已经在英国站住脚跟，加上在法兰克福的大本营，他们可以充分发挥跨国集团的优势。利用罗斯柴尔德家族的财富，再加上他们在法兰克福和伦敦的势力，所罗门·罗斯柴尔德迅速在维也纳站稳脚跟，成为奥地利最有影响力的金融家之一。

06. 政府贷款

在玛丽亚·特蕾莎和约瑟夫二世治下的奥地利也是一个由许多同盟和各个王国及省份组成的帝国，随着奥地利帝国在欧洲的地位和势力越来越大，它的税收连年增长，财政前景一片大好。因此，奥地利的贷款债券在市场上非常受欢迎，公众都对未来前景很有信心。不过处理这些贷款业务的并不是当地银行，奥地利贷款大多数都是从法兰克福著名的博斯曼兄弟银行那里获得，也多是由荷兰银行家霍普和格尔处理安排。奥地利本地的四大银行——弗莱斯、阿斯汀和伊斯克勒斯、格姆勒以及斯坦纳通常都是在外资撤离、国家的财政政策又比较疲乏无力的时候才出面。

欧洲的局势一直不太稳定，在法国大革命期间以及奥地利对抗拿破仑时，奥地利政府遇到了一些麻烦，找到四大银行签订了一系列贷款协议，不过四大行对于协议并不是那么满意。在和法国经过长久对抗后，奥地利受战争所累，财政状况不是那么让人有信心了。在跟四大银行再次谈判之后，奥地利以领土为抵押，将 1809 年利率为5%的贷款降低了 40%。在跟政府的贷款项目中挣到了几百万之后，斯坦纳银行从四家银行同盟里退出了，这无疑是作为商人通常会做出的聪明的决定。

所罗门迅速替代了斯坦纳的位置，罗斯柴尔德银行开始了其在维也纳的辉煌历程。罗斯柴尔德银行进入银行联盟后很快就提出了新的贷款方案，这是一个大胆的创新设计，采用的是博彩策略，新颖的形式不但没有受到冷落，反而迅速引发了公众的认购热潮。

贷款债券被抢购，贷款不断更新，罗斯柴尔德银行的实力惊人，不断设法让政府债券贬值，投机者从中看到了将来必涨的趋势。果然，在拿破仑下台之后，罗斯柴尔德开始努力抬高政府债券的市值。之前的利率为 5%的以 40%损失发行的债券，价格从 106 点涨到了 109 点。

这两次价格差异令弗莱斯银行郁闷异常，弗莱斯伯爵在 1824 年被迫离开宫廷和维也纳，流亡巴黎，并于不久之后在那里去世。四大银行联盟少了一家，只剩下了格姆勒、阿斯汀和伊斯克勒斯以及罗斯柴尔德银行，之后接替弗莱斯的是维也纳的百万富翁、银行家拜仁·西蒙·乔治·西纳。重新组合的四大银行继续为政府提供贷款服务。

随着格勒姆银行的创始人格姆勒两兄弟年老退休，他们的侄子法尔科纳接管了银行并继承了格姆勒姓氏，令两位老人没有想到的是，这位被他们当作儿子的继承人很快就将银行的资产耗尽，然后就消失了，没人知道他去了什么地方。1843 年 2 月 12 日，他因为盗用公款的罪名被列入受追捕的逃亡者名单。之前退出的斯坦纳银行的继承人同样被通告、逮捕并送上法庭。在当地的大小银行都遭遇这样那样的危机和问题的时候，罗斯柴尔德家族没有受到任何影响，继续在他们的领域不停地接收各种订单，渐渐地成为奥地利最有影响力的银行。

所罗门在给奥地利政府提供贷款时，很多情况下都是和其他银行联手接下合约。1820 年签订的第一笔贷款协议，贷款总额为 2080 万荷兰盾，罗斯柴尔德是和大卫·帕里什银行合作的，溢价发行了面值为 100 荷兰盾的债券。按照协议，贷款在 1840 年底以年付的形式按期还清。公众被巨大奖励所激发，债券发行很成功。

第一次成功合作使两家银行建立了良好的合作关系，很快在 1821 年，所罗门跟大卫·帕里什一起再次跟奥地利政府签订了一项贷款合同，贷款总额达到了 3750 万荷兰盾，每张债券发行的面额为 250 荷兰盾，贷款在 1841 年由 14 笔还款偿清。另一笔贷款生意是在 1823 年底，所罗门和伦敦的巴林兄弟银行以及埃翁银行一起和奥地利政府合作，贷款总额为 2500 万荷兰盾，用于支付给抵抗比利时的英国的补偿金。

1829 年 12 月 1 日，所罗门跟格姆勒、阿斯汀和伊斯克勒斯以及西纳一起，和奥地利政府签订了一笔总额为 2500 万荷兰盾的贷款合约；1834 年，四大银行发行了又一笔 2500 万荷兰盾的贷款，贷款利率为 5%；紧接着，于 1839 年发行了 3000 万荷兰盾，贷款利率为 4%。1842 年，所罗门和合作者同奥地利政府签订了总额为 4000 万荷兰盾的贷款合约，单单这笔交易的利润就达到约 400 万荷兰盾。

所罗门在奥地利还有一个特别的身份——皇室家族的私人顾问。除了跟政府的生意往来外，他也为包括埃斯特哈兹王子在内的许多奥地利上层贵族成员提供贷款服务，有一部分还是在法兰克福的罗斯柴尔德银行联合完成的。之所以能获得这些高端客户的信任，除了因为罗斯柴尔德家族的雄厚实力外，他们对于客户秘密的严格保护也是皇室和贵族们看重的原因。所罗门可以自由出入政府内阁，皇室和贵族的私人财产管理都向他进行咨询。曾在财政部工作的议员布仁塔诺还做过法兰克福罗斯柴尔德银行在特列斯特的代理人，负责与东部的货币交易。

07. 咖啡馆里的生意

所罗门是一个精明的商人，他抓住一切有利可赚的机会。一直以来整个罗斯柴尔德家族的眼光不仅仅停留在金融领域，前文我们已经介绍了内森一笔水银矿的生意，他们对于矿业和工业投资活动同样也感兴趣。而所罗门还有一个火灾保险公司，在发行股票的时候也获得了很不错的溢价发行权。

只要是能带来收益的业务，所罗门几乎来者不拒。在一笔跟奥地利政府合作的铁路业务中，罗斯柴尔德银行也获得了不错的收益。1836 年，奥地利政府将筹建从维也纳到伯克尼亚的铁路合约交给了罗斯柴尔德银行处理，所罗门通过一些前期的包装宣传，在铁路还没有动工的时候，面额为 1200 万的股票就以 15%的溢价售空。1841 年底，铁路完工，在此之前，因为股价的下跌，罗斯柴尔德银行还从政府那里获得了总额为 500 万古尔登的资助项目。

维也纳的证券市场、货币市场基本上被罗斯柴尔德家族支配，不仅仅在维也纳，但凡有罗斯柴尔德银行的国家，都存在这种情况。作为最早的跨国企业之一，罗斯柴尔德银行充分利用了他们的这种联合优势，这一点我们已经在前文讲过。

所罗门几乎可以完全控制维也纳的国库券和其他证券的价格涨

跌。交易所的交易时间是从中午 12 点到下午 4 点，维也纳除了证券交易大厅，还有一个证券投机商们的聚集地——著名的格伦格尔嘎瑟咖啡馆。在这里，人们停留的时间甚至更长，在交易所开门前和关门后很长时间里，这里也没有停止活跃的交易，这里甚至被证券交易所的人租了下来对公众免费开放，人们就在这里进行债券和股票报价、交易。在这个非官方的黑市所达成的交易远比特设的大众交易所要大得多。

罗斯柴尔德家族还雇用了专门的投机商，除了在证券交易所为所罗门完成相关的业务买卖和信息收集之外，在格伦格尔嘎瑟咖啡馆也要从事同样的工作。罗斯柴尔德家族给他的固定薪金是 12000 荷兰盾，这个人有自己的雇佣团队，他也在交易所里有自己的客户和委托人，跟他们做买卖，同样也在格伦格尔嘎瑟咖啡馆和一个叫“蓬杜尔小店”的地方跟他的客户进行交易。

他专门留出了一些运作人把所有价格和交易市场的波动变化及时传送到所罗门那里，同时将所罗门对于下一步工作的计划传回这个投机商这里。所罗门根据获得的最新信息，指示这位投机商抬高或压下市值，从而获利。这个人因为替罗斯柴尔德家族工作，很快从一个默默无闻的人成为一个百万富翁，在获得了所罗门的信任之后，他还在所罗门离开维也纳外出谈生意或是休闲时负责掌控公司事务和签署文件，当然所罗门也正是依托他传来的信息操控了维也纳的证券市场。

08. 自由的公民

因为所罗门和他的兄弟们一起为奥地利政府提供的资助，整个维也纳城也受益很多，正是因为所罗门在这里开设了罗斯柴尔德银行的分支，为整座城市也带来了很多的商业机会，同时所罗门本人也是一个乐善好施的人。1843 年，维也纳市长以及随行的奥地利部长科洛拉特和哈德格为了感谢并表彰所罗门所作的杰出贡献，特别给他颁布了一份证书，宣布他为维也纳城的荣誉公民，这实在是一份带来意外惊喜的新年礼物，之前因为国际和宗教信仰的制约，所罗门来到维也纳这么长时间一直没能成为自由公民。

在颁布给所罗门的这份证书上如此表述了他之所以获得荣誉公民称号的原因："出于他对奥地利帝国所作的杰出贡献，更是为了表彰他为整个维也纳城的公共利益所付出的伟大的、令人赞许的努力，以及为他赢得了广泛尊敬的低调、谦虚的慈善行为。"

09. 更大的利润

意大利三面环海，从地理位置来讲，海路交通比较便利。经历了长时间的仇视和对立，意大利人也开始渐渐趋同。之前的每一个独立政府的每一位继承人从小被灌输的观念就是战胜敌人，但是长期以来的纷争，所有人都没有获得好处，内耗极为严重。到了 16 世纪早期，意大利大部分领土处于奥地利哈布斯堡王朝统治之下。

在拿破仑于 1796 年入侵之后，消失了几个世纪的统一迹象又重新显现。随着拿破仑统治下的法国战败，维也纳会议正式召开以重新划定欧洲大陆。意大利人开始意识到要想从废墟中崛起，就必须放下分歧和对立。

到了 19 世纪 60 年代，在马志尼和加里波第的努力下，意大利复兴运动蓬勃开展，民间的民族主义火焰燃烧起来，多个意大利国家内都有团体在努力推动一个统一的意大利国家的建立，到 1861 年 3 月 17 日，在都灵召开的萨丁尼亚议会正式宣布意大利王国成立。

意大利还有一点跟欧洲很多国家不同，那就是这个国家的阶级或者说等级的划分并不像其他国家那么分明，这样的社会环境才诞生出了多纳泰罗、波提切利、达·芬奇、拉斐尔和米开朗琪罗等大量蜚声世界的艺术家。比如，意大利的贵族非常自豪于通过经商获得财富，人们也会很尊重这样的人，并且意大利本身很多贵族家族就是那些拥有巨额财富的商人。这里没有那么强烈的阶级对立和等级差异，甚至贵族和平民也相处融洽。

罗斯柴尔德家族考虑在意大利建立一个分部，派去的是梅耶·罗斯柴尔德的第四个儿子卡尔，卡尔在意大利那不勒斯建立了罗斯柴尔德银行的分部。

和德意志联邦类似，意大利曾经也是分裂成了一系列独立的小国，不过并不像德国那样成为一个联邦。罗斯柴尔德家族选择在这里设点其实也是基于他们深远的考虑。当时的意大利各国，除了共同的语言之外，各个不同的政府之间因为长期累积的矛盾而处于敌对状态，随时有可能爆发战争，政治经济环境也不是那么稳定。一般的商人会避乱求稳，但是罗斯柴尔德家族的人偏偏反其道而行之，他们在乱中看到了机会。

事实上，前文我们已经提到好几次，战争是建立在金钱的基础上的，只要战争开始，就意味着政府要加大开支，对于像罗斯柴尔德家族这样的生意人和银行家来说，就意味着赚钱的机会来了。在那不勒斯，因为他们已经经历了几次失败的战争，之前为政府提供资助的银行已经再没有能力，几乎濒临破产。所有的联邦国经历这样的混乱局面，财政体系早就不成样子，对于他们来说，最便捷的方式就是借钱，之前的赞助人不能找，只能再找新的。罗斯柴尔德家族就是看好这样的机会，于是卡尔来到了那不勒斯。

对于罗斯柴尔德家族来说，在那不勒斯分行的交易量比起他们在巴黎和法兰克福的要小很多，但利润率却是更高的，这也让这里的业务利润非常丰厚。并且，这里的客户都是忠实的老客户，相信所有的银行都希望和他们打交道，他们在很长的时间里会频繁地到罗斯柴尔德银行来申请贷款。加上意大利的地理优势，这里还可以接待很多不同地方的订单。卡尔来到意大利的时候，罗斯柴尔德家族已经在欧洲奠定了很好的基础，包括和各个证券交易所以及和各个政府之间都保持着良好关系，因此卡尔在那不勒斯也成为金融领域呼风唤雨的人物。

10. 穷困潦倒

在卡尔来到那不勒斯的时候，亚平宁半岛南部是那不勒斯王国，中部是教皇国，罗马是其权力所在地。1790 年，罗马被迫卷入法国引起的欧洲系列革命浪潮，统治者教皇庇护六世是一个贪图物质享受的骄傲独裁的人。此时的罗马在他的统治下，财政混乱无比，货币贬值严重。法国军队见罗马国力衰退，便趁机进军占领，法国军队的司令则变成罗马新的独裁者。这位司令大人来到罗马后，又大肆搜刮当地的财富，导致罗马货币进一步贬值。此时，银行家多罗尼亚站了出来，与法国人签订合约——收购当地市场上的“垃圾货币”，发行新的货币。

多罗尼亚用少量硬币大量收购“垃圾货币”，然后代表法国政府在当地发行了一种新的货币，民众想要获得新的货币，就必须要用银币来换。一进一出，多罗尼亚从中赚取了不菲的财富，但是新货币的发行，却未能让罗马混乱的财政稳定下来。

税征不上来，征上来的税甚至不够征税开销用的，到处都是公款挪用，政府没有预算，没人查账，每个人都抓紧机会捞一笔钱，国库早就空了。1798 年，法军长驱直入教皇国腹地，攻占了罗马城，并成立了罗马共和国。教皇庇护六世被俘，后被流放到法国。1800 年，反法同盟与法国达成和议，第二次反法同盟解散。此后法国恢复了教皇国，庇护七世返回罗马。

此时的罗马，纸币已经贬值到一个相当低的点，人们对于政府已经不抱任何信任。1801 年 3 月 19 日，红衣主教兰特颁布了一项财政法案，按照 1777 年登记的土地征收土地税，废除其他税种，新开征房产税，并对盐和麦芽征税，征税对象包括境内的外国人和旅游者。此外，法案将所有贷款利率降到 3%，并且变卖所有公共土地。

1808 年，法军再度进攻教皇国，并将其彻底灭亡。罗马城和教皇国的西半部被并入法国，东半部则并入以拿破仑为国王的意大利王国。随着罗马政府被废除，新政府借鉴了法国的财政经验，法国税收体制被引入，不过在执行的时候一些边缘省市保留了之前的政策。而在 1815 年维也纳会议上，教皇国被重建。于是，罗马教皇政府再次恢复了之前的税收体制。

罗马教皇的收入很多来自天主教徒的捐款。在第一次法国大革命的时候，欧洲各国向教皇捐赠了大量的钱币，合计差不多 250 万弗洛林，其中，西班牙捐助了 64 万弗洛林，德国和尼德兰捐助了 488800 弗洛林，法国捐助了 357000 弗洛林，葡萄牙捐助了 260000 弗洛林，波兰捐助了 180700 弗洛林，两个西西里岛国捐助了 1361701 弗洛林，其他意大利联邦国捐助了 170000 弗洛林，瑞典捐助了 87000 弗洛林，同时其他北欧国家捐助了 87000 弗洛林。

在这之后，随着局势的动荡，捐款大幅度减少，罗马政府的财政状况越来越不好。之后的意大利开始进入一系列的统一战争，随着撒丁王国陆续吞并了意大利的大部分领土，1860 年底，统一的意大利王国正式诞生。1870 年，意军进入罗马城，意大利国王维托里奥·埃马努埃莱二世合并了罗马政府，教皇国灭亡。

另外一个政府帕尔马公国在 1854 年的开支估计达 250 万里拉，而债务则高达 1400 万里拉。政府采用的方式是通过贷款来解决财政压力。1827 年，帕尔马公爵夫人又签订了一项总额为 1200 万里拉的贷款协议，债务总数继续增加。1849 年，签订了总额为 270 万里拉的贷款协议。1854 年，又增加总额为 247 万里拉利率达到 5%的贷款，并且以政府财产和统治者家族私人财产提供担保。帕尔马公国深陷财务危机中。

托斯卡纳大公国和卢卡公国一样四处欠债，这两个公国的政府通过银行借用了大量的钱，发行了大量的债券。之前有一笔总额为 3000 万弗洛林的贷款，是按照 1000 里拉的面值发行的，利率为 5%；1851 年，以国有铁矿和铸造厂为担保，又发行了同样面值同样利率的债券，获得了总额为 1200 万里拉的贷款；1852 年底，再发行了面值为 2000 里拉的债券，获得了总额为 300 万里拉的贷款。罗斯柴尔德曾经在 1836 年和 1843 年的时候都参与给卢卡公国提供贷款，而在卢卡公国和托斯卡纳大公国合并之后，卢卡公国的所有公共债务全部转到了托斯卡纳大公国这边。

撒丁王国同样如此，撒丁的人口总数也就 500 多万人，在 1850 年初，债务总额达到了 3 亿法郎，仅仅在 1848 年和 1849 年间，贷款就增加了近 1400 万法郎，按照 5%的利率，政府每年仅利息就要支付 1910.8073 万法郎。1850 年，又增加了两笔贷款，分别为 1.4 亿法郎和 1800 万法郎；1851 年，又增加了 360 万法郎的贷款。在 1848—1856 年，政府新增加的贷款就不少于十三笔，总数累计到了 5.53 亿法郎，仅利息每年就高达 3000 万法郎。这些利息支出给政府财政带来了巨大压力，1847 年政府财政开支总计为 9000 万法郎，到 1856 年的时候，这个数字激增到了 1.39 亿法郎。

事实上，政府发行债券的效果也并不是那么理想，例如 1850 年 7 月 12 日的那笔贷款，预计筹集 8000 万法郎，结果债券只卖出了 6450 万法郎。无奈之下，政府再次签订了 3000 万法郎的贷款协议。

虽然撒丁人口不多，但是撒丁人民为了国家背负的沉重债务，体现出的是异常团结的爱国心，很长一段时间，撒丁政府甚至都没有求助于外国，人们给了政府全力的支持，对于政府的任何号召都积极响应。但毕竟人口有限，在负债超出人口总数的负担的时候，国内的银行家和资本家已经没有余力，撒丁不得不向国外的银行家求助。罗斯柴尔德满足了这项需求，除了 1850 年的 8000 万法郎贷款和 1853 年的那笔超过 6700 万法郎的贷款由巴巴路希和托伦银行、都灵的米格尼银行、伦敦的 C.J. 哈姆布罗父子银行以及法兰克福的格布鲁德 · 博斯曼银行在撒丁的代理商办理的外，撒丁王国后来的贷款基本都是由罗斯柴尔德家族提供的。

西西里王国多年来财政也是一直处于混乱状态，自从亚切姆·穆拉特被免职、费迪南德一世继承皇位以来，政府也是经历了各种灾难的破坏和考验，所有能够想到的办法都用了一遍，开征新型税种，出售政府拥有的土地，提高税率，甚至还征收强制性贷款。政府依旧负债累累，为了偿还欠债的利息，又增加了新的贷款，于是负债更多，支付的利息也更高了。

到 1821 年 1 月，西西里的债款利息已经累积到了 388.2 万那不勒斯币。紧接着，政府在 1821 年与罗斯柴尔德银行达成了一项总额为 1600 万那不勒斯币的贷款协议，每年支付 80 万那不勒斯币的利息。在接下来的更多贷款协议签订之前，卡尔·罗斯柴尔德提出了一个条件，让被流放到佛罗伦萨的朋友梅迪奇重新回归并官复财政部部长原职，否则一切免谈。很快，梅迪奇回来了，第二笔贷款成交，数额为 2000 万那不勒斯币，利率为 5%，也就是年利息为 100 万那不勒斯币。第三笔贷款数额为 250 万英镑，由罗斯柴尔德在欧洲的几个交易市场协同完成，这样的创举被称为“罗斯柴尔德契约”。

11. 联手出击

卡尔的兄弟詹姆斯所在的巴黎罗斯柴尔德银行当时涉足了几乎所有法国政府的贷款业务，还包括其他国家的贷款业务。1821 年 5 月 26 日，西西里岛的财务按照法令被国王从那不勒斯王国中分离出来，并在跟国王的贷款协议中获得了 450 万那不勒斯币的利息，这部分利息就是由巴黎的罗斯柴尔德银行以 200 那不勒斯币债券的形式支付的。

这种一家独大的局面引起了其他银行的不满，当时巴黎的六大金融家族，即 J. 哈格曼、安德烈和科提尔、B.A. 弗尔德和奥本海默、J.A. 布伦斯、克林、伽布尔·奥蒂尔以及维尔斯为了抗衡罗斯柴尔德家族而成立了商业联盟，以应对激烈的金融竞争，希望可以打破罗斯柴尔德家族在巴黎金融界的主导地位。

1834 年，教皇国政府考虑将债券利率由 5%改为 3%，考虑到这其中可能存在的巨大好处，教会财政出纳红衣主教托斯提带着教皇的嘱托来到巴黎与商业联盟的几大银行碰头协商这个计划。

在法国政府的安排和 J. 哈格曼的个人努力下，商业联盟成功地将一笔跟撒丁王国有关的贷款业务从罗斯柴尔德家族手中抢了过来。哈格曼的银行建在热那亚，后来成为在那里开设的最大的一家银行。哈格曼和撒丁内阁部长加西亚关系很好，通过他跟巴黎的加西亚银行有了联系，拿到这笔生意的加西亚的弟弟在不知道如何处理的情况下将业务转手给了哈格曼。

罗斯柴尔德家族发现了这一情况，感觉受到了打击，这种悄无声息的方式着实令人恼火。凭借他们的实力，罗斯柴尔德家族很容易就可以破坏商业联盟的某些交易，通过一些简单的手段就可以让原本利润丰厚的业务成本提升。很快，商业联盟的银行家们就意识到了罗斯柴尔德家族的强大。

罗斯柴尔德家族操纵了法国的证券市场，撒丁王国的证券受到巨大影响，价格不断下跌，商业联盟的六个成员也对此担心不已。安德烈和科提尔倒是仍然觉得利率从 5%降到 3%的情况下利润还是有保证的。在安抚了另外几个人的情绪后，大家取得一致意见，于是派出了一名代理人到罗马教会财政部，以确保之前的协议可以顺利达成。

代理人首先跟托斯提的秘书进行了一次会谈，秘书提出了一个重要的问题：对于这份打算签订的合同，罗马教会政府能获得什么保障？代理人思量再三，小心回复道：以巴黎银行家联盟的名义保障，不过要等合约签订后才可以透露银行家们的名字。双方经历了几轮谈判，看起来似乎进展顺利，合约就要达成。

不过世上没有不透风的墙，虽然双方都保证严守秘密，但是罗斯柴尔德家族的人还是知道了这件事情，甚至代理人还没离开罗马，关于他们会谈的细节就已经被罗斯柴尔德家族获悉了。

之前罗斯柴尔德家族和多罗尼亚银行一起经手的这笔利率为5%的贷款，合约里面有一项差点被遗忘的条款，即教会主管在今后若有后续贷款，必须先让罗斯柴尔德银行考虑，再确定具体条款，并且在出价不高于其他银行的情况下，必须优先选择罗斯柴尔德银行。不过这笔贷款是托斯提的前任跟罗斯柴尔德家族达成的协议，此时托斯提采取的处理方法是任由两边自行解决，他只是先制定出大体框架，双方竞争，他好坐收渔翁之利。最后的结果是双方达成了共同谅解。如果商业联盟铁了心要排除罗斯柴尔德家族而接下生意，必然要降低报价、减少利润；同样，罗斯柴尔德家族要想获得竞争胜利，也必定需要解决使用他们的强硬影响力之后遗留的各种麻烦，毕竟这六大银行的力量也是不可忽视的。双方没有必要斗得两败俱伤，卡尔他们靠耐心赢了这次竞争。

卡尔·罗斯柴尔德的声名虽然不及他的兄弟内森·罗斯柴尔德和詹姆斯·罗斯柴尔德，但是因为他对意大利各个政府和皇室做出的各项贷款和预支服务，也让他获得了各种类型的头衔和勋位。卡尔·罗斯柴尔德在1855年3月11日去世，之后由他的儿子阿道夫继承了他所有的事业。不过显然，卡尔的儿子没有更多继承到这个家族的经商天分，加上意大利国内的混乱局势，阿道夫没多久就从商业领域退了出来，享受他继承的巨额财富所带来的帝王般的惬意生活了。

第6章 家族的统治力

在外人眼里，罗斯柴尔德家族叱咤风云，风光无限。但是却很少有人意识到，这个庞大金融家族的绝对统治力是建立在严密的内部组织结构和权力传承机制上的。任何一个有管理经验的人都了解，随着组织机构的壮大，管理的难度将会以几何级数增长。罗斯柴尔德家族在这方面所取得的巨大成功，是老梅耶留下的遗产。

01. 金融“联邦”

在家族事业刚刚起步的时候，梅耶·罗斯柴尔德就意识到了一个重要的问题，用我们今天的话来说就是“人情”与“制度”的问题。在一个家族式企业中，如何处理二者之间的关系是很有学问的。有的企业是家族大于企业，希望让所有的家族成员都可以从企业中受益，这有时反而会成为企业发展的障碍。

老梅耶意识到这个问题，并且制定了一条家族规则：只有罗斯柴尔德家族的男性后代才可以参与家族企业的运作。这条规则被严格执行了一个多世纪。不仅仅如此，罗斯柴尔德家族在其他很多地方也在区分家族和企业。比如家庭或私人通信与商业通信区别开来书写，通常家庭通信几乎一直用希伯来文书写，而商业通信通常用德语、英语或法语来写。并且即使是可以参与家族企业经营的男丁，罗斯柴尔德家族对其也有严格的协议规范。

1810 年 9 月，在梅耶·罗斯柴尔德决定跟儿子们成立合伙经营的家族公司的时候，他们还签署了正式的合伙协议。当时还在犹太街的罗斯柴尔德一家在犹太街买了一块空地建立了公司的办公场所，在公司里，梅耶与他的儿子阿姆谢尔、所罗门是生意上的合作伙伴，三子内森当时因为战争的原因没能加入，之后卡尔、詹姆斯也加入进来，每个人各获得相应的股份。其中，梅耶获得了约占公司总资产 46.2%的股份，长子阿姆谢尔和次子所罗门各获得 23.1%的股份，四子卡尔获得了 3.7%的股份，五子詹姆斯获得了 3.9%的股份。这样的控股比例保证了梅耶对于这个公司的控制地位，这也被写入了协议里面。此外，梅耶还享有在合同期内撤回自己股份的特权，梅耶掌握着公司聘用和解雇员工的权力，儿子们只有在他的许可下才能结婚。

这份协议事实上是一个比较制度化的协议，避免了人情等感性因素的影响。之后，梅耶的五个儿子在与他们各自的后代订立协议时也完全参照了这份协议。根据协议，所有参与的合伙人按照每个人所占的股份比例进行利润分成，合伙人都不能擅自脱离其他人独立运作生意，合伙人去世时，自己的妻子、孩子或监护人无权以各种方式质疑其他合伙人确定的自己的资金份额，也无权接触公司的账本和信件，并且对协议确定了有效期。这个协议范本一直被参照执行了好几代。且不论这份协议里显著的家长式权威，起码这样严格而清晰的条款避免了家族中的利益之争、产权之争和决策权之争。

梅耶·罗斯柴尔德在各个场合随时记得强调他的各项规则，比如他跟内森通信的时候会强调一下区分家庭通信和商业通信：“我上次就重申过，你的希伯来文用来写家信很不错，但是商业信件你必须用德语、法语或英语来写；你写一封希伯来语的并显得乱糟糟还夹杂着家事的信件过来，我怎么可以交给我的秘书处理呢？”同时他还会提醒内森不要让外人插手家族企业的管理工作：“亲爱的内森，如果我们的信件直接交到你手上，我们可以想说什么就说什么；或者是和你的家人（指内森的岳父科恩）一起阅读信件？请告诉我。”

1812 年，梅耶在去世前，再一次强调家族生意绝对禁止家族中的女性成员参与的原则：“我在此声明并希望我的女儿和女婿以及他们的继承人，不占有任何份额的‘梅耶·罗斯柴尔德父子公司’的资金，更不能以任何理由索要或被允许索取公司资金。我希望公司只属于我的儿子。我的女儿以及她们的后人对于公司不享有任何权利，我绝不原谅这样的行为：任何我的孩子违背我的遗愿，干扰我的儿子，让他们不能专心地经营他们的生意。”

梅耶·罗斯柴尔德的所有家规成为后来内森他们五个兄弟合作的基础，也确实有助于解决很多家族企业经常会面临的问题。

现如今，提到“罗氏五虎”人们最津津乐道的除了他们五兄弟叱咤欧洲的传奇故事之外，还有他们五个人和五家分行之间的合作机制。这种五位一体的模式是前无古人的，这也是罗斯柴尔德家族能够始终作为一个整体，并将自己的金融影响力扩散到全欧洲的最主要原因。

一般来说，经济管理方面的学者将罗斯柴尔德家族的合作机制称为“合伙人制”。作为一种全家族公认的制度，家族的各家分行之间必然会签订明确的协定来保证制度不会走样。罗斯柴尔德家族也的确是这样做的，他们每过几年就会聚在一起将协议重新修改、签订一次。实际上，这份协议就是罗斯柴尔德家族这个金融联邦的宪章。

大多数历史学家认为罗斯柴尔德家族各分支间的合作协议最早签署于1810年。既然是最早，那么不够完善是肯定的，而且当时各式各样的客观问题也影响到了协议的严密性。首先，当时欧洲仍处在战乱之中，内森一个人在英国，根本不可能在兵凶战危的情况下赶回来签协议。而且，当时父亲梅耶·罗斯柴尔德仍然健在，整个家族事务都在他的掌控之下，所以1810年的那次签约其实只是在老梅耶的主持下为整个家族未来的运作方式定下了一个基调。

第二次签约是在1815年，这一次不仅老梅耶已经不在了，战争也已经硝烟散尽，这一次五兄弟凑齐了，签订了一份为期3年的协议，这才是这个“金融联邦”的第一份真正的协议。

在 1815 年协议签订的时候，他们面临着一个相当棘手的问题，那就是早早离家的内森已经自主创业十多年了，而在父亲死后，其他四个兄弟才算是真正有了一份完全属于自己的事业。因此，虽然名义上家族的 50 万英镑左右财富是共有的，但实际上这些钱大多数是内森赚来的。

最终，协议重新分配了五兄弟各自分到的财产比例，其中内森理所应当占得最多，他分到的那一份占总资产的整体的 27%。除此之外，大哥阿姆谢尔与二哥所罗门各自分到了 20% 的股份；四弟卡尔与五弟詹姆斯的股份最少，只占 16%，最后的 1% 则分给了家族的女性成员，虽然她们永远也不会有参与生意的权利。除了分割财产之外，兄弟五人还达成协议：协议范围内的所有开支都用伦敦分行的收入来支付，每年年终的时候几方平均分配利润。

在这份协议生效的 3 年当中，罗斯柴尔德家族的财富增长速度是指数级的。虽然其他四个兄弟的表现也都非常出色，但是最大的功劳仍然是内森的，是他对于各国公债的大量成功的投机活动才让整个家族的资产得以突飞猛进。因此，在新一轮的协议签订的过程中，其他四兄弟仍然同意让内森分得更多的利润。当时卡尔所说的一番话非常具有代表性，他说："我个人绝对支持让内森获得多于五分之一的利润。要知道，他有一个大家庭，他需要更多的钱。而且，在我们五个中间，他的确付出了最大的努力，我们获得的一切，大部分都是他的功劳。"

在第三份协议签订的时候，罗斯柴尔德家族在商业运作方面也越发完善，此时，五兄弟名下共有 3 家企业，分别是最初由父亲梅耶在法兰克福创建的 M.A. 冯 · 罗斯柴尔德兄弟公司，内森在伦敦创建的 N.M. 罗斯柴尔德公司以及詹姆斯在巴黎的冯 · 罗斯柴尔德兄弟银行。

第三份协议规定的利润分配方式是这样的：内森获得伦敦分行的一半利润，其他四兄弟每人分得另一半中的四分之一；除此之外，另外两家公司的各四分之一的利润也归内森所有，其他兄弟每人分得十六分之三。当然，为了让资金的分配更加透明，也为了加强五兄弟的集体意识，他们还规定每家分行每周都要向其他分行通告自己的交易情况。

这份签订于 1818 年的协议还有一个相当人性化的地方，那就是 1818 年的协议同时还引入一个新的制度，那就是第一次明确界定了五兄弟各自所拥有的“生活费”。协议规定，五兄弟每人每年都可以动用自己分到的利润中的 4% 来支付各种家庭开支，其他任何用于遗产、房产或地产上的大额费用将从个人的资金份额中扣除。

在现实当中，这份当时最完善的合作协议最终使用了 8 年时间，也就是用到了 1825 年。但事实上，虽然这份协议是所有三份当中最完善的一份，但如果你认为罗斯柴尔德兄弟在这 8 年中一直在一丝不苟地执行协议，那你可就错了。协议中最重要的自然是关于利润分配原则的部分，但其实就连这一部分也没有得到严格遵守。因为这一段法兰克福与巴黎两家分行的业绩增长迅速，甚至有望超越伦敦分行，而内森在赚钱的速度上已不再像 1815 年和 1818 年那样居于绝对的领先地位，所以在进入 19 世纪 20 年代之后，他们所采用的实际上是 1815 年之前所采用的那种最原始的所有利润平均分配的原则。当然，话虽如此，内森实际所拿的还是要比其他四兄弟多一些。

这一时期另一件不得不说的事是维也纳分行和那不勒斯分行的逐渐崛起。尽管所罗门和卡尔或多或少地定居在维也纳和那不勒斯，他们的分行并没有获得前三家的同等地位，继续被当成法兰克福的分支机构，1828 年前没有任何独立的资金。另外，随着各家分行的经营规模变得越来越大，每家分行每周都要向其他分行通报交易情况的规定虽然还在执行，但具体实施起来却已经越来越难了。最终，五兄弟通过协商一致决定，这个规定还要继续执行下去，但为了减轻负担，将频率降低为每个月一次。

1825 年这一年，五兄弟再一次齐聚老家法兰克福，共同商定新的合作协议。这一次的新协议所取得的最大突破就是合伙人队伍的壮大。1825 年协议将一名家族的第三代成员吸纳进了合伙人的队伍，这个人是所罗门的儿子安塞尔姆，而他的妻子，则是内森的长女夏洛特。虽然安塞尔姆成功进入了“常委”的圈子，但实际上他在这个家族的核心领导集体当中的地位大概也就跟一个实习生差不多，而且协议明文规定，如果工作“变得过于艰巨”，安塞尔姆是可以退出生意的。至于什么样的情况才算“过于艰巨”，他自己自然是没有任何发言权的。

事实上，这种每几年举行一次的集会并不是人们印象中的那种“整个罗斯柴尔德家族的大聚会”，从聚集的人数上来看也许还有点类似，但真正能够参与到协议制定当中去的人却永远只有那几个合伙人而已。比如，在 1825 年协议被使用了 3 年之后，1828 年，五兄弟再次聚在了一起商讨新的协议。这一次，内森的次女汉娜和她的几个兄弟们也都随同前往法兰克福，在那里，他们见到了很多其他的家族成员，但真到了要开会的时候，几位主要人物就会把门关起来。因此，汉娜才会不无忧郁地说：“爸爸和他的兄弟以及安塞尔姆几乎一直在忙着开会，会议在阿姆谢尔伯伯的花园塔楼里举行，其他人谁都不准靠近。不过好消息是他们之间好像没什么分歧，每件事似乎都可以获得一致通过。”

一个无法否认的事实是，无论内森在几个兄弟心目当中的地位如何，但他的伦敦分行所占有的资金比例从1818年协议签订之后就开始逐年下降。1818年，伦敦分行的资本占家族总资本的42%，但到了10年之后的1828年，这一数字已经暴跌到了27%。因此，内森在整个家族的经济方面的主导地位也是在逐年下滑的，在这一时间节点上，不可能再有人说出十年前卡尔所说的“我们获得的一切，大部分都是他的功劳”这样的话了。

以此为背景，在1828年签订的协议当中，各分行的利润分配模式也有了较大的变化。在新协议中，伦敦分行的60%的利润归内森所有，但与之相对的是，他在其他几家分行所占的份额也下滑到了10%。其余四个兄弟每人获得10%的伦敦分行利润，相应，他们在另外4家分行中的利润被提升到了22.5%。事实上，对于内森来说，这并不是一个坏消息，因为这在客观上提高了伦敦分行的自主性，这个优势在内森死后得到了印证，伦敦分行几乎所有的权力都被转移给了他的4个儿子。

这就是罗斯柴尔德家族的合伙人制度，这就是这个19世纪第一财富家族的内部运作模式。罗斯柴尔德家族这个“金融联邦”在整个19世纪是拥有绝对统治力的，要知道，他们在1850年之前的资金增长速率以及规模在银行业历史上是空前绝后的，没有任何一家银行的资产可以像他们那样以指数级增长。他们的竞争对手也丝毫难以望其项背，就拿1825年来说，他们的资金总额是内森的主要竞争对手巴林兄弟的9倍，是詹姆斯的主要竞争对手拉斐特的11倍，所有五家分行的资产加起来，甚至可以凌驾于法国的国家银行法兰西银行之上。如果你想知道什么叫富可敌国，那么这就是了。

02. 盛大的婚礼

1828 年协议将罗斯柴尔德家族中的伦敦分行与欧洲大陆的其他 4 家分行分成了相对独立的两个部分。事实证明这是一个创举，整个家族在 1812 年协议的大框架之下平稳地运转了 8 年。

转眼之间，时间来到了 1836 年，是到了再次签订新的协议的时候了。但是，在召开合伙人会议之前，他们还有一件大事要做——举办一场盛大的婚礼。这是一场家族内部的婚礼，婚礼的新娘是卡尔的女儿夏洛特。夏洛特今年刚满 17 岁，年轻貌美，单纯而亲切，是最好的结婚对象。

有幸娶到夏洛特的自然不是一般人，他是内森 27 岁的长子莱昂内尔。莱昂内尔被视作内森的接班人，此时的他已经在父亲和叔伯的指导下在商场混迹多年，积累了相当丰富的经验，而且刚刚在父亲接手的西班牙的复杂交易中扮演了关键角色。

这样两位年轻人的结合是家族里的大事，家族里的女性成员在几周前就已经开始准备婚礼的相关事宜。这些女性成员包括此时已经 82 岁高龄的祖母居特林；阿姆谢尔的妻子埃娃；新娘的妈妈阿德尔海德；还有莱昂内尔的姐姐，安塞尔姆的妻子夏洛特。

为了迎接婚礼，女人们将罗斯柴尔德家族在法兰克福的房子打扫得就像是新建起来的一样，因为这些房子要用来招待从欧洲各地赶来出席婚礼和参与新协议制定的家族成员。位于法兰克福北郊的阿姆谢尔的庄园是家族一直以来的聚会地点，几乎每一个合伙协议都是在那里签订的。除此之外，还有位于蔡尔的奢华的城中住宅，安塞尔姆在新美茵茨街的“新房”等等。至于那座位于犹太街的“绿盾”老宅则由于过于寒酸没有被考虑用作盛会的场所，虽然居特林仍然住在那里，尽管她的儿子们个个都是欧洲最有影响力的银行家，她也仍然坚持这么做。

在伦敦的罗斯柴尔德成员中，新郎莱昂内尔是第一批到达的人，他最小的弟弟梅耶当时已经在那里，当时他即将完成在德国的学习。他们的父亲6月初从伦敦启程赶往法兰克福，同行的还有汉娜以及两个未婚的女儿：活泼好动的汉娜·梅耶和喜爱音乐的路易斯。

留在伦敦照看纽考特办公室的是内森的第三个儿子内森尼尔。另一个儿子安东尼当时在巴黎，他在那里也将扮演与内森尼尔类似的角色，因为他的叔叔詹姆斯也将前往法兰克福。詹姆斯6月4日动身前往德国，他的妻子贝蒂以及4个孩子夏洛特、阿尔方索、居斯塔夫和还是婴儿的所罗门·詹姆斯先他一步启程。他们8天后抵达法兰克福。詹姆斯的哥哥所罗门与他的儿子安塞尔姆先他们一步从维也纳赶到了法兰克福。

所罗门他们自然地住进了新美茵茨街的房子里，安塞尔姆的妻子夏洛特已经在那里等候他们了，不经常去法兰克福的访者被安排住在宾馆里：伦敦的罗斯柴尔德成员被安排在罗米斯彻·凯瑟尔酒店，巴黎的罗斯柴尔德成员住在鲁斯切霍夫酒店。在一切准备就绪的时候，总共有36个家族成员聚集到了法兰克福。宴会几乎没有邀请其他宾客：我们所知的仅有的“外人”是梅耶的导师施莱默博士以及詹姆斯和莱昂内尔共同的朋友、作曲家乔阿基诺·罗西尼，其角色仅仅是“活跃我们宴会的气氛”。

安东尼第一次被独自留下掌管巴黎分行，他感到局促不安，尽管这更多是由于无聊，而不是职责负担所致。“我精神很不好，”

他写信给同样独自一人留在伦敦的内森尼尔抱怨说，“没有什么比独自一人待在这里更让人讨厌的了。一切都那么单调。你自己一个人如何取乐？你比我在这里还要好一些，他们全都走了，关了家门，我每天只能在一家餐馆吃饭。”巴黎市场处于传统的“夏季忧郁期”，此时，詹姆斯和内森正在布鲁塞尔短暂停留处理一些生意，他们在那里发来的指示并不鼓励他拓展新业务。詹姆斯的来信讲得很直接：“在我看来，你应该试着把一切事务放到一边，直到你父亲回来；如果有人向你提出建议，你应该回复说，需要首先咨询你父亲的意见。这样做你会得到一些时间和一些平静。听从我的建议，抓紧你的钱，不要乱花。”

与他形成对比的是，内森尼尔压力重重，因为内森更希望他离开的时候可以让儿子忙起来。他刚抵达法兰克福就发回了一封让人焦虑不安的信件，不仅敦促内森尼尔买卖证券，同时还间接地向巴黎的安东尼施加压力：“你必须要让安东尼注意卖出，因为他属于‘牛派’，不喜欢卖出。当价位较低时，你可以买进一些，并且要鼓励安东尼做生意，同时写信给他，对他说你对他的汇款以及所做的一切都感到满意和高兴。我已经写信告诉他，让他每天不管价格如何都要做些事情，你也可以这样写信告诉他。”

几天后，在詹姆斯抵达法兰克福前，内森直接写信给安东尼，要他“维持生意运转”并“让自己忙起来”。无论是安东尼还是内森尼尔，接到父亲和叔叔截然不同的指示都让他们感到很不舒服。

莱昂内尔也有些不高兴。他等不及想要结婚。尽管这次结合只是一次包办婚姻，主要目的就是加强伦敦与那不勒斯家族分支之间的联系，以便阻止家族宝贵的财富流到外人名下；但他实际上已经爱上了他未来的妻子，或至少已经说服自己相信了这一点。他同时也急于离开法兰克福。他在写给安东尼的信里说，他“越早离开美丽的法兰克福，越让人高兴”；与所有在英国长大的罗斯柴尔德家族年轻成员一样，他发现父亲的出生地不仅地理位置偏僻，而且社会环境也让人觉得不舒服。

在法兰克福，即便他和他的家族某些程度上已经拥有地位和权势，但犹太人整体仍然要屈从于法规歧视，这种情况在巴黎或伦敦已经比较少见。他的不安情绪随着父亲从布鲁塞尔到达法兰克福更加强烈，后来一系列的延误情况更是如此。

03. 秘密集会

这次聚会是 19 世纪罗斯柴尔德最大型秘密会议的其中之一，毫无疑问也是最重要的一次。除了婚礼本身，这次大规模的家族聚集有两个秘密的动机。

莱昂内尔与夏洛特的婚姻并不是家族历史上的第一桩内部联姻。要知道，内部联姻本就是罗斯柴尔德的家族传统之一。在此之前，他们的叔叔詹姆斯在 1824 年娶了他们的堂姐贝蒂（也是詹姆斯的亲侄女），两年后，安塞尔姆娶了他的堂妹夏洛特。这种家族内部通婚后来不止一次出现。唯一的问题，正如莱昂内尔所说的那样，便是“家族里更为年轻的分支如何同意联姻”，或更准确一些地说，谁将与谁被撮合成一对。这也是众多年轻的家庭成员出现在法兰克福的真正原因：为他们寻觅潜在的结婚对象。因此卡尔的儿子梅耶·卡尔被试验性地确认为莱昂内尔最小的妹妹路易丝的合适对象；路易莎·蒙蒂菲奥里被列为安东尼可能的妻子……

婚姻市场显然为母亲们提供了更多的消遣，但女儿们则不是这样：汉娜·梅耶抱怨“每天可怕、单调的聚餐”，中间还穿插着德语和刺绣课。心里慌乱的路易丝写信给伦敦的哥哥内森尼尔说：“唯一解闷的事就是坐在祖母和埃娃婶婶中间，然后被塞得饱饱的，以至于难以呼吸。”单调和枯燥的环境只在每天跟随罗西尼学习音乐时才得以缓解。

家族团聚的第三个原因，同时也是最重要的自然是生意。尽管他们习惯用定期通信的方式确定大多数生意的决策，但有时罗斯柴尔德五兄弟也发现面对面探讨是必不可少的。在 1836 年之前，詹姆斯偶尔会跨越海峡与内森碰面，内森有时也会到巴黎去；所罗门是五兄弟中最经常走动的一个，他经常前往巴黎，同时定期在法兰克福与维也纳之间游走；而卡尔则把他的时间分成了两半，一半是在做生意的那不勒斯，一半在法兰克福，因为他将孩子放在那里接受教育。

不过这种定期走访随着兄弟几个渐渐上了岁数而逐渐减少，要知道，在那个年代，长途旅行可是一件极其累人的事。因此，他们的生意以及家庭认同感越来越趋向于各自居住的地区。五兄弟上一次聚首还是在 1828 年。

在 1836 年日程表上最重要的事项便是他们将来彼此间的关系。前面曾经说过，自 1810 年以来，罗斯柴尔德公司一直是一个合伙人公司，主要建立在一个详细、有法律约束力的合约以及不同合伙人的意愿之上，后者决定了公司里各个份额如何传递给下一代继承人。每过几年就修订一次合伙协议已经成为一个传统，因此 1815 年、1818 年和 1825 年出现了新的协议；1825 年所罗门的儿子安塞尔姆成为合伙人后备人选，1828 年再次签订新协议时，他正式成为合伙人。

从那时起，内森三个比较年长的儿子都进入公司开始他们的学徒生涯。到1836年，内森觉得他最大的儿子已经做好了准备，可以跟随安塞尔姆的步伐成为一名合伙人，兄弟几个这次会面的主要目的，就是讨论批准莱昂内尔成为合伙人的事情。

除了新合伙人协议，兄弟几个还需讨论其他一些事情。1836年是他们在西班牙的业务最关键的一年，在那里，一场血腥的“内战”正在上演；与此同时，家族还在准备与希腊、那不勒斯以及比利时进行交易，几个兄弟在这三个国家都有切身利益。

此外，三个兄弟已开始参与一个全新的生意：资助铁路建设。尤其是詹姆斯，他深深地卷入争夺快速发展的法国铁路网的控制战当中，而这项生意某些程度上需要通过内森联系上庞大的英国资本市场。但是，内森自己是否同意公司业务的新方向还很不明朗。英国铁路第一次“狂热”是在1836年达到高峰，至少29家新的铁路公司挂牌营业，但是内森并没有参与其中。他的首选是将伦敦分行的触角伸到美国去，继续主营政府贷款和贸易金融业务，而不是投资在工业领域。但是，这其中也存在需要讨论的事项，不仅仅是因为大西洋彼岸也正酝酿着金融危机，还因为在几兄弟会面前夕，美国金融危机的迹象已经开始显现。

几个合伙人之间的协商继续以严格的秘密方式进行，所有其他家庭成员一律不得参加。“他们现在全部聚齐了，”莱昂内尔向他的兄弟报告说，“就是说，四个人单独聚在爸爸的房间里，我们则被关在了外面。我认为爸爸说了一些关于我们要获得伦敦利润份额的事（意即增加一个合伙人）。他们似乎同意了他的提法。我不知道……他们是否会与他好好说话，解决所有事情。”“家族事件安排进行得非常平和，”他的母亲汉娜认为，“不存在分歧。”到6

月 12 日，似乎内森已经达到目的，而且没有遇到他儿子担忧的“愤怒的话”。“爸爸提议，我们应该获得伦敦分行一半的利润，他也只需获得其他分行一半的利润。所有的事情立刻得到了同意，没有任何异议。我并没有在房间里，但今天早上却听说了这件事。我肯定你知道这件事也会很高兴，他们彼此也很高兴，一直没发生争执。他们对各个现金账户的状况感到非常满意，他们没有想到几个分行会如此繁荣。”

“所有各方”似乎都“愿意保持和平”。这种兄弟间的和睦显然有些不寻常。“直到现在，感谢上帝，他们兄弟之间没有出现一句气话，”莱昂内尔在信中显然也感到十分惊讶，“他们在爸爸的房间以及账房里度过了大部分时间，然后一起在家里用晚餐。”非常罕见地，五兄弟达到了他们所信奉的三句箴言中的第一个标准——“和睦”。

04. 利益均沾

婚礼与集会是罗斯柴尔德家族合伙人制度的一个缩影，而合伙人制度则是罗斯柴尔德家族能够得到空前快速发展的保证。这个家族在内森的领导下，在合伙人制度的框架之内依靠频繁的通信手段进行紧密的合作，进而，5 家分行每一家都能获得其他 4 家分行的相当大的一笔利润。比如在 1825—1850 年，那不勒斯分行中属于其他分行的资金几乎从未低于 18% 的比例，最高的时候甚至突破了 30%。其他分行的状况也一样，1828 年，巴黎分行当中有 31% 的资产是属于另外 4 家罗斯柴尔德银行的，占据份额最多的是伦敦分行。

要知道，金融活动是有风险的，但罗斯柴尔德家族的合伙人制度无疑让风险变得更低。

我们之所以如此详细地阐释罗斯柴尔德家族的合伙人制度，是因为这个制度是当时的环境之下最先进的。但是即便如此，我们仍然无法从中看出罗斯柴尔德家族是如何持续且高效地赚取利润的。

首先，我们知道，政府债券肯定是罗斯柴尔德家族最主要的经营项目，因为“陪国王散步，与政府做生意”这本来就是罗斯柴尔德家族一贯的宗旨。事实上，在 1836 年之前，这的确是罗斯柴尔德家族最重要的经营内容，而在此之后，他们的经营重点虽然在逐渐转移（比如詹姆斯摇身一变成了“铁路大王”），但政府债券仍然是他们的主营项目。

一些数字可以证明罗斯柴尔德家族与政府之间的合作力度。事实上，自从拿破仑被推翻，罗斯柴尔德银行一直就是整个欧洲发行政府债券的主力军，而伦敦分行更是主力中的主力。1815—1859 年的 44 年间，伦敦分行平均每年都会发行一笔以上的政府债券，面值总额高达 2.5 亿英镑，而他们的主要竞争对手巴林兄弟总共只发行过 14 笔，总面值也只有 6600 万英镑。其实，将巴林兄弟称为罗斯柴尔德最主要的竞争对手主要是因为他们是那个时代最接近罗斯柴尔德的人，但任何一项数据都能够表明，这两家银行其实完全不在同一个水平线上。

发行政府债券是内森的最爱。但即便是在内森最活跃的时期，政府债券也远远无法涵盖罗斯柴尔德银行全部的经营内容。商业票据交易，也就是所谓汇票交易同样也是罗斯柴尔德银行主要的经营项目之一，而且，在金融界人士的眼中，这本该是一位银行家的主营业务。

究竟什么是汇票？1882 年（汇票诞生 300 多年后）颁布的《票据法》对这个金融名词进行了精确的定义。所谓汇票，就是“某个人（出票人）填写地址（并签名）后提供给另一个人（付款人）的无条件支付命令，要求付款人（当他签署票据后变成了承兑人）在未来确定的日期支付给特定对象或持票人确定数额的款项”。

说白了，所谓汇票，其实就是买家暂时先不付款，而是向卖家做出承诺，保证在某一日期之前将款项结清的保证书。事实上，对于一家公司来说，现金是非常重要的资源，如果现金枯竭，那么公司也就要破产了，所以，其实汇票的诞生就是用来帮助现金周转的，让公司有一个支付的缓冲期，不至于因为现金断流而破产。

那么，罗斯柴尔德，或者说银行家们在其中扮演的是什么样的角色呢？银行的运作方式有多种，他们不仅可以代表买家充当汇票的接受人并收取一定费用，而且会以一定的折扣从开票人手里买入汇票并收取利息。当然，如果银行介入了汇票交易，那么他们就需要在汇票上增加自己的签名。所以说，银行进行汇票交易实际上是在有效地“兜售他的名声”，银行家的名声和信誉，就是这家银行的信贷价值。

作为一个杰出的银行家，内森自然也很擅长进行汇票交易。现在仍能查到当时的一些资产负债表，一份表格当中显示：1828 年的“应收票据”占了伦敦分行资产的 25%；“应付票据”则只占债务的 5%，这说明伦敦分行的财务状况是相当健康的。

我们必须承认，伦敦分行所进行的汇票交易要比其他 4 家分行更多一些，不过这也不足为怪，因为在 19 世纪，英国伦敦是当之无愧的世界金融中心，在那里进行的商业和贸易活动自然要比欧洲大陆更多一些。对于这一点，内森自然也是心知肚明，他曾经不无自豪地说：“英国在世界金融体系里面太重要了，它是全世界的银行。无论人们在印度、中国、德国还是其他任何地方进行交易，都要受这里的主导，并通过这个国家达成协议。”

不过话虽如此，欧洲大陆的4家分行同样也在汇票交易当中扮演了非常重要的角色，而且5家分行的合作极大地增加了罗斯柴尔德家族的利润空间。罗斯柴尔德银行玩汇票的方式要比其他银行更高明。

举个例子。首先，内森从伦敦的银行家或是商人手中买下从英国开出的汇票。然后，内森会将这些汇票每周定期从英国装船运回欧洲大陆，送给其他分行。欧洲大陆的分行在接到内森的汇票之后会用它们在当地购买红酒、毛纺品和一些其他的紧俏商品，然后再将这些商品运到更需要它们的地方……

事实上，罗斯柴尔德是将汇票交易和进出口贸易有效地结合了起来，他们并没有试图凭借收取票据手续费的方式来赚钱，因为那样做利润率实在低得可怜，他们的目的是利用欧洲各个市场之间的汇率差异获得利润，这样一来，利润空间就比单纯收取佣金和利息高得多了。实际上，从当初为各国支付补贴款的时候开始，罗斯柴尔德家族就从未将佣金和利息作为主要的盈利方式，包括汇票交易在内，罗斯柴尔德银行所收取的费用也一直比其他银行要低一些，这也为他们带来了更多的商机。

罗斯柴尔德银行的跨国性质为他们从事此类交易创造了便利条件，他们总是可以利用及时的消息和复杂的计算在最好的时机进行最有效的汇兑交易。

在政府债券与汇票交易之外，直接的商品贸易是罗斯柴尔德家族的第三大盈利点。事实上，无论是老梅耶还是内森，都是从商人逐渐转型成银行家的，老梅耶当初是卖钱币和徽章，内森当初是卖纺织品，后来也参与过“殖民地货物”的贸易，甚至还进行过走私。但是，在他们在金融业务上逐渐尝到甜头之后，罗斯柴尔德家族对这类生意的兴趣一度变得比较低，直到 1830 年后，才慢慢把这一块业务重新经营了起来。

罗斯柴尔德银行在金融业务方面追求多种化经营，但在商品贸易上，他们却更喜欢专门化。罗斯柴尔德家族总是试图在一些经过挑选的领域中确立主导地位，而非随着市场潮流什么热就卖什么。当然，他们雄厚的财力也让他们拥有了彻底垄断某一种或是多种商品市场的能力。他们感兴趣的商品主要有棉花、烟草、美洲所出产的糖、俄国的铜以及之前提到过的西班牙的水银。不过这也并非绝对，他们偶尔也会尝试经营一些诸如铁、毛纺品和酒之类的货物。

保险作为一个新兴行业，与金融业的联系是相当紧密的，这样一个行业，罗斯柴尔德家族自然很乐意参与进去。19 世纪上半叶，保险业开始繁荣，各式各样的保险公司如雨后春笋般建立起来。实际上，罗斯柴尔德家族曾经花过大笔的资金来购买保险。比如在 1815 年，他们为了确保运往欧洲的货物与金银块的安全，就曾经支付了高昂的保险费用。于是，当保险行业越发火热之后，罗斯柴尔德家族立刻投身进去。

19 世纪 20 年代末，英国发生了这样一件事。当时，英国有一家名叫“英国与国外人身安全与火灾联合保险公司”注册成立，注册资本 500 万英镑。这家新公司的表现相当强势，成立仅仅几天，公司的稽核员之一的托马斯·福韦尔·巴克斯顿议员就向下院提出了一项议案，希望国会能够颁布法令，终止海上保险业务的垄断状态。

这件事表面上看起来与罗斯柴尔德家族毫无关联，但就在这个时候，内森跳了出来，他找到了自己的老朋友，时任财政部的金融秘书赫里斯。内森对赫里斯说："这个公司的目标，对，我说的就是英国与国外人身安全与火灾联合保险公司，就是为了保护商人们的财产安全。它可以通过自己的工作来确保资金平稳流动，为航运以及任何可能遭遇风险的财产提供保险服务，并最终促进国家产业的健康发展。"

内森当时在英国的影响力确实无与伦比，他很快说服了英国政府，进而，巴克斯顿议员的议案得以顺利通过。不过，他们最终还是没能毕其功于一役。政府对这家新公司参与海上保险业务的权利进行了限制，理由也很充分，你不是叫"人身安全与火灾联合保险公司"吗？那么为什么要如此热衷于搞海上保险呢？

正所谓上有政策下有对策，很快，另一家新的保险公司"海上联合保险公司"建立了起来，注册资本还是500万英镑。这次就连瞎子也能看出来这家公司成立的目的是什么了，公司名称起得实在，政府也无话可说。

说实在话，这家新公司确实与之前的诸多保险公司有所不同。之前的很多公司成立的目的就是投机骗钱，但新的联合保险公司不再是一个欺诈工具，而是想要踏踏实实地做保险，因此，这家公司获得了长久的、繁荣的发展。两年之后，联合保险公司搬到了巴赛洛缪巷，就在纽考特街4号，罗斯柴尔德银行的隔壁。这样一来，任何人都知道内森与这家公司是什么关系了。

05. 兄弟同心

梅耶·罗斯柴尔德确立了家族罗斯柴尔德的姓氏，也制定了罗斯柴尔德家族的家规，除了前面我们说到的关于家族经营权方面传男不传女等规则外，他还留下了让子孙后代终身受用的遗训："只要你们团结一致，你们就所向无敌；你们分手之时，就是你们失去繁荣的开始。"阿姆谢尔、所罗门、内森、卡尔、詹姆斯都很好地遵循了父亲的遗训，在所有生意中都保持密切协作，平分生意成果。

当然，罗斯柴尔德家族也不是没有遇到过困难，而当面临困境的时候，他们表现出来的是更加众志成城的团结。比如在 1830 年，法国"七月革命"爆发，查理十世的反动政权倒台，法国一时处在无政府状态。不久，查理十世的侄子路易·菲利普被立为新的国王。"七月革命"使持有巨额政府公债的法国罗斯柴尔德银行损失了 1.7 亿法郎，家族面临着空前的财政危机。还有一个坏消息是路易·菲利普任命拉斐特担任首席国务大臣兼财政部部长，而拉斐特跟罗斯柴尔德家族之间并不那么和谐。

兄弟几个鼓励在法国的詹姆斯，并且依靠家族先进的通信系统，相互保持着密切的沟通与协作。在生意最糟糕的时候，阿姆谢尔曾经写信给詹姆斯说："一个人不应该感到困惑，这里就显示出合伙关系的好处。如果我们中的一个人失去了理智，其他人必须保持平静。如果全部失去了理智——那么说晚安吧！我希望这封信能够让你安静下来，并感谢上帝，我们获得财富的速度比任何人都要快。"

詹姆斯虽然遭遇了很大的困难，但他仍然在密切注意所有的信息，“七月革命”一爆发，他就迅速向在伦敦、维也纳、法兰克福与那不勒斯的内森、所罗门、阿姆谢尔、卡尔四个人发送了信息，内森他们也立刻抛空了手中持有的所有公债。当其他人得到消息，竞相抛售让公债价格大跌的时候，罗斯柴尔德家族早已知道了菲利普被拥立为王的消息，并悄无声息地买入了公债。果然，等到公众知道和平的消息后公债价格迅速飙升，通过这次的低买高卖，罗斯柴尔德五兄弟在欧洲证券市场上赚到了3亿多英镑，远远超过先前损失的1.7亿法郎。

罗斯柴尔德家族还面临的一个威胁是战争。“七月革命”之后，法国国内外敌对势力对新王权虎视眈眈，一旦开始战争，法国公债的价格肯定又会大跌；同时一旦欧洲其他国家也学习法国进行革命，也会对法国公债价格产生巨大的影响。

当时，欧洲国家包括奥地利和俄罗斯，都已经默许法国新政权和新国王上台。果然不出他们所料，法国的革命开始波及其他国家，首先就是在亚平宁半岛。在教皇国以及意大利中部的一些小王国，反对压迫和要求宗教自由的浪潮一浪高过一浪。摩德纳公爵被赶出他的王宫，博洛尼亚则宣布不再承认教皇的权威，甚至玛丽·路易斯也被迫逃离了她在帕尔玛的美丽居所。在这些被流放、驱逐的君主们苦苦哀求下，奥地利首相梅特涅决定派奥地利军队前往镇压。与此同时，意大利的叛乱方转而向法国寻求帮助，但路易·菲利普不愿意得罪那些刚刚承认他的王位的欧洲大国君主，只是口头上假惺惺地表示支持。

在这样一个混乱的氛围下，罗斯柴尔德家族充分利用他们的情报系统，密切关注着革命的动向，严密监视那些自由派知识分子与政客的一举一动，并随时将手中得到的最新情报呈交政府。而这样做的一个顺带的好处是，詹姆斯在巴黎把他观察到的信息快速送到欧洲各地的罗斯柴尔德家人手里的同时，也聪明地呈送一份给路易·菲利普国王，很快博得了国王发自内心的欢迎。上台不久的财政部部长拉斐特因为思想激进很快被佩里埃取代，这无疑是一个好消息。

对于意大利爆发的革命，奥地利首相梅特涅决定出兵干预，所罗门绞尽脑汁想要劝阻这个行动，他向梅特涅提及，据他收到的可靠信息，奥地利在意大利采取的行动，将会引起法国很强烈的反应。罗斯柴尔德家族的利益和安全稳定的政治环境紧密相连，所以他们很自然地对可能危及和平的意大利事件万分紧张。另一边，法国要参战的谣言四处流传，人们普遍认为，新上台的法国国王菲利普是一个言而无信的人，不会信守诺言，他和他手下的大臣一直玩弄诡诈，暗地却在作宣战的准备。

在战争的阴云笼罩之下，整个股市行情一落千丈。1831 年 2 月 14 日，在摩德纳和博洛尼亚起义的消息传至巴黎后，詹姆斯看准了路易·菲利普跟其他国家的专制君主是一路货色，掀不起什么大浪，而且法国的大臣们也都愿意和平地解决这次事件，即便奥地利插手了摩德纳事件，也不会有什么冲突发生。两天之后詹姆斯写信给刚刚返回维也纳的所罗门时，口气明显变得轻松了许多。

最后，局势终于稳定下来。对罗斯柴尔德家族来说，最大的威胁已经解除了。梅特涅迫于国内高涨的反战呼声，无法放手去进行军事冒险，况且维也纳暴发的大霍乱也让他焦头烂额，分身乏术；另外，所罗门·罗斯柴尔德长期对其军事援助行动的警告也起到了很大作用。

由罗斯柴尔德家族提供贷款的两个国家都没有卷入这场革命战火当中，欧洲各大交易市场上的公债和保险交易又恢复了平静。路易·菲利普还特许法国罗斯柴尔德银行垄断所有的公债发行，并且亲自向詹姆斯颁发了法国最高级别的勋章——荣誉军团大十字勋章。不仅如此，各种合同和特许权如雪片般飞到了詹姆斯的手中。因法国“七月革命”引发的这场家族危机，在罗斯柴尔德兄弟联手协作中终于得以安然度过。这一贵比王侯、富可敌国的家族，又一次名噪欧洲。

还有一次是第一次世界大战结束以后，百废待兴，奥地利战败，奥地利罗斯柴尔德银行也遭到重大影响。于是，战后英国与法国罗斯柴尔德银行所做的第一件事，就是帮助重建奥地利罗斯柴尔德银行。战败后，奥地利的货币一再贬值，旧奥匈帝国的公债价格不停下跌，而维也纳的罗斯柴尔德拥有大量旧奥匈帝国的公债，价格持续下跌让他们损失惨重，作为奥地利罗斯柴尔德银行接班人的路易能想到的办法就是在债券市场上大量买进，企图做多来稳定公债价格，不料中途杀出一个卡斯丁·格里昂。

卡斯丁·格里昂是奥地利债券市场上著名的投机分子，他看到这个千载难逢的好机会，大肆做空，因战争导致实力大为削弱的罗斯柴尔德银行一时无力还手，结果被前者占了上风。卡斯丁·格里昂将公债的价格打到极低的价位后回补空头，一举暴富。看到这个情况，其他国家的投机分子也纷纷效仿，大举做空战胜国的货币。几天后，法郎也应声下跌，在全世界引起了极大的恐慌。

金融人士经分析认为，如果法郎贬值的话，那么英镑和美元也无法幸免。此时，志得意满的卡斯丁·格里昂决定到法国再赌一把。他带着刚刚从奥地利证券市场上赚得的大笔钞票进军巴黎，大肆做空法郎，其他投机客也跟风而动，纷纷抛出，不久，法国公债以惊人的速度开始大跌。但正当卡斯丁·格里昂故技重演，决定抄底大捞一把的时候，法郎却令人意想不到地开始止跌。随后，法郎连连飙升，在短短的几个交易日内迅速涨停。卡斯丁·格里昂一时间傻了眼，就像他当初一夜暴富一样，一夜之间他破产了。而这一切的幕后操纵者，正是罗斯柴尔德家族。

不过这一次还有另一个合作伙伴——美国的摩根家族。以摩根为首的美国资本家很清楚，如果任由法郎贬值，则直接会危及美元的安全，这样他们在第一次世界大战中发的战争财将化为乌有。于是两大集团联合导演了一出好戏，在市场上做多法国公债，促使法郎升值。

考虑到法郎与英镑同样具有联动效应——法郎升值必会引起英镑贬值，于是，在做多法郎的同时，他们也在伦敦债券市场上布下重兵，大做英国公债的空头，两头赚钱。在这个过程中，英国、法国和奥地利三地的罗斯柴尔德家族通过他们强大的信任度和执行力跟美国摩根财团一起紧密配合，各国公债的价格几乎都被他们操控。经过这一次金融大战，英国、法国、奥地利三家罗斯柴尔德银行和美国摩根财团都赚得了巨大的利润，奥地利罗斯柴尔德银行也一举弥补了战争中的损失。

06.“拿破仑”和他的兄弟们

兄弟同心这件事说起来容易做起来难。罗斯柴尔德兄弟们所取得的巨大成功很难让人不注意到他们，所有人都认为他们是兄弟互助的理想典范，所有人都想从他们身上得到启发，所有人也都想像他们一样获得成功。

但事实上，从没有人成功过。他们看起来并非独一无二的，即便在今天的欧洲，像梅耶那样拥有5个儿子，甚至再加上5个女儿的家庭也并不少见。而在当时，梅耶的同行弗朗西斯·巴林就像他一样有5个儿子，但结果呢？你听过巴林五兄弟的故事吗？

罗斯柴尔德五兄弟之间非同寻常的协作关系是他们取得如此巨大的成功的基础，运转着家族生意。

罗斯柴尔德家族的头号粉丝弗里德里希·根茨在自己的著作中对五兄弟大加赞赏："罗斯柴尔德五兄弟每个人都拥有巨大的责任心，他们时刻都在谨慎地遵守父亲留下的教诲，这让他们之间的关系牢不可破，进而在所有生意中保持团结和协作。他们在做每一桩生意的时候都不掺杂自私的感情，而是全心全意为集体打算；他们所做的每一桩生意都是五个人一致同意，并且分工协作完成的；生意的成果也由五个人共享。"

在那个时代，罗斯柴尔德兄弟的光芒实在太过耀眼，以至于就连竞争对手也不得不承认他们的过人之处，而且在试图偷偷学习他们的优点。比如说，罗斯柴尔德主要的竞争对手之一，德国银行家西蒙·莫里茨·冯·贝特曼就曾经不无羡慕地说："罗斯柴尔德五兄弟之间能够和谐共存，是他们最大的过人之处。任何一个跟他们打过交道的人都知道，他们兄弟之间从不会有人想着挑另一个人的毛病，也不会批评另一个人的生意，就算失败了，也是五兄弟一起扛。"

强横的实力与众多知名人士异口同声的称赞，使得罗斯柴尔德兄弟成了人们口中那种"神话般的人物"，这也使得他们成了很多子虚乌有的故事穿凿附会的目标。然而，如果你仔细思索，便会发现这些对罗斯柴尔德兄弟同心的故事的歌颂，实际上是一件相当反常的事。既然是兄弟，那么兄弟之间帮扶互助难道不应该是司空见惯的情景吗？可事实上，如果一个人歌颂另一个人每天都能睡个好觉的话，那么毫无疑问，这个人一定是个失眠症患者。

很明显，如果现实当中的兄弟之间能像罗斯柴尔德兄弟一样互敬互爱、互帮互助，那么绝不会有这么多人对罗氏五虎之间和谐的兄弟关系大加赞叹。兄弟之间多摩擦，这就是残酷的现实。实际上，犹太教徒和基督教徒都很熟悉《圣经》当中记载的约瑟夫和他兄弟的故事：加德和阿舍对他们同父异母的弟弟约瑟夫恨之入骨，约瑟夫与弟弟本杰明有着真正的手足情，而他们的大哥鲁本则对几个弟弟拥有复杂的感情。

与罗斯柴尔德兄弟同时代的，还有霍普兄弟和我们之前提到过的巴林兄弟。实际上，他们兄弟之间也并没有出现过太大的裂痕，但相比较而言，兄弟之间的团结与互助却又差得远了。因此，在罗斯柴尔德兄弟的光芒的照耀下，他们似乎也成了兄弟阋墙的代名词。

不过，当普通人成了人们争相传颂和学习的偶像，那么他们的故事便会或多或少地偏离事情的真相。在外人眼中，罗斯柴尔德兄弟永远互相敬爱，永远亲如一人，但他们之间真实的兄弟关系却远未达到完美无瑕的地步。

1812 年以前，当梅耶·罗斯柴尔德还在世的时候，他是当之无愧的家主，他的威严，他从小对五兄弟的言传身教使得兄弟五人谁也不敢造次。然而在梅耶死后，兄弟五人便只能靠自觉性来维持相互之间的和睦了。这样的约束力明显不够，进而，裂痕开始出现。

1814—1815 年的欧洲因为拿破仑战争接近尾声而乱成一团，就在这混乱的局势下，罗斯柴尔德兄弟之间的关系也几乎到了破裂的边缘。那是一个对于整个家族来说最为关键的时刻，家族的资源被一系列巨额、高风险的生意套住，成则加冕为王，败则倾家荡产，罗斯柴尔德五兄弟也因为巨大的压力而变得有些神经质，情绪暴躁、易怒。与此同时，最早创业实力也最为雄厚的内森在父亲死后自觉地扮演起了家族领头人的角色，进而，他对其他四位兄弟的态度也变得越来越傲慢无礼。

当然，在家族合伙人协议的框架内，虽然内森的功劳最大，分得的利润也要多一些，但五兄弟在人格与生意的权限上却是完全平等的，相互之间没有任何从属关系。对于内森在利润方面的“多吃多占”，其他四兄弟向来没有什么怨言，因为那是他应得的。但是日益表现出来的傲慢态度却让其他四兄弟越来越难以接受。

比如，在所罗门的眼里，内森的脾气越来越富有攻击性，开始经常性地指责自己的兄弟，而且在他的强势之下，家族业务的核心也开始逐渐向英国偏移，这使得兄弟几个时常感觉到，在强势的内森面前，自己好像已经从合伙人降格成了代理人。因此，所罗门才会半开玩笑地说出这样一番话：“在家族里面，内森就是发号施令的司令，我们几个则是他手下的将军，资金是我们的士兵，只要元帅一声令下，将军们就必须在第一时间将士兵准备好。”

内森常常被人比作“金融界的拿破仑”，但实际上在家族内部，他所扮演的角色也和拿破仑差不多。客观来看，内森和拿破仑之间确实有不少相似的地方，比如他们都有超乎常人的驾驭风险的能力，而且都难以容忍无能的部下。

我们不妨来看看内森是如何对他的兄弟们“作威作福”的。1814 年 6 月，此时的罗斯柴尔德家族正在忙于处理为参加反法同盟的国家支付补贴款，内森在伦敦脱不开身，詹姆斯独木难支。于是内森便写了一封信给自己的二哥所罗门，让他去阿姆斯特丹协助詹姆斯。在这封信中，此时正志得意满的内森所使用的完全就是命令的语气，而且用极其刻薄的语言抨击了留在法兰克福的另外两个兄弟："我不得不说，现在阿姆谢尔和卡尔成了我心中的不安定因素。我想，你永远也想不到他们给我写的信有多么蠢，他们像疯了一样朝我要钱，就好像我是铸币厂的场主一样。更过分的是，阿姆谢尔竟然直接写信给詹姆斯，似乎觉得詹姆斯不需要我的指导就可以独自处理生意一样。老天爷做证，我之所以这样说话都是被他们给气的。"

内森的这番话无疑会让原本已经出现了裂痕的兄弟情义雪上加霜，从小性格就比较内向的卡尔直接被气病了。内森的傲慢无礼就连他一直信任的心腹戴维森都看不过去了，戴维森不得不鼓起勇气对这个越来越刚愎自用的上司提出忠告，因为在他看来，如果内森再不收敛，他的兄弟很快便会"到另一个世界去了"。

每一个人都在向内森表达自己的愤怒，其中所罗门的话最为直接也最不客气："我实在不敢相信这是我认识的那个内森·罗斯柴尔德。我想，任何一个有理智的人都不可能认为其他四个兄弟全都是愚蠢的学童，而只有自己是唯一睿智的人。但事实是，我们既不是蠢蛋，也肯定没有喝醉。而且，我们有些地方比伦敦做得更好，我们的每一笔账目都清晰有序。内森的话实在是太伤人，他的每一封信都是我的噩梦。如果我的眼泪是黑色的，那么我想我会写一封很长的信，因为我已经不再需要墨水了。一个人不能这样给他的家人、兄弟和合伙人写信！"

人有时候会进入一种走火入魔的状态，任何理智的劝谏在他那里都会成为耳旁风。内森当时就处在这种状态当中，几位兄弟对他的傲慢无礼提出抗议，但换来的却是他更加强硬的威胁，他甚至放出了想要解散家族生意的狠话！他在写给法兰克福本部的信中说："我知道你们对我不满，但事实上，我本人也早就对现在这种周期冗长的生意感到厌烦了，如果我在几年前就跳出来单干，早已经取得了比现在更好的成果。所以，我的建议是所罗门可以先暂停在巴黎的业务，然后带着那里的账本到伦敦来。如果他这样做，我也会让戴维森带着阿姆斯特丹的账目过来，这样我们就可以把所有的账目结个清楚。说实在的，我已经厌烦了合伙人制度，我知道你们全都非常聪明，所以我想，这是让我们5个人可以和平共处的最好办法。”

换了是其他人，恐怕兄弟之间就再也没有什么话好说，只剩下分家一途了。然而就在此时，老梅耶对几兄弟一直以来的教诲产生了作用，再加上母亲居特林也站出来发话，使得事情最终产生了一个令人瞠目结舌的结果——内森在此后正式确立了自己的统帅地位，只要他对其他兄弟保有足够的尊重，那么其他四兄弟也不会再轻易挑战他的权威。

就这样，一度闹得很僵的罗斯柴尔德兄弟最终冷静了下来，并重新团结一致。所罗门也理智地接受了内森的统帅地位：“现在，我会服从内森的指挥，他是司令，负责发号施令，而我作为陆军元帅也有我自己的职责。虽然他曾经粗暴地对待我们，但那不是真正的他，而且就算我再愤怒，内心深处的理智也会告诉我：‘他是我们兄弟当中最优秀的那个。’也许他现在还不能算是一个好司令，因为一个好司令应该掌控大局而不是总想着往前冲。无论如何，我们恢复了和平，我们仍是兄弟。”

正如所罗门的话中所表达的那样，他平静地接受了内森的统帅地位，然后不声不响地把自己定位成了一个时刻保持冷静的顾问的角色，作为内森的哥哥，他觉得他有义务在内森过于激进时提出自己的谏言，拉住这匹脱缰的野马。

在这次风波当中受伤最深的卡尔也同样接受了内森的统帅地位，

他和所罗门可能并不喜欢阿姆斯特丹，但是如果内森让他们待在那里的话，他们便会照做，因为那是他们的工作和职责。

在所罗门眼里，内森另一个令人不满的地方就是他太过于重视生意，而显得人情味比较缺乏。有一个典型的事件可以印证这一点。就在吵架风波刚刚平息后不久，身在巴黎的所罗门向内森请假回法兰克福，理由是要出席儿子安塞尔姆的受洗仪式，并且顺便看望一下自己的母亲和妻子。内森毫不犹豫地拒绝了他的请求，因为在内森看来，巴黎的生意要比安塞尔姆的受洗仪式重要得多。被拒绝的所罗门并没有放弃，坚持要求回家。最终，兄弟两个达成协议，所罗门只能在法兰克福逗留一天便要立刻返回，而且这一天的探亲时间里，他还要帮助整理那里的账目。

这就不难理解为什么所罗门总是会说出一些抱怨的话了。他曾经在写给内森的信中说："你所有的来信都是谈生意，你要求我做什么，我都会一一照做，你认为哪里的业务需要我，我就会去哪里。所以，看在我如此忠实地为你服务的情分上帮我一个忙，不要再给我寄这些让人不快的信件了。在巴黎的小旅馆的昏暗的烛光下读自己兄弟写来的信，读完信之后不是满心欢喜地上床睡觉，而是极度沮丧，辗转反侧难以入眠。这就是我每次收到你的信之后的状态。你还记得我们小时候的欢乐时光吗？而现在，快乐这种情绪早已经离我远去。"

虽然留下了不少抱怨和一丝不甘，但罗斯柴尔德兄弟的关系却就此稳定了下来，并且在之后的十几年中再也没有发生过剧烈的争吵。

罗斯柴尔德五兄弟另一次大的分歧发生在"七月革命"之后。这一次出现的是生意上的分歧，而且并没有严重到要散伙的程度。当时，在革命中失势的西班牙国王费迪南德七世失去了法国政府的援助。费迪南德七世去世后，由于他没有男性继承人，于是一场漫长而激烈的皇位之争拉开了序幕，克里斯蒂娜皇后和费迪南德七世的弟弟卡洛斯两派势力展开了一场激烈的争夺，甚至整个欧洲都卷入了这场争斗之中。为了获取军力和资金作为后盾，克里斯蒂娜皇后和卡洛斯双方都向罗斯柴尔德家族请求援助，使罗斯柴尔德家族陷入了两难境地，因为他们的商业活动涉及东欧和西欧的各个国家，他们跟两个阵营都有业务和利益关系，得罪哪边都会有损失。

罗斯柴尔德五兄弟在对于西班牙王室的皇位之争这件事情上，有着两种观点：詹姆斯不想插手，原因是不想惹怒法国国王路易·菲利普，阿姆谢尔、所罗门和卡尔也都赞成不要插手西班牙的这件事情。内森却有不一样的态度，他希望接受西班牙的贷款请求，这与英国政府积极干预的态度一致。

其实，几个人都是从利益来考虑，内森想的除了要与英国政府保持一致之外，还看到另一个利益：开拓海外收购矿产资源事业，那时，内森非常看好水银矿的开发。作为一种稀缺资源，水银在欧洲大陆上仅有两处产地：一处是奥地利的伊德里亚，另一处就是西班牙的阿尔马登。内森想以经济援助为筹码，取得阿尔马登水银矿的经营权。于是双方爆发了争执，最后还是内森力排众议，坚持接受了西班牙的贷款请求。

下一步就是拿下阿尔马登水银矿的开采权。在西班牙政府决定公开拍卖阿尔马登水银矿的开采权的时候，内森做了一系列的公关动作，首先让儿子莱昂内尔捎话给西班牙财政部高层，说愿意向其提供1500万法郎的低息贷款，这样大的诱惑是深陷窘境的西班牙王室难以拒绝的。其次是对相关政要的争取，内森为此也花费了不少银子，单是送给皇后的那笔钱据称就有50万法郎之多。

结果当然就是罗斯柴尔德家族中标，控制了阿尔马登水银矿就相当于垄断了欧洲的水银的供给。内森将成本仅有每英担 55 比索的水银以每英担 76 比索甚至更高的价格在伦敦市场上出售，另外再加上内森在拿到开采权后，想方设法地提高了产出，在这一笔生意中，罗斯柴尔德家族获利巨大。

不过贷款业务就没有这么好运了，由于西班牙政府连绵不断的内战，财政状况急转直下，贷款不仅还不上，还不得不再次伸手向巴黎罗斯柴尔德家族请求新的贷款。詹姆斯当然不会答应。其他的四兄弟一开始就不赞成借钱给西班牙，此时更是忧心忡忡，纷纷抱怨内森不该一意孤行，插手去管西班牙这个烂摊子，现在搞得连贷款都可能收不回来。

费尽一番周折之后，罗斯柴尔德家族收回了一部分贷款的现金，对于其余部分，西班牙政府实在无力支付，只好用信用极低的阿杜安债券来抵债。与西班牙政府的这番不愉快的交易闹得整个家族鸡犬不宁。为了摆平这桩危机四伏的生意，在内森的领导下，罗斯柴尔德五兄弟迅速展开了对西班牙政府的报复计划。

他们投入了 180 万英镑巨资悄悄吃进西班牙公债。债券价格很快就开始下滑，从 70 比索一路跌至 37 比索，交易所里一片惊慌，然而没有人想到这只不过是罗斯柴尔德家族的报复行动而已。数以千计的西班牙公债持有者失去了三分之二以上的财产，而罗斯柴尔德兄弟们赚的钱远远超过了当初被勒索去的钱。再加上在阿尔马登水银矿的利润，经过这么一番平衡，大家之前对于内森的一意孤行而产生的怒火也就逐渐平息了。

现在，有必要就其他四兄弟对内森的态度作一个总结了。

首先是大哥阿姆谢尔。阿姆谢尔确有长兄风范，他是罗斯柴尔德兄弟当中最大度能容的一个。与此同时，阿姆谢尔也是五兄弟中最谨慎、最与世无争的一个。他特别希望过那种平静的、隐士一样的生活，他并不像内森那样时刻想要征服他人。当然，在父亲梅耶逝世之后，阿姆谢尔作为这个当时最著名的财富家族当中最年长的男性成员是有自己的责任的。因此，他的理想就是安安静静地工作，安安静静地生活，并且让整个家族始终保持在正确的轨道上。

按理说，阿姆谢尔这样恬静的性格与内森那种拿破仑式的火暴性格是如此的格格不入，但他与内森发生争执的次数却是几兄弟中最少的。也许，这正是阿姆谢尔最大的过人之处吧。

与阿姆谢尔性格类似的是排行第四的卡尔，他也同样没有过大的野心，他所掌管的那不勒斯分行也是罗斯柴尔德银行当中实力最弱的一家。卡尔也没有阿姆谢尔那样的恢宏气度，在一封写给大哥阿姆谢尔的信中，卡尔曾如此消沉地表示："我想，我也许会在生意上拖你们的后腿，我只希望能有一间小小的房子，能够有衣服穿，有面包吃。我并不想飞上天。"

卡尔对于内森的感情介于恐惧与敬佩之间，他明白自己没有内森那样纵横捭阖的能力，他会被内森尖刻的指责气得一病不起，但同时，他也会时常在背后发发牢骚，数落数落内森的不是。

在此前的一系列事件中我们可以看出，所罗门拥有对内森的意见提出疑问的信心和智慧，但同时，他也拥有一颗细腻的心。所罗门足够聪明，但从事业的角度上来讲，他的细腻也许正是他和内森之间最大的差距，他做事太容易瞻前顾后，以至于他不能够像内森那样一往无前地取得一场又一场的胜利。如果将所罗门与内森的位置互换，他肯定没有魄力去接下给威灵顿送钱的任务，那么罗斯柴尔德家族也就会是另一番模样了。

所罗门这种多谋而不善断的性格决定了他更适合扮演参谋的角色，而他与内森之间，也恰恰是这样的关系。与此同时，由于所罗门的冷静和大局观，在兄弟之间有了分歧的时候，他反而会更倾向于站在内森一边，因为他总是能够清醒地认识到，内森才是他们兄弟当中最出色的。

罗斯柴尔德家族的合伙人制度之所以没有演变成内森一家独大的独裁制，幼弟詹姆斯绝对功不可没。詹姆斯是几兄弟当中最愿意与内森唱反调的那一个。事实上，在其他四兄弟里，詹姆斯是最像内森，才华也最接近内森的一个。他与内森一样聪明，脾气也类似，实际上，很多人都认为，如果将詹姆斯和内森的年龄调换一下，那么成为“金融拿破仑”的就会是他而不是内森了。

因此，即便承认了内森的领导地位，詹姆斯对他的态度也并不是特别恭敬，与其他三个兄弟不同，詹姆斯并没有特别深刻地意识到“内森比我强得多”。

最后，不论他们争吵得多厉害，兄弟几个仍是相互间最信任的人。说到底，他们之间有着兄弟情谊的深厚纽带，它发源于犹太街，也是其他任何关系所难以替代的。正是这种感情的纽带使得五兄弟之间无论距离多么遥远，无论在信中争吵过多少次，最终都能重新回到互相信任、互相帮助的轨道上来。

07. 领头人

在合伙人制度的基础之上，还有一个相当重要的问题，那就是家族的权力传承。众所周知，在创始人梅耶还在世的时候，罗斯柴尔德家族的领头人是这位老父亲。而在梅耶于1812年过世之后，老三内森则成了家族的领头人。

然而，内森于1836年莱昂内尔的婚礼之后不久去世，这个庞大财富家族的领导权传给了谁？传统的假设一直是，五兄弟中最小的詹姆斯立刻继承了内森的衣钵。这也是他朋友海涅的观点。海涅在内森去世后不久写道："自从他杰出的哥哥去世后，罗斯柴尔德家族的所有政治影响力全部集中到了詹姆斯手里。"由于詹姆斯和海涅的巨大影响力，当时有如此之多的巴黎人认定詹姆斯是内森的继承人，一点也不令人奇怪。

但事实并非如此，詹姆斯在罗斯柴尔德家族内部是否也有他哥哥那样的权威，远没有那么清楚。在内森死后，毫无疑问他立刻试图将自己的权威施加到侄子们的头上。他在1836年新的利润分配时写给莱昂内尔以及他弟弟们的信中，以非常肯定的口吻说："我请求你们，我亲爱的侄子们，能够耐心地读我的信，因为我今天十分坦白，我非常希望按照我与你们过世的父亲合作的方式，继续与伦敦合作。不要让我被迫写言辞激烈的信，因为要管理好企业，只有在小生意上花费的注意力赶得上大生意上花费的精力才行。"

信的后半部分还指出了伦敦分行犯下的3个"罪过"。这些冲突在之后的10年里不时地出现，詹姆斯经常挂在嘴边的批评就是他的侄子们光顾着读信，而很少回他的信。

不久之后，詹姆斯写信给伦敦指出："你们爸爸在世的时候，他通常会以 2.5% 的利率给我们提供贴现票据，但现在优质票据在伦敦也已按照 3% 的利率贴现，其他银行在这方面会取得优势。因此你们如果希望能够与他们竞争并做生意的话，你们必须给我们提供同样的条件。"

可以看出，詹姆斯在写信给他在伦敦的侄子们的时候所用的口气更多的是商议而非命令，至少跟当年内森给詹姆斯写信的口气是完全不同的。这也从一个侧面反映了在 1836 年之后，詹姆斯并没有在家族内部起到像当年的内森一样的作用。

另一个比较有意思的细节是，就如詹姆斯抱怨贴现利率一样，欧洲大陆的罗斯柴尔德分行抱怨最多的就是伦敦分行忽视他们的利益；这与内森生前出现过的指责一模一样。实际上，从另一个角度说，这也证明内森的儿子们成功地捍卫了他们相对自治的地位，从而使得内森去世一年后仍然会出现类似的指责。

这种指责之后也一再出现。比如，1839 年 9 月，詹姆斯指责伦敦分行获取了西班牙生意一半的利润，但却让巴黎分行承担了所有的风险。他抱怨说："我认为唯一正确且合理的方式是，我们下一次的行动中，巴黎分行应该与伦敦分行承担同等的风险，两家银行的地位平等，不能有一家凌驾于另一家之上。因为只要一家发现这类不平等的行为，就会引发不信任的感觉，那么所有事情都会搞砸。这是绝对不能发生的事。"

一周后，他再次诉说了他的"冤屈"。"只要我活着，"他对内森尼尔说，"我绝不会支持我们当中的一家银行试图寻求对另一家的优势地位，或对另一家做不公正的事情。但是当你们看到一宗交易进展顺利时，你们就会说，‘我们把它留在这里’，而如果它进展得不顺利，你们就会把一些份额分给巴黎分行。我亲爱的内森尼尔，这种态度只会带来障碍，只会导致相互间的彼此指责。”

对于内森的四个儿子来说，他们经常感到被几个叔叔弄得火冒三丈。“我可以向你保证，要安排那些对钱如此敏感的人将是一个大麻烦。”安东尼向莱昂内尔抱怨说，当时他们的4个叔叔似乎对他的婚姻计划过于关注。“我可以保证，尽管卡尔叔叔是你的岳父，但是与这位先生越少接触越好。”阿姆谢尔经常通过修改他的遗嘱来对他的侄子们施加某种控制，则是另一个引起不满的根源。

与之前一样，老一辈的罗斯柴尔德成员试图阻止公司的离心倾向，他们所用的方法仍是呼吁空洞的兄弟“和谐”原则。“直到现在，我们的力量存在于哪里？”詹姆斯1839年责备道，当时他与侄子们再次发生了口角，“只存在于这样的想法里，即一个地方的人将给另一个地方的人提供支持。你们都十分了解，在我的心里，我们家族的繁荣比其他任何东西都要重要。”

1841年，阿姆谢尔对相互间的摩擦感到非常担忧，他给所有的兄弟和侄子发出了热切的呼吁，希望保持家族团结，这也让人想起当年梅耶·阿姆谢尔的做法。詹姆斯在随后一年也呼吁：“让我们再次平和、和睦地做生意，彼此间不要再争吵。如果我们能保持和平，就会给我们带来财富和祝福，你们和我们都不应该缺少平和。”

当几个合伙人（安塞尔姆、莱昂内尔以及梅耶·卡尔等人的加入使得第三代的力量逐渐壮大了起来）于1841年在巴黎碰面时，他们非常明智地决定维持1836年的协议不变。用内森的遗孀汉娜的话来说：“老一辈的几兄弟似乎对目前的情况很满意，要求不作任何改变。”但是，她又强调说，“每家分行的账房有自己的资金，它们应该各自独立，而且他们必须监控每家的收入，以便让有关各方获得平等的利益。老一辈成员的资金如此庞大，他们有更多的话语权。”

这也是她几个儿子的想法。两年后，莱昂内尔按照这个方向准确地修改了合伙协议。莱昂内尔和弟弟们正式从合伙资金的个人份额中取出了 340250 英镑，从而将他们的比例下调到与他叔伯们相等的水平，终结了内森一直是最大“股东”的情形。

在这件事上，莱昂内尔所放弃的比人们想象的还要多。因为他并没有修改 1836 年协议确定的利润分配方案，协议明确规定欧洲大陆分行只有 10% 的利润归伦敦分行所有。“我十分肯定，提及修改利润分配必然会带来更多不开心的纷争或讨论，”莱昂内尔向他的弟弟们报告说，“我也很肯定，我们不会从中得到任何东西，因此我才不会提利润分配更大份额的事。我为我们已经拥有的而感谢上帝，希望下一次我们碰面时能够分到同样多的钱。”

但是，莱昂内尔的目标主要是保持伦敦分行相对自治的地位。他真正的目的是要击败詹姆斯的提议。事实上，詹姆斯早在 30 年前便提出：五家分行的合伙协议应该被公开。

多亏了莱昂内尔，五家分行联系的准确情况一直隐藏在神秘之中，只有合伙人和他们的律师才了解其中的秘密。这种保密做法是罗斯柴尔德的一个传统；但似乎很容易合理地推断，莱昂内尔倾向于不再与其他四家分行保持过于紧密的联系。“为我们已经有的感谢上帝吧！”这是内森的儿子们最典型的想法。

实际上，对于事业态度方面的“代沟”是造成罗斯柴尔德家族英国分支和其他分支（尤其是法国）之间在 19 世纪 30 年代和 40 年代不和的一大原因。毫无疑问，此时的伦敦分行已经比内森时代的伦敦分行在财政上更为稳定，比如减少了债券市场的投机，更多地从事汇票承兑业务，等等。

“我们喜欢利润微薄的大量交易，持有非常大数量的股票，等待非常高的价格。”内森尼尔从巴黎写给兄弟们的信里说，这是他写到纸上的众多经商箴言的其中之一。由于被“流放”到海峡的对岸，他倾向于用国家特性的因素来解释伦敦分行与巴黎分行之间的差异。

尽管莱昂内尔与他的叔叔之间只相差了 16 岁，但他们对于生意的态度相差颇多。对詹姆斯和他的兄弟来说，仍然保持着法兰克福犹太聚居区带给他们的焦虑和不安全感。“无论什么时候我写信给你们，别人都会更留心发生了什么事，然后会去做更多的生意，但你们却立刻认为我们是要和你们吵架。”詹姆斯在 1845 年写给侄子们的信中有些感伤地说，“但是，我可以保证，我亲爱的侄子们，我丝毫没有那样的想法，只是我看到每个人都在竭力把我们挤出所有的交易时，我的心都碎了。即便墙上的石头都心怀妒忌，也成为我们的敌人。”

但是，即便没有态度上的差异，五个分行之间的摩擦可能也会越来越多，因为这是成功不可避免要付出的代价。到 19 世纪 30 年代中期，每家罗斯柴尔德分行都已经成为所在国家金融领域的主导力量。各个大国在 1830—1833 年的革命危机后，都开始意识到过多的贷款会给国家财政带来极其巨大的负面影响。

因此，除了 1835 年提供给西印度奴隶主的贷款之外，英国、法国和奥地利一直到 1839—1841 年才开始大量地借贷。但是，19 世纪 30 年代所经历的革命危机拉近了三家罗斯柴尔德分行以及它们所在国的关系。对于莱昂内尔和他的弟弟们来说，他们显然对英国有了某种程度上的认同感。

所罗门也是一样，受他与梅特涅紧密关系的影响，也日益倾向于优先考虑奥地利帝国的利益。即便是詹姆斯，尽管他极为蔑视路易 · 菲利普的大臣们，但也不能完全回避法国优先的考虑。如果欧洲的和平得以持续，罗斯柴尔德家族尚能左右逢源。但是当大国之间的利益发生冲突时，罗斯柴尔德家族也就越来越难以保持中立了。这种倾向在 1914 年爆发的第一次世界大战中到达了顶峰。

罗斯柴尔德家族对于各个大国资金需求减少的自然反应就是到别的地方寻找生意。但是，世界上几乎不存在欧洲列强没有踏足的地方，没有任何一个地方，列强们的利益能够完美地协调一致。西班牙、美洲、荷兰和比利时以及近东是当时最热门的四个投资区域，然而，要想在这里做成一笔符合罗斯柴尔德家族集体利益的生意绝对是一项挑战，因为当时这几个政府的国家利益正处在冲突的状态中。即便内森仍然在世，这也是项十分困难的任务，没有了他，则变成了近乎不可能完成的任务。

由此，关于内森之后谁是真正的家族领头人的问题也就呼之欲出了——从内森死后到家族第二代全部退出历史舞台之前，罗斯柴尔德家族并没有一个真正意义的领头人。剩下的四兄弟谁都不足以服众，第三代更加不可能有盖过叔伯们的影响力。这一现象造成的结果，便是罗斯柴尔德家族各分支间的摩擦越来越频繁，关系也变得相对疏远了。但无论如何，在老梅耶的遗嘱和家族传统的影响下，罗斯柴尔德家族从总体上来说仍是一个联系相当紧密的整体。

08. 信使

还记得所谓“英国公债之战”吗？在那些关于罗斯柴尔德家族的“神话传说”中，家族私有的通信网络总是扮演着相当重要的角色。比如，有传言说罗斯柴尔德家族掌握着全欧洲的秘密，他们所知道的奇怪和隐藏的事情只要说出来，会吓坏每一个听故事的人，而这些秘密，正是这个家族的成员们平日消遣的谈资。在现实当中，家族的私有通信网络确实是存在的，而且确实有其过人之处，但自然不会像传说当中那样神。

事实上，内森来到英国之后不久，罗斯柴尔德家族就开始着手建立自己的通信网络了，这样做的目的很简单，那就是保持内森与法兰克福之间的信息畅通。在接下来的一些年里，这个通信网络逐渐发展和完善，并且起到了越来越重要的作用。试想，如果没有可靠的通信系统，内森给威灵顿送钱，家族在海峡两岸利用汇率的差异来赚钱这样的生意又怎么可能做得成呢？

在这一阶段，家族的通信网络已经颇为高效，而且名声在外了。1817 年，法国政府曾经求助于詹姆斯，拜托他将一封外交信件用最快的速度从巴黎传递到伦敦，因此这些内容到达法国大使手上之前先到了内森的手里。在此之后，英国驻巴黎大使也开始依赖罗斯柴尔德家族的通信网络来传递信息了。

通信网络的高效率使得罗斯柴尔德兄弟在很多时候扮演着类似于记者一样的角色，他们总是消息灵通，总是先人一步知道欧洲各地所发生的大事件。比如，在 1820 年正是罗斯柴尔德家族将贝里公爵被刺事件先人一步传到了法兰克福和维也纳，与此同时，詹姆斯也是全巴黎第一个知道卡罗琳女王逝世的消息的人。法国政治家塔列朗曾说："詹姆斯男爵总是可以在官方渠道之前 10 到 12 个小时获得英国方面的消息，他们做得到这一点，因为搭乘罗斯柴尔德信使的马车没有其他乘客，而且随时出发。"

不过，虽然罗斯柴尔德家族的通信网络足够高效，但并不意味着他们无所不知无所不晓，因为这毕竟只是一套信息传递系统，而非谍报系统。所以，对于很多常人无法知道的隐秘消息，罗斯柴尔德家族也是无能为力的。比如说，1830 年法国突然爆发的七月革命就打了罗斯柴尔德家族一个措手不及，以至于让法国分行陷入了经济危机，家族费了九牛二虎之力才让法国分行在革命的风潮当中存活下来。

还有一个问题在于，并不是所有人都愿意无条件相信罗斯柴尔德家族的信息。同样还是 1830 年的七月革命，在革命爆发之后，罗斯柴尔德家族第一时间就把这一消息传递给了伦敦和此时正在波希米亚访问的奥地利首相梅特涅，但可惜的是，没有人相信这一消息，直到官方信息传来，他们不得不信为止。

快速且准确，这是罗斯柴尔德家族对于通信网络的最基本的要求，因为只有在所有人之前获得政治消息，他们才能赶在消息影响整个市场前买进或抛出证券，这是他们做证券和货币投机生意的基础。另外，在现代人看来，罗斯柴尔德兄弟都有"写信强迫症"，即便等候大臣甚至国王的召见时，他们也会在前厅草草地写一封信寄给其他兄弟，所以他们一直想方设法加快邮递速度。

为了加快信件的传递速度，罗斯柴尔德兄弟愿意尝试任何手段。首先被他们排除的是通过政府的邮政系统送信，因为使用这个渠道不会让他们的信息获得任何速度上的优势。与此同时，所有通过德国的邮政系统寄出的信件都需要接受奥地利秘密警察的检查。他们会打开每一封信件，如果发现似乎含有政治敏感信息或有用信息，就会把信件内容复制下来。罗斯柴尔德家族的信件当中有很多商业机密，这当然不能被外人知道。

所以，即便成本极高，罗斯柴尔德兄弟还是选择了雇用私人信使来传递信件，他们早在拿破仑战争时期就已经这样做了。雇用信使带来的问题也比较明显，如果信使使用过于频繁，运营成本便会上涨，但如果不这样做，重要的消息又会被延误。不过无论如何，信息才是最重要的，所以即便兄弟几个经常抱怨信使太贵，但还是会坚持使用这个方法。

不过好在，罗斯柴尔德兄弟实在是太能赚钱了，所以很快，他们就已经不再需要担心区区信使的成本问题了。而在当时，在那个消息仍然很闭塞的时代，没人能抵挡大量接收和发送信息带来的诱惑。这使得罗斯柴尔德兄弟甚至发信成瘾，每天要是不能发送和接收几条信息，他们便会坐立不安。因此，1827 年所罗门会因为无法找到一个愿意在圣诞夜从维也纳去斯特拉斯堡送信的人而勃然大怒也就毫不奇怪了。这些信使让他们提前进入了“信息时代”，他们再也无法重新忍受信息闭塞所带来的痛苦了。

另一件让罗斯柴尔德兄弟感到愤怒的事情在于，再优秀的信使也无法保证自己所要送的信件万无一失，至于时间，那就更加无法保证了。1833 年，詹姆斯有一次曾经连发了 1 小时的脾气，起因就是该到的信使没有到。1 小时之后，信使气喘吁吁地跑了进来，这才让詹姆斯把自己的注意力从发火转移到信件上去。

罗斯柴尔德家族也不是没想过用别的方法来代替信使。比如，

1824 年，他们开始尝试用信鸽送信。这个方法看起来很不错，但现实是，信鸽虽然速度较快，但丢失信件的可能性也比信使大得多。所以，一直到 19 世纪 40 年代，他们还是只肯用信鸽来定期传递一些并不是特别重要的信息。

最终，还是科技方面的进步为信息传递带来革命性的突破。19 世纪 30 年代中期之后，铁路、电报和蒸汽船的发展开辟了通信的新时代。在工业时代到来之后，信息的传递更加迅速了，但是，这也使得罗斯柴尔德家族在信息方面的优势丧失殆尽。詹姆斯曾经很无奈地写信向内森抱怨："我们在信息方面再也没有任何优势了，这里的人们消息都非常灵通，因此我没有任何机会做任何事。"

所以说，罗斯柴尔德家族的通信网络远没有人们传说的那么神，实际上他们只在 1815—1835 年这 20 年间拥有信息方面的优势。不过也正是在这 20 年间，他们已经成了当时全世界最强大的财富家族。

在那些年，罗斯柴尔德家族在欧洲各国的权贵们眼中的形象是相当好的，这不仅得益于家族为他们提供的私人银行服务，同样也得益于他们的信件邮递服务。在这些人眼中，罗斯柴尔德兄弟不仅是银行家，同样也是邮递员。

罗斯柴尔德家族帮贵人们送信的例子简直数不胜数。比如，在 1822 年，德 · 迪拉斯公爵夫人便曾经通过她"忠诚的罗斯柴尔德"将一封"重要的信件"送给了身在伦敦的法国作家夏多布里昂，至于信件的内容，除了公爵夫人和夏多布里昂之外，从没有第三个人知道。奥地利首相梅特涅也是"罗氏快递"的忠实拥护者，他曾经无数次委托所罗门帮他往伦敦送信，而且很明显，他信任罗斯柴尔德家族的信使远胜过自己的信使。

让罗斯柴尔德家族帮忙送信的人越来越多，并最终成了欧洲的王公贵族圈子当中的一件非常时髦的举动，在当时，一个大贵族要是没尝试过使用“罗氏快递”，在宫廷宴会上是要被人瞧不起的。

说到“罗氏快递”的老主顾，梅特涅无疑是其中比较大牌的一位。但另一位重要人物我们也不得不提，那就是英国女王维多利亚和她的丈夫阿尔贝特王子。维多利亚女王是英国最杰出的君主之一，在多年之后，她被全欧洲的人亲切地称为“老祖母”。当然，在1840年开始和罗斯柴尔德家族打交道的时候，她还只是个20岁刚出头的小姑娘呢。在这之后，维多利亚女王便成了罗斯柴尔德邮递服务最杰出最有权势的忠实客户。

事实上，自从阿尔贝特登陆英国开始，罗斯柴尔德家族的信使就成了他与欧洲大陆之间最主要的通信手段。然后，他把“罗氏快递”推荐给了自己的妻子，结果维多利亚女王就连出门订旅馆都要由罗斯柴尔德家族代劳了。

由此可见，在罗斯柴尔德家族飞速发展壮大的这段时间里，他们为欧洲上层社会提供了大量的独家新闻和信件传递方面的服务，这些服务虽然没什么利润，但却让他们迅速地融入了整个上流社会当中，成为这些王公贵族当中的一员。当然，罗斯柴尔德家族的通信系统最重要的职能还是让罗氏兄弟先人一步获取信息，让他们在金融市场上拥有更多的主动权。

09. 学徒合伙人

没有人可以否认罗斯柴尔德兄弟的聪明才智，但与此同时，我们也应该清楚地认识到，他们虽然是当时世界上最富有的一群人，但他们也只是活生生的人而已。他们很聪明，能力很强，但随着家族的生意越做越大，涉及的地域越来越广，五兄弟也会不可避免地出现分身乏术和精力不够用的状况。

在家族生意的起步阶段，除了内森常驻伦敦，阿姆谢尔常驻法兰克福之外，所罗门、卡尔和詹姆斯经常是生意做到哪里，他们就走到哪里，布鲁塞尔、布拉格、柏林、马德里这些城市都留下过他们的足迹。在这之后，五大分行建立，五兄弟常驻在 5 座城市，每家分行都有大量的日常事务需要他们来处理。但是在另外一些城市呢？在纽约、新奥尔良、哈瓦那、圣彼得堡这些地方，他们也有生意，但五兄弟是不可能随时跑到那里去的。

就这样，吸纳更多人加入合伙人的行列便被五兄弟提到了日程表当中。新合伙人的人选自然要从家族内部产生，所有不姓罗斯柴尔德的人都不可能被纳入考虑的范围之内。因此，除了一生无子的阿姆谢尔之外，所罗门、内森和卡尔的儿子们便成了天然的候选人，年纪最小的詹姆斯也在进行了一番抗争之后，为自己的儿子争取到了资格。

要想成为合伙人，自然也要经过一番历练才行。家族的第三代们首先需要在父亲的银行工作，然后离开家，到叔叔的银行里工作一段或几段时间。最后，家族会安排他们独自来到一座城市，接管这里的生意，如果能够将这里的生意打理得井井有条，便会得到整个家族的认可。

家族第三代中第一位加入合伙人行列的是所罗门的儿子安塞尔姆，他也是第三代当中年纪最大的。他在1825年正式获得了合伙人的身份，但是一直到1830年，五兄弟才对他的能力足够放心，并且把他派到柏林去参与一个相当敏感的谈判。

在临走之前，所罗门给了儿子最经典的罗斯柴尔德式的忠告："我想，你应该知道这一次自己肩上的担子有多么重，你是所有兄弟中第一个享有合伙人权利的人。无论是谁，都需要在工作中证明自己。不过你不要怕，做生意总是需要承受一些风险的，所以你只要多写信，多问，尽自己最大的努力工作，然后将事情的成败托付给上帝就好了。万能的主会给每一个勤奋的年轻人带来运气和祝福。"

没过多久，安塞尔姆就用自己的实际行动证明了自己是一个值得信任的合伙人，并且同时也在家族的雇员当中树立起了合伙人的权威。詹姆斯对安塞尔姆的表现非常满意，虽然他曾经批评过詹姆斯在七月革命之后的投资策略，但詹姆斯还是很高兴邀请他来巴黎协助自己工作。这是一种先见之明：在下一次更为严重的革命危机（1848年革命）横扫欧洲时，安塞尔姆在减少5家银行遭受的损失方面扮演了决定性的角色。

第二个进入合伙人圈子的是内森的长子莱昂内尔。莱昂内尔比安塞尔姆小5岁，但"加入生意"却只比安塞尔姆晚2年。1826年，在英国出生的莱昂内尔第一次离开了这个岛国，当时，内森带着他前往法兰克福与其他几个兄弟见了个面。在这次会面当中，莱昂内尔被任命为"中将"。内森是"元帅"，其他四兄弟是"上将"，这就是"中将"这个叫法的由来。

或许是年龄比较接近的原因，詹姆斯对安塞尔姆和莱昂内尔都非常照顾。就在莱昂内尔成为“中将”之后，詹姆斯写信鼓励他：“现在你是一个将军了，你会承担更重的责任，但是我相信以你的聪明才智，肯定能很好地处理这一切。”

3 年后，当詹姆斯苦于应对 1830 年革命带来的冲击时，他很热切地希望莱昂内尔能够来帮他，而且再也没有了高高在上的语气。詹姆斯给内森的信证明了这一点：“亲爱的内森，不知能否向你借用莱昂内尔一段时间？如果你能让莱昂内尔来这里帮我，我将会非常感激。你知道我这里发生了什么，我现在很不幸，生意很少，但两个人在一起还是可以互相照应，遇到事情也可以一起商量。如果你不方便派他来的话，那就请你另派一个儿子过来吧，我一定会把他们当作自己的儿子来看待的。不过我最需要的还是莱昂内尔，希望他不会对我这个叔叔有什么怨言才好。”

詹姆斯在给内森写信时，语气一向不甚恭敬，这也许是他措辞最谦卑的一次。然而即便如此，莱昂内尔还是没能踏上去巴黎的旅程，而是被派到了布鲁塞尔，这真的让詹姆斯感到非常失望。

莱昂内尔在生意方面的才能进步得非常迅速，到 1833 年，虽然还只是二十几岁的年纪，但人们在莱昂内尔身上已经看不到任何一丝稚嫩的痕迹，他一天到晚都忙于工作，成了一个“彻头彻尾的生意人”——他的姐姐便是这样形容他的。紧接着，1835 年，莱昂内尔在马德里很是做出了一番成绩，这也让家族中的所有人都对他刮目相看。就在第二年，在他和夏洛特的婚礼之后，他的父亲内森·罗斯柴尔德逝世，于是他顺理成章地成了父亲的继承者，成了罗斯柴尔德伦敦分行的掌门人。

这里有一个问题。为何内森和他的兄弟们有 12 个儿子，但他们却没有按照父亲的做法，至少让其中的一些孩子去新的国家，新的城市，建立新的分行？这个问题并不容易回答。事实上，五兄弟并非没有考虑过派家族的第三代在马德里或圣彼得堡设立新的分行，他们甚至还曾提出要派一个年轻的成员前往美国。但是，在大西洋彼岸开设“第六分行”的计划最终只停留在了计划阶段。

对于这个问题，最好的解释就是家族第三代的年轻人并不是每一个都拥有极高的商业天分。安塞尔姆很优秀，莱昂内尔可以用杰出来形容，梅耶·卡尔、阿道夫和阿尔方索也都很不错，但除了他们之外，其他人的才能并不足以独自撑起一家分行，更不要说开拓海外了。而这 5 个年轻人很早以前就被视为五兄弟的接班人，有他们接班足以让 5 家分行继续繁荣下去，这样一来，勉强开拓新的分行也就变成得不偿失的冒险行为了。另一个阻碍似乎是内森的妻子汉娜，她坚决反对将年轻的儿子派到国外去。于是，罗斯柴尔德家族继续开疆拓土的计划就这样被无限期地搁置了。

10. 不受信任的人

随着家族事业规模的扩大，五兄弟渐渐忙不过来，而家族中的第三代又不是每个人都足以担当大任，那么雇佣付薪的代理人似乎就成了唯一的选择。毕竟，事在人为，家规再严格，事却总是要有人来做的。

当然，就算在这之前，罗斯柴尔德家族也并非完全不雇佣工作人员。然而，当人们提起罗斯柴尔德家族的时候，每一个值得拿出来一说的人，无一例外都姓罗斯柴尔德，这是因为罗斯柴尔德家族倾向于将他们排除在决策行为之外。他们只需要像工蜂一样辛勤地工作就行了，而且待遇相当不错，至于其他更高层次的事务，那就不是他们这些外姓人所应该操心的了。

罗斯柴尔德家族对于雇员的态度是比较严苛的，我们很难否认这一点。一个最典型的例子是雅各布。1814 年，家族命令他押运一车黄金前往波兰首都华沙，结果半路上出了事故，雅各布在事故中摔断了腿。然而在事后，雅各布一点都看不出沮丧，甚至还有点高兴。至于原因，“弄伤腿总比弄丢黄金要好”——这是他这一辈子流传下来的唯一一句话。

作为一个跨国的金融家族，罗斯柴尔德家族自然还需要一些语言学家和会计师这样的技术型人才。不过，他们所从事的毕竟不是制造业，所以雇员的人数向来不多。举个例子，在 1818 年，法兰克福分行的工作人员有两个负责分账的会计，一个负责总账的会计，一个人负责管理息票，一个人管汇票，一个人管现金，一个人管客户联络，一个人翻译外文信件，还有一个负责处理国内事务。整个法兰克福分行一共就只有这 9 个专职雇员，对于他们可以用这么少的人管理如此庞大的财富，我们这些现代人实在有点无法想象，现代人就算有计算机帮忙，如此大规模的银行也不可能只有这么几个雇员。

在人少这方面，法兰克福分行还不是最夸张的，资金规模比法兰克福分行更大的巴黎分行，其人员规模反而还要更小一些。差不多同一时期，詹姆斯的银行里一共只有 8 个办事员，他自己倒是有一个门房，一个信使，两个仆人和一个车夫。所有这些人加起来，一年的工资也只有 3.4 万法郎，折合 1700 英镑左右，相比于银行的巨大利润，这些薪水实在连零头的零头都算不上。

人员越少，罗斯柴尔德家族在雇员的选择方面就越严格，一般来说，他们会选择从与本家族有关系的家族中招募可用的人才。在罗斯柴尔德家族的眼中，这样的人相对来说要更加可信一些。有些家族几乎是全家都在为罗斯柴尔德家族工作，比如戈尔德施密特家族。莫里茨·戈尔德施密特在维也纳担任所罗门的首席秘书，他跟随所罗门多年，与他一起从法兰克福来到维也纳。他的儿子尤利乌斯、雅各布和亚历山大分别在维也纳、法兰克福和巴黎工作。

戈尔德施密特是最受信任的家族之一，就连他们的亲属也被认为是值得信任的人选：莫里茨有一个外甥是伦敦分行的元老级雇员，另外还有两个外甥分别在阿姆斯特丹和马德里工作。

随着时间的推移，办事员的人数自然也就变得越来越多。到了 19 世纪 30 年代，伦敦的纽考特办公室的雇员人数已经增加到了三四十人，终于有了现在一家普通的私营公司的规模。但是，雇员人数的增多并不意味着雇员地位的上升。在罗斯柴尔德们的眼中，只有合伙人才是“同事”，他们与那些雇员的关系更像是贵族大家庭中的老爷与仆人。看看罗斯柴尔德们在提到雇员时的口气吧：“又有两笔贷款谈成了，我想办事员们也应该从中得到些好处，我们可以多给他们发一些圣诞节的赏钱。”赏钱而非薪水，仆人而非同事，这就是罗斯柴尔德家族的雇员们的处境。

事实上，罗斯柴尔德家族用这样的态度去对待那些雇员，虽然使得家族成员对于生意拥有绝对的掌控力，但也造成了很多问题。比如，罗斯柴尔德家族向来不会让家族以外的人参与决策，这也让雇员们产生了惰性，他们不需要有任何主观能动性，只需要像机器一样无条件执行命令就可以了。

雇员的低能化让家族成员身上的担子进一步加重。1836 年，内森在法兰克福病重，他的儿子们都要赶去见他最后一面，但是整个纽考特竟然找不出任何一个可以暂时负担起掌管银行责任的人。这样的窘境也直接导致了第六家罗斯柴尔德分行的难产，家族当中的很多年轻人都难当大任，而在雇员当中也没有能够承担起责任的人。要知道，要想在马德里、圣彼得堡这样的地方做出一番事业来，那里的人必须要试着自己作决策，以当时的通信状况，就算罗斯柴尔德家族的信使再能干，合伙人们也不可能作到完全遥控指挥。

更加过分的是，就算是已经将雇员们变成了执行命令的机器，罗斯柴尔德们仍然在怀疑自己的下属是否足够忠诚，而且一再抱怨他们的无礼和无能。这一切，或许都是当年的利布曼事件和后来的卡朋特事件所造成的影响的延续，这些不忠诚的雇员在他们的罗斯柴尔德雇主的心里留下了难以抹去的阴影。

罗斯柴尔德的雇员不好当，越是地位高的雇员，处境就越艰难，越容易成为罗斯柴尔德们怀疑的对象。比如他们在圣彼得堡的代理人加塞尔。詹姆斯也许是对加塞尔最为不满的那个人，他曾经写信给内森说："你知道我们要运一大批白银到俄国去，然而我们'能干的'加塞尔好像对我们的生意毫无兴趣。如果换成是另外一个人，当他得知自己将会收到这批白银的时候，肯定会立刻回复说：'我会给你汇款。'但是加塞尔不但在信中只字不提汇款的事，还询问我是否愿意与他建立一个为期 3 个月的联合账户，这样他才会有更多的勇气去运作生意。我想，我们是时候派一个家族成员到那里去了，因为只有家族成员才会对家族绝对忠诚。感谢上帝，你的儿子们就快要成人了，这真是个好消息。"

一年之后，詹姆斯对加塞尔的态度已经从怀疑变成了赤裸裸的辱骂，他写信给内森说："无论在什么情况下，哪怕你只写一个字给加塞尔，那条呆板的狗也一定会给你带来伤害。我知道他，他的心里全都是想方设法将我们的钱据为己有的念头。”

罗斯柴尔德家族的地位最高也最受信任的雇员是丹尼尔·威斯维勒，威斯维勒驻扎在马德里为罗斯柴尔德家族做事。但即便是威斯维勒也同样要忍受怀疑，他们甚至一直在考虑要换掉他。1843年，安塞尔姆在一封写给莱昂内尔的信中就是这么说的：“我已经受够了威斯维勒这个人，他把自己看得太重要了。我想，家族当中必须有一个人要前往马德里了，或许是我父亲，或许是我们当中的一个。如果在家族中实在找不出合适的人选，那么我想，兰多会是一个不错的选择，他会很快熟悉马德里的环境，而且最重要的是他出身于一个值得尊敬的家族，因此绝不会表现出如此荒谬的自傲。威斯维勒太骄傲了，终有一天他会骑到我们的脖子上去。”

事实上，家族成员们也只是说说罢了，这些威胁对威斯维勒来说毫无作用。威斯维勒或许确实有些骄傲，但他的骄傲并不是没有资本的，他已经凭借自己的努力让自己变得不可或缺。罗斯柴尔德家族真的派家族成员到马德里去了，但那只是因为威斯维勒要暂时离开几个月去结婚。他们派去的是莱昂内尔的弟弟梅耶，但几乎没有任何人看好他能取代威斯维勒的位置。莱昂内尔的另一个弟弟内森尼尔对此直言不讳：“威斯维勒的离开会让梅耶得到尽情施展自己才华的空间，他也许能暂时把那里变成他的地盘，但只要威斯维勒一回来，梅耶就会立刻感到难以找到合适的位置。毫无疑问，马德里是威斯维勒的，一直都是。”怀疑却又不得不依赖，这就是罗斯柴尔德家族在对待威斯维勒的时候的矛盾心情。

对于这些雇员，罗斯柴尔德们的疑心病实在是有些无可救药。他们始终对家族在美国的代理人哈瑙颇为不满，因为他们觉得哈瑙在做交易的时候总是过于草率。事实上，也只有罗斯柴尔德家族能够从一个“将大部分注意力倾注到为我们寻找生意的过程中”的代理人身上找到缺点。然而，就算是哈瑙能够像他们所期望的那样小心谨慎，他们也会很快就转而批评他总是想要偷懒的。

11. 伙伴关系

因为罗斯柴尔德家族实在太过强势，根本没有人可以在生意方面跟他们平起平坐。因此在很长一段时间，人们总是难以将威斯维勒这样的付薪代理人跟那些和罗斯柴尔德家族有定期往来以及优先生意关系的伙伴银行有效地区分开来。

到 19 世纪 40 年代末，跟罗斯柴尔德家族有合作关系的银行已经多到数不清了，阿姆斯特丹、巴尔的摩、柏林、科隆、君士坦丁堡、佛罗伦萨、汉堡、米兰、奥代萨、罗马……几乎欧洲所有的大城市当中都有罗斯柴尔德家族的合作伙伴。

瓦尔堡和布雷克劳德是两家相当有名气的德国银行，他们跟罗斯柴尔德家族有合作关系，然而，很多人都错误地将他们看作罗斯柴尔德家族的下属机构，这两家银行的老板则被认为是罗斯柴尔德家族的付薪代理人。实际上，在 1848 年之前，这两家银行一直都是很不起眼的，然而自从跟罗斯柴尔德家族建立起联系之后（尽管联系只有那么一点点），他们的发展便像是被安上了火箭助推器一样快，瓦尔堡和布雷克劳德也很快就变得尽人皆知了。

瓦尔堡家族的大本营在汉堡，在汉堡，他们是一个相当有资历的金融家族。有资历不等于有实力，因此，瓦尔堡家族从 1814 年就开始游说罗斯柴尔德家族，希望能够代理罗斯柴尔德家族在汉堡的生意。游说之路漫长得令人绝望，直到19世纪30年代，他们才真正跟罗斯柴尔德家族建立了稳定的业务关系。

布雷克劳德银行的境遇也差不多。萨穆埃尔·布雷克劳德很早以前就试图取代门德尔松银行，成为罗斯柴尔德家族在柏林的首选代理人。布雷克劳德等的时间更久，一直到19世纪60年代萨穆埃尔·布雷克劳德去世之后，他的儿子格尔松才真正跟罗斯柴尔德家族建立起了联系。罗斯柴尔德家族选择布雷克劳德也是有自己的目的的，他们看重的是格尔松与俾斯麦之间的亲密关系，这样的关系可以为他们带来高质量的政治消息。可是，即便有求于布雷克劳德，罗斯柴尔德们还是打从心眼儿里瞧不起他们，詹姆斯就曾经蔑视地说："布雷克劳德？什么布雷克劳德？布雷克劳德得到的都是我给他的，我只要从我的利润面包上分给他一些渣渣，就足以让他们满意了。"也许，罗斯柴尔德家族在对待他们时的相似态度正是人们难以分清他们是雇员还是合作伙伴的一大原因。毕竟，很少有人会对自己的合作伙伴这样说话。

在当时，罗斯柴尔德家族跟这些小银行的合作是相当普遍的。在罗斯柴尔德家族的生意当中，他们主要参与大额债券发行，金银块的运输和汇率套利等交易，科隆的奥本海姆银行、伦敦的施罗德银行以及法国的波尔多银行等等都是其中的参与者。当然，在这些生意中，他们都只是跟班而已，他们为罗斯柴尔德家族出力，然后罗斯柴尔德家族会从自己的利润当中分出一点点给他们。

这些小银行自然不足以引起罗斯柴尔德家族更多的重视，他们只会在那些大银行身上花费更多时间。当然，他们会将那些实力强大到有可能会对他们构成威胁的银行视为竞争对手，但是在进行一些非常大的业务时，他们也会寻求合作。

事实上，在 1814 年之后的 10 年，也就是罗斯柴尔德家族的实力突飞猛进的 10 年里，他们曾经将这些大银行视为眼中钉肉中刺，两者之间爆发了你死我活的竞争。但是在这之后，罗斯柴尔德家族逐渐意识到，这些银行的存在也是必要的，他们逐渐将这些对手看作自己生存的补充成分。当然，维持住自己的行业领袖地位是前提。

实际上，对于这种转变，我们可以理解为罗斯柴尔德在前 10 年里彻底击败并征服了这些大银行，而在这之后，他们已经是银行业的领袖，这些大银行则成了他们的臣民。与地位相伴的，永远都是责任，罗斯柴尔德家族在确立了领袖地位之后也确实扛起了维护银行系统的总体稳定的责任。此时的他们不再希望这些原本的竞争对手倒台，为了维持金融稳定，他们也愿意对陷入困境的银行伸出援手，比如在 1831 年和 1838 年，他们就两次拯救了危机中的拉斐特银行。

12. 媒体与交易商

法国的金融王者詹姆斯曾经在 1836 年对他的侄子们说过这样一番话：“当我们买进或卖出公债时，利润固然是主要的，但却不是最主要的。我们最应该做的是让那些交易商习惯于追随我们。要想做到这一点，我们需要在刚开始的时候牺牲一点利润。我亲爱的侄子们，我想你们一定知道捕鸟的时候要先撒些食物出去，我们现在所做的，也正是基于这个思路。”

事实上，很多研究罗斯柴尔德家族的历史的人都会忽视他们和交易商之间的关系。这其实并不能怪他们，因为这些关系实在是太隐秘了，他们之间的大多数交易都是口头达成的，并没有落实在信件和文字上，而留传下来的文字才是历史学家们研究历史的最主要工具。

但是在当时，交易商实际上是金融市场当中的“工蚁”，他们是不可或缺的一群人，罗斯柴尔德家族又怎么可能不去和他们打交道呢？要知道，当时的人们将内森称作“交易商的主人”并不是没有原因的。自从内森在伦敦的金融界崛起之后，他就成了那些交易商密切关注和绝对信任的对象，他们信任他也是合情合理的，因为他拥有超越常人的信息以及直觉。

在交易商们的眼中，跟着内森混就能吃到肉，而跟内森对着干不但连汤都喝不上，还会亏本。于是，内森的屁股后面时时刻刻都跟着一大群跟风者，只要他公开买进或卖出一只股票，这只股票立刻就会遭遇抛售或是抢购的狂潮。

内森当然不愿意看到这样的情况，这会打乱他的原有计划。因此，内森在很多时候都会使用一些误导的手段来避免连锁反应的发生。比如，如果他认为某只股票会上涨，那么他不会立刻买进这只股票，他会先偷偷地委托某个交易商以他的名义卖出一部分。他的另外一种迷惑手段是让一帮代理人卖出，另一帮人买进同样的股票，这样一来，那些跟风者就难以判断他的真实想法了。

其他兄弟身后同样也有跟风者存在，这也让罗氏五虎的其他几兄弟不胜其烦。在维也纳，所罗门的解决办法是将大多数股市业务托付给一个投机者，他会支付给这个人大量的薪水和佣金。在这之后，所罗门基本就不怎么露面了，这个他雇来的人会在每天一早就跟他碰头，然后两个人一起时会讨论当天的业务计划，计划订好之后就由这个人全权代替他进行操作。当这个投机者暴露了之后，所罗门就会终止与他的合作，另外再找一个代理人，这样一来，那些跟风者就搞不懂究竟谁才能代表所罗门的意愿了。

媒体也是罗斯柴尔德家族必须打交道的一群人。那个时候的媒体人基本可以和报社记者画上等号。罗斯柴尔德之所以要跟这些人打交道，一方面是为了从他们身上获得金融方面的信息（其实直到现在，媒体上所传递的很多金融信息也都是错误的），另一方面，报纸的金融版面也提供了一个额外的影响金融市场的机会，罗斯柴尔德家族迅速地抓住了这一点。

然而，与媒体打交道并不是一件令人愉快的事，至少在开始时是这样。事实上，当时的报社记者很多都是特别清高的文人，而罗斯柴尔德则是犹太人，那正是他们着力想要攻击的目标。想要操纵这些充满了敌意的人当然不是一件容易的事，但他们还是在缓慢地对一些报纸渗透着自己的影响力。

到 19 世纪 30 年代，他们已经可以在报纸上发他们想要的文章了。比如在 1832 年詹姆斯写给内森的一封信中曾经提到："昨天，有一份报纸登了不利于我们的文章，所以我们需要在另一份更大的报纸上做出回应，我现在有能力做到这一点。"

5 年后，詹姆斯已经逐渐爱上了这种感觉，他对侄子们说："我会安排报社方面发几篇文章，这有助于给马德里和伦敦留下好印象，我发现你们英国报纸经常跟随我们法国报纸的脚步。另外，我不得不说，可以随意操控公共舆论的感觉真的很好。"

到了 1839 年，詹姆斯对这种事已经是驾轻就熟，他半炫耀式地向侄子们保证："我保证，如果法国政府敢于反对我的铁路计划，那么所有的报纸都会站在政府的对立面上。"

内森比詹姆斯更早意识到了拉拢媒体的重要性，但他没有詹姆斯这么大的野心，也没有试图像詹姆斯一样控制所有的报纸，他所采取的策略是抓大放小。内森与当时最有影响力的英国报纸《泰晤士报》建立了相当持久的合作关系，这种关系让双方都受益良多。

他们之间的合作方式是，内森向报社提供他的兄弟从维也纳与巴黎传递过来的政治信息，而报社方面则负责在内森受到攻击的时候站出来帮他说话。

事实上，正是双方对于高速通信的共同兴趣让《泰晤士报》与罗斯柴尔德家族走到了一起，内森的去世也没能改变这一点，到19世纪30年代末，他们有效地分享了布洛涅与伦敦之间的信鸽邮递服务，而此时，内森已经离开这个世界3年之久了。双方共享的高速通信网络同时也让《泰晤士报》在新闻的获取方面占尽了优势，这也是《泰晤士报》能够直到今天仍然屹立不倒的原因之一。

第7章 美国的崛起

任何一个王朝既然有兴盛的那一天，也就一定会有走向衰落的那一日。19世纪末20世纪初，已经存在了一个世纪的罗斯柴尔德家族开始失去活性，虽然人口越来越多，但人才却逐渐凋零。伴随着美国的崛起，世界金融中心的转移，罗斯柴尔德家族内部却再也找不出一个能够像内森和詹姆斯那样拥有开拓精神的天才金融家，家族由此走上下坡路也就在所难免了。

01. 战略布局

毫无疑问，在 19 世纪欧洲是世界上最繁荣、最发达的地方。到了 19 世纪的最后一个十年，这个命题依然成立，只是领先的幅度被显著地缩小了。欧洲太拥挤了，拥挤到了已经没有再继续发展下去的空间。而相对来说，美洲则要“宽敞”得多，因此从 19 世纪的后半叶开始，从经济、科技到社会的方方面面，美国正在迈着大步飞快地赶上来。

1890 年，罗斯柴尔德家族在世界金融中心——伦敦，迎来了家族的最巅峰。它的目光早已不再局限于欧洲大陆，它的嗅觉也嗅到了远在大西洋彼岸的“猎物”。在美国进行了数十年的战略布局，潜伏已久的罗斯柴尔德家族此时正耐心地等待着一场更加诱人的大丰收。

当时，在大部分欧洲人看来，立国短暂的美国人仅仅是暴发户而已，还不能赢得欧洲人的信任，自然也不能将其视为很好的金融伙伴。当时欧洲的主流货币体系为金本位，美国由于政治动荡、社会不安、黄金储备紧缺等复杂的社会环境而采取黄金和白银双本位，而这显然偏离了世界的主流货币体系。

在美国人看来，金本位制是他们极度痛恨的英国人的东西，是犹太人精心策划的阴谋诡计。而在 19 世纪 90 年代有一幅漫画就很犀利地指出了这一点。漫画的标题是“英国章鱼：只吃黄金！”在标题下面的一幅世界地图中画了一只章鱼，它的触角从英国伸向了世界各个大洲。有关媒体报道称：罗斯柴尔德家族拥有高达 16 亿美元的黄金。这对当时的美国来说，的确是一个天文数字。

事实证明，罗斯柴尔德家族这只大章鱼的触角已经伸到了美国，而它所物色的一位最重要的代理人和合作伙伴就是金融家 J.P. 摩根，这位在 19 世纪末和 20 世纪初最具影响力和传奇色彩的美国金融家。

摩根银行的前身是英国乔治·皮博迪公司，之前并不太为人所知。乔治·皮博迪是美国巴尔的摩人，他在 1835 年的时候，开始闯荡伦敦的金融市场。

初入伦敦的皮博迪选准了金融行业，他很快就融入金融圈子开始介入承兑银行的生意。为人活络的乔治·皮博迪没多久就和一些商人混得很熟，拥有了丰富的人脉资源，顺利打入了英国的金融行业。不久，内森·罗斯柴尔德邀请乔治·皮博迪到他家做客。后来，乔治·皮博迪就成了罗斯柴尔德家族的秘密公关代理人。

其实，内森不但欣赏皮博迪的为人，也更看中他是美国人——让他做罗斯柴尔德家族的代理人，能够为以后开辟美国新大陆作好准备。另外，在欧洲，罗斯柴尔德家族虽然家财万贯，地位显赫，但依然有很多人痛恨、鄙视这个家族，不愿与他们来往。尤其在英国，势力强大的罗斯柴尔德家族总是被伦敦的贵族阶级所孤立。而乔治·皮博迪的加入，势必会让这个家族在公关方面有所突破。

在伦敦的时候，罗斯柴尔德家族给予了皮博迪很大的帮助和扶持，使他的公司得到了很好的发展，并很快就成为伦敦著名的社交中心。1870 年前后，皮博迪已经成为当时美国很有影响力的银行家。然而，皮博迪一生没有子嗣，没有人来继承他的家业。于是，他决定邀请年轻的 J.P. 摩根作为他的继承人。在 J.P. 摩根接管了皮博迪的全部生意后，其伦敦的公司改名为朱尼厄斯·摩根公司，而美国的分部则改名为 J.P. 摩根公司。

1869 年，J.P. 摩根抵达伦敦与罗斯柴尔德家族人员会面，此后，他完全继承了乔治·皮博迪的银行，并继续维持着与罗斯柴尔德家族的友好关系。更可贵的是，J.P. 摩根将两家的合作发展到了一个新的高度。

1880 年，J.P. 摩根开始借用强大的金融实力深入到铁路业，进行铁路行业的重组，并顺利成为美国铁路业的寡头。

1891 年 2 月 5 日，在英国，由罗斯柴尔德家族牵头和其他的银行家成立了一个秘密组织——“圆桌会议集团”。而在美国，由摩根家族牵头也建立了相似的组织。

在第一次世界大战以后，英国的“圆桌会议集团”改名为“皇家国际事务协会”，美国的则改名为“外交协会”，众所周知这两个协会为英美两国政府培养了许多重要的政府官员。

罗斯柴尔德家族除了在金融界和政界布局外，还将它的触角延伸至了产业界。而这次他们选择了同当时很有实力的洛克菲勒家族合作。至此，从产业到金融，再到政界，聪明的罗斯柴尔德家族通过半个多世纪的不懈努力，在这个代表世界政治经济未来的新兴大国已经基本完成布局。

02. 金元战争

1894 年，美国财政遭遇了黄金挤兑的危机。同年 10 月，财政赤字飙升，高达 1300 万美元，而黄金储备却下降到了 5200 万美元。到 1895 年 1 月，美国的财政情况急剧恶化，有 2600 万美元黄金外流，财政部提出 4500 万美元黄金用于偿付法币，而仅剩的 4000 万美元黄金，每天还以 200 万美元的速度流向境外。

说起这场危机，还要追溯到 1890 年阿根廷危机。当时，阿根廷金融危机导致了伦敦的巴林危机，严重挫伤了外国人对美元证券的积极性。而巴林危机的反冲击最终造成了 19 世纪 90 年代上半期的危机，使得美国的经济和金融局势每况愈下。

然而在此之前，美国就已经种下了金融危机的种子。1890 年 7 月，《谢尔曼白银收购法》通过。根据法案，财政部必须确保每月购入白银，并保证每年 5000 万美元的白银购入量。而这些白银必须以新的纸币，也就是 1890 年的美国中期国库券的形式进行支付。

根据财政部部长的命令，这种纸币也可以用黄金进行偿付。这也就意味着人们手中的纸币即使是以白银为标准发行的，仍然可以要求以黄金偿付。而这一点便为 1895 年的黄金兑付危机埋下了致命的祸根，加上国会随后批准了政府固定支出的巨额费用，使原本在维持收支平衡上就已经力不从心的财政部又即将面临大量金钱的流失。在这种情况下，以白银为标准发行纸币的持有者惊慌不已，他们向财政部要求用黄金兑现纸币。

而这个时候，聪明的欧洲人并不想吃亏，他们及早清算了手头上所有的美国证券，并且将本金利润兑换为本国货币，顺利地将黄金运回了自己的国家。

1891 年上半年，美国大量的黄金外流，致使美国黄金储备快速下降。显然，美国的黄金储备正在被挤兑。所幸的是，1891 年欧洲农业遭遇天灾，而美国粮食却大获丰收。如此一来，美国财政部才得到了宝贵的喘息机会。

1892 年，美国黄金挤兑风潮卷土重来，愈演愈烈。同年 5 月，财政部的黄金储备已经下降到了 1.14 亿美元，被迫停止使用黄金支付手段，国内外投资者开始对美国的货币体系持怀疑态度，市场上对黄金的需求量急剧增大。同时，纽约证券交易所上市的工业股——国立绳业公司破产。当时这只股票的持有率最高、交易活跃导致了证券市场的崩溃。对于美国财政来说，这无疑是雪上加霜。

不久，美国银行的清偿能力出现危机，公众疯狂提现，致使纽约货币市场几近瘫痪，上万家公司和上百家银行纷纷倒闭。1893 年美国政府陷入了极端的危机之中。

从 1893 年之后的三年里，美国的失业率非常严重，经济的萧条使失业的工人和平民对政府产生了极度的不满，起义和罢工此起彼伏，工会甚至一度控制了铁路系统，致使政府不得不频繁采取武装镇压。

美国政府的处境极为窘迫，财政部部长约翰·卡莱尔竭尽全力守住最后的黄金底线，他对纽约的各大银行施加强大的压力，要求他们购买政府公债。而各大银行并不情愿这样做，最终他们达成一致，但前提是，他们只出相当于政府债券一半价格的金币，而另一半用纸币购买。

尽管这一举措有些成效，财政部黄金储备也曾一度反弹，但是黄金流失的速度却变得更加迅猛。1895 年美国财政部、政府和国会已经到了走投无路的地步，而他们唯一的选择就是向欧洲银行家寻求帮助。

至此，罗斯柴尔德家族在美国正式登场。罗斯柴尔德家族人员建议美国在欧洲尝试发行债券，而经过一番磋商，卡莱尔与罗斯柴尔德家族人员初步达成一致。他们先与纽约摩根银行欧洲地区的分支机构 J.P. 摩根公司取得联系。然而 J.P. 摩根公司相关人员对这项美国事务存在异议，便提出让罗斯柴尔德家族在纽约的代表小奥格斯特·贝尔蒙特参与，与 J.P. 摩根公司共同处理这件事情。

但是，华盛顿的内阁成员坚决反对这件事情，因为在他们看来，这样做意味着美国政府将会被一群外国银行家所控制，所以他们绝不会同意任何有关发行公债的建议。

摩根闻讯对此很恼火，他致电伦敦的合伙人让他来美国与贝尔蒙特会合后，一起前来华盛顿。但在华盛顿，他们遭到了冷遇。克利夫兰总统没有会见他们。摩根更加愤慨，并称一定要见到总统才肯走。不久摩根就和总统及内阁成员进行了谈判。在谈判期间，面对胸有成竹的摩根和贝尔蒙特，克利夫兰总统和财政部部长毫无对策，频繁借用上厕所的时间来商讨计谋。

此时，一个噩耗传来：政府的黄金储备仅剩 900 万美元了，总统和财政部部长彻底绝望。政府的黄金储备马上就会消耗殆尽，显然美国政府已经没有其他选择，只能求助于摩根。

至此，罗斯柴尔德家族与摩根等待已久的机会终于到来。摩根提出了一个蓄谋已久的计划——建议由摩根银行和罗斯柴尔德家族牵头建立一个欧洲银团组织，这个组织负责承销美国财政部发行的 6500 万美元债券。而美国财政部可以获得 350 万盎司金币，其中有 150 万盎司的金币由欧洲提供。

具体而言，这个计划包含三个最为关键性的要素：首先，摩根—罗斯柴尔德银团建立后将控制美国黄金市场；其次，银团将自己的欧洲货币出借给那些在贸易和金融交易中，积欠欧洲人大量欠款的美国人，以此来抑制市场上对黄金的需求；最后，银团在这次承销交易中，会同纽约的各家银行一并建立起纽约与伦敦银行界的联盟关系，而这些银行在此次公债的发行中会扮演一些角色。

当这个交易的内幕曝光后，公众一片哗然，他们反对政府将国家利益出卖给外国银行家。然而，克利夫兰总统不为所动，因为在当时看来已经没有比这更好的办法。

交易达成后，1895 年的黄金挤兑危机很快便烟消云散。

由此，罗斯柴尔德家族越过大西洋，成功猎到了自己心仪已久的猎物，而且罗斯柴尔德家族和摩根家族实现了蓄谋已久的战略计划，同时美国也从此告别黄金和白银的双本位货币体系。1900 年美国出台法律彻底废止了银本位，白银阵营从此销声匿迹，美国逐渐向欧洲及世界主流货币体系的金本位靠拢。而当时，罗斯柴尔德家族已经成为全球范围内拥有黄金数量最多的家族，从而使其成功驾驭了一个新的黄金本位的新兴大国——凭借自己的强大实力控制了美国的黄金市场，间接操纵着美国货币的发行。欧洲和纽约的银行家们形成全球联盟，国际银行家首次以一个全球联盟性的金融垄断力量登上历史舞台。然而，对美国而言，财政部的权力和权威被极大地削弱，正一步步陷入丧失货币发行权的危险境地。

19 世纪末，美国国会、政府已经形同虚设，美国的国家权力正一步步被国际银行家所窃取，以罗斯柴尔德家族为代表的金融寡头们征服了美国，成为其真正的主人。

1899 年，以罗斯柴尔德家族为代表的国际银行家为庆祝这次伟大的胜利，在伦敦举行了国际银行家大会。会后，J.P. 摩根成为罗斯柴尔德家族在美国的首席代理人。自此，纽约的 J.P. 摩根公司、费城的佐格索公司、伦敦的格伦费尔公司、巴黎的摩根・哈杰斯・希公司以及德国和美国的沃伯格公司都与罗斯柴尔德家族建立了密切的联系。

由此可见，罗斯柴尔德家族总是远见卓识、深谋远虑。1900 年，美国取代英国的地位，成为世界第一大经济强国。

对于罗斯柴尔德家族而言，不可能仅仅满足于让美国财政部声名狼藉，因为它还有更长远的目标，即将英格兰银行模式——私有的中央银行复制到美国，进而彻底控制美国。

03. 安全的投资

进入 20 世纪后，第三代罗斯柴尔德家族的成员基本告别了金融生涯。1870 年，内森尼尔在伦敦去世；而维也纳的安塞尔姆和法兰克福的卡尔也都于 1874 年逝世；1879 年，安东尼和莱昂内尔去世；1905 年，巴黎的阿尔方索也离开了人世。而在这之前的 1901 年，罗斯柴尔德家族关闭了第二家罗斯柴尔德分行——法兰克福分行。

此时的罗斯柴尔德家族已经正式进入了贵族的行列，他们在欧洲的地位越来越高，毕竟在欧洲的犹太人中他们是与皇室最接近的家族。

正因为如此，罗斯柴尔德家族的后代开始摒弃父辈们的传统而出现了贵族一样的懒散和堕落。而罗斯柴尔德家族后人的这种傲慢、懒散与堕落无可避免地遭到了世人的指责和谩骂，而且第四代人在金融业务上的投入明显少了很多——他们通常过着悠闲、散漫的生活。

在伦敦，莱昂内尔的儿子纳蒂虽然很出色，但是他热衷于政治，缺乏数学、金融方面的天赋。

纳蒂天性直率，独断专行，对于投资，他更是小心谨慎。在他看来，不求做新的生意，安全投资才是最重要的。而他的小心谨慎几乎让英国罗斯柴尔德银行的商业活动处于停滞状态。有一次，纳蒂与巴林银行的董事长里夫斯托克一起用餐。里夫斯托克向纳蒂炫耀，声称巴林银行通过辅导几内亚酿酒厂上市大赚了一笔。而纳蒂说酒厂一开始是找罗斯柴尔德银行的，不过自己拒绝了这笔生意。里夫斯托克便问纳蒂有没有后悔，而纳蒂却表示，只有在自己拒绝生意的时候，他才不至于每天在担心和不安中度过。

英国的罗斯柴尔德银行的风险意识早已名扬金融界，1911 年纳蒂在一件事情上的高度谨慎使罗斯柴尔德家族躲过了一劫。当时，号称永不沉没的世界巨轮“泰坦尼克”号投入建造。这艘豪华游轮采用了当时先进的造船技术，几乎全欧洲的保险公司都争相为它提供保险。因为当时业界人士都认为这是一笔稳赚不赔的生意。世界第一的海险公司——伦敦劳埃德保险公司也参与其中。然而，罗斯柴尔德家族旗下的皇家太阳保险公司却拒绝承保。面对外界的疑问，纳蒂的说法是他认为世界上不可能有永不沉没的船。其实，他早已经请一流的船舶专家对“泰坦尼克”号的结构进行了研究。

后来，纳蒂将“泰坦尼克”号的安全隐患告知了其他罗斯柴尔德银行，以避与之相关的交易。而 1912 年 4 月，永不沉没的巨轮“泰坦尼克”号开启了它的处女航，结果却在大西洋沉没，致使 1500 多人葬身大西洋。

无疑，众多为其承保的保险公司因此遭受了巨大的损失，并伴随“泰坦尼克”号的沉没而消失，罗斯柴尔德家族也因此创造了另一个为人津津乐道的传奇。

纳蒂虽然在金融方面没有父亲的天赋，但却继承了父亲对政治的热爱。莱昂内尔直到去世也没能完成进入上议院的目标，但他为此所做的努力的确为罗斯柴尔德家族政治地位的提升奠定了基础。迪斯雷利任职首相期间，就已经基本消除了英国王室对罗斯柴尔德家族的偏见。后来，格莱德斯顿首相继任，又向女王提出封纳蒂为上议院议员的建议，并且得到了女王的同意。1885 年，纳蒂就职上议院议员，成为罗斯柴尔德家族的第一位勋爵，也是英国历史上第一位犹太终身贵族。

虽然罗斯柴尔德家族的政治地位在这一时期得到了明显的提高，然而同第二代的内森和詹姆斯相比，罗斯柴尔德家族成员在此时所拥有的财富却有了明显减少。

在 1915 年，去世的纳蒂 · 罗斯柴尔德留下了 250 万英镑的财富，这和其他的一些英国富豪不相上下。罗斯柴尔德家族成员的个人财富已经不再具有富可敌国的气势。然而，在第一次世界大战之前，罗斯柴尔德家族绝对是一支强大的金融力量。在伦敦，最大的私人银行还是罗斯柴尔德银行；在巴黎，罗斯柴尔德尽管不再占据统治地位，但依然是法国最大的银行之一。

尽管罗斯柴尔德家族开始出现衰落的迹象，但在纳蒂作为罗斯柴尔德家族领袖时期，这个家族仍然取得了一些耐人寻味的成绩。比如，对埃及苏伊士运河的投资。当时，面临破产的埃及政府，正在出售苏伊士运河的股份，英国政府绕过了英格兰银行，直接向罗斯柴尔德伦敦银行求助。伦敦罗斯柴尔德银行便向政府提供了 400 万英镑的贷款来购买股份。可见，罗斯柴尔德银行在英国还是很有威信的。

04. 又一次危机

20 世纪初，美国财政部的权威在经历了 1895 年的危机之后几近丧失，以罗斯柴尔德家族为代表的国际金融寡头成功操控了美国的黄金市场，然而，美国财政部在这时并没有丧失货币发行权。

1902 年，罗斯柴尔德家族派出身于银行世家的保罗 · 沃伯格和菲利克斯 · 沃伯格两兄弟移民美国，从法兰克福进驻美国的他们肩负着罗斯柴尔德家族的重要使命，那就是夺取美国的货币发行权。

保罗 · 沃伯格和菲利克斯 · 沃伯格都非常擅长银行业务，尤其是保罗在当时就被公认为顶尖金融高手。也正因如此，罗斯柴尔德家族非常欣赏保罗，于是其家族便将两兄弟调离欧洲战略联盟的沃伯格家族银行，派他们前往美国。而当时对罗斯柴尔德家族来说，在美国的战略计划已经是初战告捷，但仍然需要有人担负起战略攻坚的重任。所以，罗斯柴尔德家族安排保罗加盟在美国的“先头部队”——雅各布 · 谢夫的库恩雷波公司。

1903 年，罗斯柴尔德将英格兰的银行模式复制到美国的计划开始有了眉目。保罗将一份行动纲领交给雅各布 · 谢夫，紧接着文件被转交给纽约国家城市银行。总裁杰姆斯 · 斯蒂尔曼和纽约的银行家们都觉得保罗的构想太过于大胆而疯狂，但也不是没有实现的可能。而事实证明，这的确是一个无本万利的超级商业模式。

然而，在当时的美国，无论是政府还是国民对这些大银行家都十分警惕，加上这些纽约银行家的口碑很差，美国的工业界以及中小业主也并不喜欢同他们打交道。所以银行家们提出的关于私有中央银行的提案无人问津，而国会议员也都纷纷避而不答。显然，这样的政治氛围对于计划的实施十分不利，而银行家们为了扭转局面，也在酝酿着一场“偶然”的金融危机。

1907 年 1 月 6 日保罗的一篇名为《我们银行系统的缺点和需要》的文章被发表，他倡导实行中央银行制度。而雅各布随后的预言起到了推动作用——他声称，如果不采取措施整改银行系统，美国将面临一场巨大的金融危机。

而雅各布预言的这场金融危机将彻底震撼美国，尤其是信托投资公司，因为他们经营着许多银行不能经营的业务，从而让银行家们极为愤恨。

1907 年 10 月，金融危机爆发，纽约几乎一半的银行贷款都被信托投资公司当作抵押，抛向了高风险的股市和债券市场，以致整个金融市场完全陷入极度亢奋的状态。

然而不久，尼克伯克即将破产的小道消息在纽约的大街小巷传开，这个关于美国第三大信托公司破产的流言让市民惊慌不已，于是他们纷纷拥堵在信托公司门口等待提款，而银行在这时也要求信托公司立即还贷。在双重压力之下，无路可走的信托公司只好求救于股票市场。10 月 24 日，股市交易几乎陷入停盘状态。

此时，纽约证券交易所主席只能求助于摩根，而摩根也再一次扮演了救世主的角色。摩根随即召开了银行家会议，并很快筹足了钱。不久，纽约交易所里宣布了一个消息：借款利息以 10% 敞开供应。然而，人们知道这只能救一时之急，他们希望一个真正的解决方案尽快出台。

在这种情况下，罗斯柴尔德家族的计划很快就会实现。银行家们经过一番商讨，他们建议动用银行会员在纽约银行业清算中心的存款来增加流动性。这样，市场上增加了供给，银行就能够满足市民的提现需求，而市民也不会再疯狂提现。

恐慌结束了，美国金融再一次化险为夷。然而，资金来源于纽约的私人银行家们控制的清算中心，而不是美国国会或者财政部，这就意味着货币的发行权交到了以罗斯柴尔德家族为代表的金融寡头们的手中。

1907 年，美国中央银行的架空成为现实，罗斯柴尔德家族又一次大获全胜，而美国财政部则彻底丧失了货币发行权。

1913 年 12 月 23 日，美国国会立法批准建立央行，设立联邦储备体系，并且国会没有权力否决美联储决定的货币政策，而公众的监督更无从谈起，因为报纸已经被银行家们所控制。虽然美国曾经一度讲求民主与监督，而美联储却被置于美国人民、国会和政府的监督之上。

05. 成也战争，败也战争

罗斯柴尔德家族通过扶植摩根财团来牵制美国，并且希望凭借不断发展壮大的摩根财团，达到全面控制美国的目的。当时，罗斯柴尔德家族间接控制了花旗和摩根这两家名列美国第一、第二的国民银行，达到了家族的第一次顶峰。但是，罗斯柴尔德家族过分关注新大陆的开辟，大量的资金抽调导致罗斯柴尔德家族在欧洲大陆的控制力急速下降。而普鲁士的俾斯麦首相正是抓住了这个绝好时机，通过普法战争赔款，组建了德意志银行以及新的容克财团，新的金融集团在欧洲大陆上崛起。

第一次世界大战爆发后，由于战争的影响，罗斯柴尔德家族的影响力急剧下降。而此时美国四大家族：洛克菲勒家族、杜邦家族、摩根家族和梅隆家族则抓住了这一时机，在美国发起了反攻，力图摆脱罗斯柴尔德家族的控制。

美联储诞生后，美国以极其惨烈的方式，迅速地奔向世界唯一超级大国的目标。于是，人类历史上前所未有的世界战争劫难和金融经济大危机接踵而至。

第一次世界大战被丘吉尔称为"世界危机"，的确，这是人类有史以来最惨烈的一场战争。战后欧洲各国的财政状况极其萧条，庞大的债务总额让各国陷入步履维艰的境地，同盟国最后欠美国的债务累计高达 20 亿美元。

1914 年 6 月 28 日，欧洲正统王室哈布斯堡王朝的王储斐迪南大公在萨拉热窝遇刺身亡。这也成了第一次世界大战的导火索。

6 月 29 日至 7 月 23 日期间，纳蒂与法国的罗斯柴尔德家族成员曾多次通信，而对于奥地利的斐迪南大公在萨拉热窝被刺杀的事情并没有引起他们多大的关注。因为在他们看来，这不过是一次恐怖袭击。

然而，一场出人意料的战争却爆发了。

第一次世界大战之前，罗斯柴尔德家族通过平衡英格兰银行与法兰西银行，使得英法两国之间在金融方面不但没有冲突，而且联系十分紧密。

1906 年，美国发生了大规模的经济危机，并且很快波及欧洲大陆。深受其害的英国，经济和社会状况陷入极度的恐慌。11 月，英格兰银行不惜提高利率以稳定金融，但是情况并没有得到扭转。最终，在罗斯柴尔德家族的干预下，法兰西银行为英国提供了一笔黄金短期债务，英格兰银行的危机才得以缓解。然而，1907 年 8 月到 11 月，英国金融状况一度恶化，罗斯柴尔德家族和法兰西银行再度给予英国很大的帮助。而这种金融上的紧密联系也促成了后来两国在第一次世界大战中的结盟。

1907 年，英国联合俄国与法国结盟，成立了三国协约，而德国为对抗三国协约与奥地利结盟。自此，欧洲形成两大对立阵营。

随后，两大对立阵营不断进行大规模的扩军备战，导致各国政府都陷入了债务泥潭。一直到 1914 年，这种表面的和平还在继续，而各国政府却为此面临即将破产的威胁。由罗斯柴尔德家族建立的欧洲银行体系这时发挥了关键性的作用——他们向对立的两大阵营提供信贷，在相当长的时间里维系着这种军事对峙。

然而，此时欧洲的主要国家虽然拥有庞大的常备军以及充足的军事装备，但他们的经济状况也因此衰退。显然，他们已经无法承担巨额的战争费用。

毫无疑问，银行家们往往既是战争的制造者，又是问题的解决者。因为战争通常能够为他们带来巨大的利润，国际银行家们又怎么会错过这样一场世界级的战争呢？于是 1914 年 8 月 3 日，法国的罗斯柴尔德银行建议在美国的摩根尽快为法国组织一笔信贷以向美国购买物资。

在战争之初，美国政府对于这场欧洲各国之间的战争持中立态度。而银行家们却不能安于观望，他们主张对德宣战却遭到了政府的坚决反对。最终，在银行家的胁迫之下，威尔逊同意了他们提出的为协约国提供信贷用以购买美国物资的建议。很快，受银行家们的影响，原本中立的美国在参战问题上的立场开始动摇。

1914 年 11 月 16 日，美联储正式开始运作；12 月 16 日，摩根派他的亲信戴维森去英国商谈提供信贷的事情。戴维森与当时的首相赫伯特·阿斯奎斯进行了谈判，并于 1915 年 1 月 15 日达成了信贷协议。摩根银行为英国提供数额为 1000 万英镑的信贷，也由此获取了高额的利润。

战争进行得如火如荼，英国需要更多的钱来支持战事。于是，政府采取征收美国国债利息税的方法，从国民手中聚敛了大笔的美国债券，然后交给在美国的摩根公司。利用美国投资者对本国债券的高涨热情，摩根很快让这些美国债券变现，由此英国也顺利得到了一笔巨额的战争用款。但是很明显，这一举措对英国来说根本就是饮鸩止渴，因为在此之后，英美之间的债权关系发生了根本性的变化，英国在金融方面的优势已经一去不复返了。

战争让摩根等新兴财团赚得盆满钵满，然而在这场战争中，作为摩根财团幕后老板之一的罗斯柴尔德家族却遭受了前所未有的打击。1914 年，伦敦罗斯柴尔德银行损失了资本总额的 25%。然而与之相比，美国的崛起则更让罗斯柴尔德家族感到不安。因为美国正在以看得见的速度超越英国成为世界上的第一大国，这必然会导致金融力量的转移。

到了此时，罗斯柴尔德家族才发现他们当年没能在美国建立强大的分支机构是一个多么大的失策。比起在欧洲大陆上所拥有的金融霸主地位，罗斯柴尔德在华尔街的势力和影响力差之千里，而那里的金融王者便是他们曾经合作过的摩根财团。可以说，是罗斯柴尔德在战略决策上的失误一举养肥了 J.P. 摩根。

06. 超越

尽管有关罗斯柴尔德家族曾经兴旺发达的时间在1914年走到了尽头的说法有些夸张，但这种夸张其实也不算过分。起码有一点，战争最终摧毁了罗斯柴尔德维也纳银行与其在伦敦和巴黎的银行之间残存的最后一点联系。

更为严重的是，它斩断了罗斯柴尔德家族与德国银行，比如布雷希罗德银行、沃伯格以及贴现公司之间的联系。由它们与其他承兑银行共同资助的，而且在一个世纪以来很少出现问题的海外贸易忽然中断了，首先是因为主要金融市场上出现的突发性恐慌，随后是由于封锁和潜艇战，建立在金本位基础上的货币体系停止了运作，因为大多数主要的参战国暂停了它们的货币对金币的兑换，并且实行了汇率控制。罗斯柴尔德家族帮助建造的穿越西欧的铁路被用来向战场运送士兵。另外，四年杀戮的成本使欧洲的税务体系变得更加完备，这从战前的10年中可以清楚地看出来。第一次，罗斯柴尔德家族发现自己为自己的收入和继承缴纳了高额的税金。

1914年，在资本金上曾经一直位列第二名的英国米德兰银行首次超过罗斯柴尔德银行；到1918年，罗斯柴尔德又一次被赶超——克莱沃特冲到了罗斯柴尔德银行的前面。而这一时期，由于英国政府在战争上非常依赖于美国的信贷，于是J.P.摩根取代了罗斯柴尔德银行成了战争时期金融的核心，同时民主国家和民族国家的崛起，意味着银行家、直接的纳税人和债券持有人不会再像19世纪20年代那样在政治上出现资本轻易掌控国家的现象。

受战争的影响，在 20 世纪第二个十年里，罗斯柴尔德银行发行的债券和股票与第一个十年相比降低了 5%。

战后，罗斯柴尔德家族甚至不得不放弃自己的部分固定财产。在英国，霍尔顿以 11.2 万英镑卖给了英国皇家空军；阿斯顿·克林顿成了一家旅馆；加奈斯贝里变为了一处公园；1929 年，罗斯柴尔德在西区的第一处住宅被拆除；9 年之后，希莫尔区 1 号的阿尔弗雷德的豪宅为了寇仁大街的延长而遭到了同样的命运；皮卡迪 48 号在 1937 年终止了契约，里面的收藏品也遭到了拍卖。而在法国，罗斯柴尔德家族也不得不放弃了 3 处房产。

1918 年，伦敦的阿尔弗雷德的去世标志着罗斯柴尔德家族的第四代人全部离开他们曾经叱咤风云的金融舞台，而第四代中最重要的银行家纳蒂早在 1915 年就已逝世。尽管纳蒂是他那一代人中最杰出的代表，但是他并没有继承父亲莱昂内尔在金融方面让人称赞的天赋，继任的第五代罗斯柴尔德家族的成员们都极具艺术品位和科学修养，但在金融事务上几乎都没有多大的兴趣。

是战争让罗斯柴尔德家族崛起，同时也是战争使得这个家族失去了自己的金融霸主地位。而其间的差别，就在于第四代和第五代人并没有拥有在忧患中崛起的前两代人所养成的那种灵活和魄力。人才质量的下降使得罗斯柴尔德家族的投资策略更加趋向于保守，同样也是受制于家族内部缺乏人才，才使得家族选不出合适的人选前往美国建立自己的分部，开疆拓土。一百年前的“罗氏五虎”的传奇之所以为人津津乐道，就是因为那些人永远也回不来了。

07. 胜负已分

美国取代英国成为超级强国，因而英国的战争需要依赖美国的信贷，再加上罗斯柴尔德在美国势力的空缺，在第一次世界大战中，J.P. 摩根取代了罗斯柴尔德成了战争金融的核心。其实，早在罗斯柴尔德第四代的时候，在全球的金融行业中，美国的摩根家族就已经开始取代罗斯柴尔德家族在世界上的地位。第一次世界大战之后，在国家竞争力上，美国和英国胜负已分，与此同时，摩根家族和罗斯柴尔德家族也分出了胜负。

银行家们大规模地发售债券用以资助欧洲战争，而欧洲战争债券导致了美国的货币流通量剧减，致使美国政府开始大量增加国债。很快，巨额的美联储债券被注入流通领域，从而使美国货币紧缩的局面得以缓解。

在美联储将海量货币注入经济领域的同时，美国国债也因此而直线上升，从 1916 年到 1920 年，美国国债在美联储的快速运作下，呈现暴涨趋势。在战争中，银行家们收获了巨额的财富，而美国人民未来的纳税却被作为抵押。

1918 年 11 月 11 日，第一次世界大战以德国战败而告终。作为战败国，德国丧失了 13%的领土及所有的海外殖民地，承担了 300 多亿美元的战争赔款，而且其武装军备的数量及规模也受到了限制。而德国罗斯柴尔德家族和沃伯格家族银行也绝对不会为庞大的战争赔款买单。

第一次世界大战结束后，1918 年巴黎和会召开。巴黎和会不但云集了世界各国的政治家，在他们身后还有一群精明的银行家。美国总统威尔逊携首席金融顾问保罗·沃伯格、摩根和他的高级合伙人托马斯·莱蒙等重要人物来到巴黎；英国首相劳合·乔治则在罗斯柴尔德家族的嫡系子孙飞利浦·赛松爵士的陪同下前来；法国总理克莱蒙梭与杰洛波·罗斯柴尔德一同前来；保罗的大哥麦克斯·沃伯格则代表德国参加。

埃德蒙·罗斯柴尔德男爵作为东道主热情地接待了这些国际银行家。在大发战争横财之后，巴黎和会实际上是一场国际银行家们的狂欢节，而且这次会议彻底暴露了金融寡头们的真实面目——他们为扶持一个超级大国，获得超级货币霸权而不择手段。

第一次世界大战为美联储合法而高效的运作创造了有利的条件。在战争中，美国源源不断地向欧洲输送大量的武器装备；而作为交换，欧洲的黄金被源源不断地运往美国。美国通过向战争双方提供军事物资，使 GDP 不断增长。在欧洲的士兵和人民饱受战争摧残的时候，美国却从中受益匪浅，其黄金储备与日俱增。到战争结束时，美国已经成为 20 个国家的债主，美联储逐渐成为世界上最强大的中央银行。

经历了第一次世界大战之后，欧洲的老牌帝国元气大伤，货币格局支离破碎，然而它们并没有因此向美国俯首称臣，尤其是英国，他们竭尽全力恢复“金本位”，以恢复英镑在世界上的影响力。然而，这只是徒劳的努力，面对日渐强大的美国经济，英美经济实力已经不在同一水平线上了。

08. 大萧条

把华尔街的“黑色星期二”，也就是1929年10月24日作为大萧条开始的时间尽管有些牵强，但是大家通常都这样做。事实上，在这之前的整整一年中，欧洲就出现了很多经济活动下滑的迹象。从另一方面说，对美国股票市场前所未有的崩盘所带来的冲击效应怎么说都不为过，这次崩盘在短短的一个月之内将总值800亿美元的市值蒸发掉了300亿美元，而且使道琼斯工业指数从其1929年9月最高时的381点掉到了1932年5月最低的50点。

这种资产价格的紧缩导致美国资本大量流出欧洲，并且进一步导致了普遍性的货币紧缩，而各国中央银行和政府试图坚持黄金汇率的努力又让紧缩更趋恶化。解决的办法之一是提高利率；之二是缩减公共开支或者加税；之三是提高关税以减少进口。这些政策的主要结果是使失业率增加到一个无法想象的高度，因为公司解雇工人，投资人加速撤资清算，消费者捂紧钱袋，国际贸易也近乎中断。

对于罗斯柴尔德家族来说，大萧条的第一个大危机出现在巴西。由于商品价格在全球紧缩中下滑得更加厉害，巴西政府再次向罗斯柴尔德伦敦银行求助。拿着现在已经很熟悉的条件清单，斯蒂芬尼和佩林在1930年3月被派往里约热内卢，但是他们的谈判由于热图利奥·瓦加斯的政变而夭折。

这个政变是很多由大萧条引发的向独裁统治转变事例中的第一个。在1931年，英国财政部派遣奥托·尼梅耶爵士，期望能对新政权施加某种影响，使他采取一些稳定的措施。但是到9月，坏消息再度传来，瓦加斯决定停止对外债的偿付。

于是，英国代表只能试图通过谈判来重新达成某种新的偿付计划协议。在与外资债券持有人委员会举行了冗长的会议之后，1932 年 3 月瓦加斯与他们达成了一个协议，确保对历史最久而且担保条件最好的贷款优先对待。

然而，一直到了 1934 年，较为完整的巴西债务重组计划才与主要的外国银行，其中包括罗斯柴尔德银行、法国巴黎银行和狄龙・里德银行等安排完毕。通过发行新的债券，巴西政府有能力在 1932—1937 年每年偿付 600 万 ~800 万英镑。最后，一直拖到了 1962 年，巴西政府才将所有的英镑债券最终结清。

在智利，情况也基本类似，那里 1931 年新成立了智利芒硝公司，在由 N.M. 罗斯柴尔德、巴林、施罗德和摩根—格伦费尔联合发行价值 200 万英镑的债券基础上对芒硝产业进行合理化改造。这个计划注定不可能成功，因为出口在持续下滑。1933 年，智利芒硝公司开始进行破产清算，并宣布对债务进行延期偿付。债券持有人与新的智利芒硝与碘销售公司经过了长达 20 年旷日持久的谈判，才最终达成了协议。

对于罗斯柴尔德家族来说，这些来自海外的坏消息虽然令他们很难受，但并不伤筋动骨，因为最大的打击还是来自欧洲。

1931 年 5 月 11 日，奥地利信贷银行的官员向奥地利政府提交了 1930 年的年度资产负债表，按计划这份资料将在几天之后公布。该表显示银行亏损 1.4 亿先令 (大约 400 万英镑)，而其实收资本是 1.25 亿先令。就算这份资产负债表与中央政府全部支出一样大，这些也都是非常可怕的数字；而且，由于这些数据已经是 4 个月前的了，实际的亏损有可能接近 1.6 亿先令。

按照奥地利法律，一家银行的亏损超过其资本的一半就必须关闭。因此，持有信贷银行大约1670万先令资本的罗斯柴尔德维也纳银行的前景非常黯淡。对于130家外国银行来说情况也很糟糕，因为信贷银行大约1/3的负债属于这些银行，这其中也包括法国的罗斯柴尔德银行。

然而，奥地利政府担心信贷银行的倒闭可能会摧毁60%~80%的奥地利工业。因此，奥地利政府决定给信贷银行追加1亿先令的资本金，把所持股份相应增加33%。作为整个救助计划的组成部分，罗斯柴尔德巴黎银行再借1.36亿法郎给信贷银行，借期6年。

然而，这些措施还不足以避免一场金融恐慌，更无法阻止这场恐慌从维也纳迅速向匈牙利、德国以及整个欧洲经济体蔓延。奥地利的国家银行尽其最大的努力，通过票据贴现来保持奥地利银行系统的流动性，但是却没能迅速提高其贴现率，于是公众的信心开始呈螺旋形下降，外国货币和商品价格却普遍飞涨。

由于外交的复杂性，从国际清算银行筹集300万英镑给国家银行花了3周时间，而且在这笔钱用光之后，奥地利只能依靠英格兰银行430万英镑的短期贷款。7月，一场类似的危机在德国袭击了达姆施塔特与国家银行。9月，英格兰银行发生的挤兑风潮结束了英镑对金本位的短暂回归。

站在罗斯柴尔德家族的角度看，信贷银行的危机代表了罗斯柴尔德维也纳银行与罗斯柴尔德伦敦银行之间联系的最后终结。当小莱昂内尔成为匆忙组建的代表外国储户和股票持有者利益的奥地利信贷银行委员会主席的时候，他宣称给一家仍然在出血的银行投钱是“不适宜的”。由于信贷银行与罗斯柴尔德维也纳银行的紧密联系，这无疑是对维也纳分行的破产见死不救。

到了 1933 年，巴黎罗斯柴尔德家族也倾向于这样的观点。埃德蒙告诉爱德华甚至看一眼维也纳银行的户头都非常危险，因为这要求罗斯柴尔德巴黎银行的参与或者支持。直到时过境迁，他仍然在坚持当时的观点："维也纳银行发生的事情与我们没有关系。我们提供借款，这对维也纳的支付来说是一个信誉的问题。这个信誉问题在我们的家族里一直都是高于一切的观点。罗斯柴尔德维也纳银行不是我们的业务，而且一句话，作为罗斯柴尔德巴黎银行的领导人之一，我不希望再给他们任何的钱，一个子儿也没有。"

埃德蒙一个子儿也不肯给，因此维也纳分行的领头人路易斯除了再一次去找奥地利政府外，别无他法。在 1933 年 9 月，路易斯终于结束了他与信贷银行的关系，此时，信贷银行已经完全变成了国家控制的企业，吸收了维也纳银行以及聂德爱罗丝土地贴现公司的一部分。

可以完全放心大胆地说，信贷银行危机是战后那段时期对罗斯柴尔德家族最严重的一个打击，它蚕食了所有三家银行的资本。然而值得补充的是，1929—1932 年大萧条的影响可能更加严重。

非常幸运的是他们对瑞典金融家伊万·克鲁伊格的生意的参与度并不高。在 1929 年，罗斯柴尔德伦敦银行联合了波士顿李氏银行和希金森公司的力量为克鲁伊格发行了总额为 1000 万美元的股票。3 年之后，这位瑞典人自杀，他的企业随之轰然倒塌，连累了李氏和希金森做垫背。

在这样的情况下，罗斯柴尔德伦敦银行寻求增加自己在国内企业金融活动中的参与度并不令人意外，特别是随着 1931 年的货币贬值之后英国经济开始出现缓慢然而实实在在的复苏。在 1914 年之前，N.M. 罗斯柴尔德在参与国内的经济活动方面显得犹犹豫豫，一直到了 1928 年，这种情况才有所变化，并与巴林和施罗德联合为不同的伦敦地铁公司发行了一系列的信用债券。

两年之后，伦敦国民资产公司通过罗斯柴尔德银行筹资 200 万英镑为购买处于困境中的壳牌—麦克斯商行提供资金，随后转借给壳牌运输贸易公司，在一年之后，伍尔沃思零售连锁店被菲利普·希尔说服，通过新亭发行了 936 万英镑的股份。其他的早期企业客户还包括酿酒企业查林顿公司。

对于一家一个多世纪以来几乎只专注于海外业务的银行来说，冒险进入不熟悉的领域不可避免地会遇到一些磕磕碰碰的麻烦。当然，与罗斯柴尔德巴黎银行那些广泛的在铁路和电力公司中的投资相比，罗斯柴尔德伦敦银行在国内企业金融界仍然只是很小的力量，但是朝着 1945 年后的复兴方向，它已经迈出了重要的步伐。

第8章 失控的人，失控的战争

罗斯柴尔德本是靠发战争财崛起的，但是两次世界大战的发生与发展却脱离了家族的控制，对罗斯柴尔德家族的金融霸业造成了致命的打击。尤其是第二次世界大战，丧心病狂的希特勒几乎将罗斯柴尔德家族在欧洲大陆的财富抢掠一空。就此，罗斯柴尔德家族的金融霸主时代彻底画上了句号。

01. 时代的终结

在从 1905 年阿尔方索去世到 1918 年阿尔弗雷德去世的这十几年里，从大约 1875 年以来一直主导着罗斯柴尔德家族金融事务的那一代人消失了。在巴黎，居斯塔夫在他的哥哥去世 6 年后也走了，只留下埃德蒙这位詹姆斯最小的儿子，而且也是最没有生意头脑的一个。在维也纳，安塞尔姆最小的儿子阿尔伯特死于 1911 年。莱昂内尔的三个儿子纳蒂、里奥和阿尔弗雷德分别在 1915 年、1917 年和 1918 年短短的几年间相继去世。对于很多观察家来说，这些人的离去标志着一个时代的结束。

“纳蒂 · 罗斯柴尔德勋爵之死是一件甚至连战争都无法抢去其风头的大事件，”《西方早报》这样宣称，“这位金融界的亲王、爱德华国王的朋友所知道的欧洲战争和外交的幕后历史从总体上说或许远远超过我们曾经有过的最伟大的政治家。在过去的半个世纪，这个国家的每一项重大政策的出台都以一个简单但又意义非凡的通告‘昨天，罗斯柴尔德勋爵拜会了首相’开始。这是重大决策正在酝酿的幕后活动的众多迹象之一。”

套用《金融家与金银通货主义者》上的话来说：“一个公开的秘密，纳蒂是众多国王与大臣的心腹密友，而且他的无价的建议永远都被趋之若鹜，永远都被奉为圣旨。”在伦敦威尔斯登举行的葬礼上出现了众多的资深政治家，这也从侧面证实了纳蒂的影响力。

有三名内阁大臣出席了葬礼，他们分别为：财政大臣劳合·乔治、地方政府委员会主席赫伯特 · 塞缪尔以及高等法院王座庭庭长雷丁勋爵，此外还有前保守党领袖以及未来的外交部部长亚瑟·贝尔福。“对我来说，”贝尔福对威姆斯夫人说道，“纳蒂的死对人们来说是巨大的打击，这种打击的程度超出了大多数人的想象，我真的喜欢他，而且真的钦佩他那种沉默寡言，甚至某种程度上不苟言笑的性格。他对公共责任有一种崇高的理想，而且对于世俗的浮华与虚荣完完全全无动于衷。”总拉比于几周之后在他的追思弥撒上说得更直接：纳蒂是“世界上最重要的犹太人”。

然而，所有这些对纳蒂赞美有加的人都不会说他是个伟大的银行家。《新见证》的编辑几乎是在用一种虚幻的赞誉谴责纳蒂：“他与年纪和他相仿的金融家比起来，所犯的错误是最少的。他的本能反应总是正确的。他对荣誉的感觉是敏锐的，他不会做任何他不愿意的事，而不愿意的原因只是他的公司好像能够赚钱。他是世界上最大的业务圈里最大公司的领导人；是经常为很多国王以及统治者出谋划策，并控制着帝国政策的人，且做到了无故而终。这难道不是一个伟大的成就？”

但是下面这个事实是无可辩驳的，即罗斯柴尔德公司在纳蒂的领导下，与其在金融城里的竞争对手相比，运作情况开始不尽如人意——或许，这是他自己过分专注于政治事务，以及他与他的兄弟们所共同具有的对待生意的那种自满态度导致的结果。

事实上，对于某些观察家来说，纳蒂之死使人们对罗斯柴尔德家族作为金融势力的未来产生了悲观的看法。《每日新闻》这样认为：“在英国，股份合作制银行已经渐入佳境，不再有罗斯柴尔德占主导地位的任何问题存在，而罗斯柴尔德垄断就更不可能。更加值得关注的是，公债占全部业务的比重开始下降。现代金融机构在赚取最大利润的同时，也发挥它们对金融产业以及商业的最大的影响力。

罗斯柴尔德银行也没有忽视这样的企业形式，但是它未能像美国和德国那些大的金融企业或者公司那样充满激情地投身其中。这种情况再加上其他的趋势所导致的结果就相应地减少了罗斯柴尔德家族在金融界的作用。”

自由党人的《国家》说得就更加生硬。它用侮辱性的语气评论道，纳蒂的品位“很大程度上跟那些英国乡村绅士一样，这位后来习惯上的保守主义者难道与世界上出现的新业务没有进入罗斯柴尔德家族的手里没有任何关系吗？当然了，人们不可能从英国的分行成员里挑出伟大的金融家。他们里面多的是伟大的农场主、伟大的收藏家、伟大的社交生活的组织者，但是基本上没有现代金融之王”。

02.“出色”的下一代

纳蒂的大儿子沃尔特在 6 岁的时候就已经开始收集动物了，无论是标本还是活体，而且当他去波恩大学开始学习自然科学的时候，就已经是一位知名的动物学家，随后他又转学去了剑桥。

从这点来看，他并没有受到父母的限制。他的父亲在他 21 岁生日的时候，作为生日礼物，在都灵为他建了一座博物馆以存放他的收藏。但是人们对他仍然心存希望，希望他能步他祖父的后尘进入银行工作，这种念头在 1908 年终于打消了，因为当时有人发现“可怜的胖子沃尔特”曾经在股票交易上进行了非常放任而且灾难性的投机。

当人们发现他徒劳地想给过去的一位情人支付她敲诈他的款项时，对他在金融方面的无能认知也就更加肯定了。尽管沃尔特是一位孜孜不倦的科学家，在超过 1000 本的出版物上描绘了 5000 多种过去还没有被人提到过的物种，尽管他也是最后一名有能力领导家族企业远离前方道路上越来越逼近的狂风暴雨的人，但是，他在银行里的感觉与他的那些斑马被用来拉着他的四轮马车感觉一样怪异。甚至当上国会议员之后，他还做出了在一次讲话中同时惹恼亚瑟·贝尔福和赫伯特·格拉德斯通的事情。

他的兄弟查尔斯在接受金融城的生活重担方面表现得更加出色，而且尽职尽责地准备着继承英国罗斯柴尔德家族的合伙人身份；而且他还领导了一个对银行会计系统进行现代化改造的委员会。

但是从查尔斯的内心来看，他也是一名科学家。他以一名非常投入的业余植物学家和昆虫学家的身份发表了 150 篇论文，描述了 500 种新的跳蚤种类；他还是英国第一位现代环保主义者，在阿什顿周围的林地里感觉非常开心，并在那里为他自己建起了一座风景优美的休养所。

在纳蒂死后，家族做出了一个决定，由查尔斯继承他的父亲出任高级合伙人；但是仅仅两年之后，他得了西班牙流感，这场流感在 1917—1919 年肆虐了整个欧洲，随后他又感染了流行性甲型脑炎，在经过长期卧床之后，病魔终于在 1923 年夺去了他的生命。

这种将聪明才智从生意上移开而重新转向科学或者艺术，是“世纪末”的商业家族中常见的现象，特别是在犹太人家庭，这说明了那个阶层的那一代犹太人受教育机会大大地增加了。

而对沃尔特和查尔斯来说，似乎还有遗传方面的解释。在整个 19 世纪中，罗斯柴尔德家族的很多成员身上就表现出了对收藏和园艺的痴迷。到了沃尔特和查尔斯的身上，这种倾向产生出了对动物和植物分类学的异常天资。他们的堂兄弟，里奥的大儿子小莱昂内尔也有类似的倾向，他将他一生中的大多数时间奉献给了园艺，尽管他对飙车和快艇也非常感兴趣。

小莱昂内尔的弟弟安东尼也表现出了对学术方面的爱好，但却是一个完全不同的方向：在剑桥，他在历史科目上获得了双优，而且在后来经常看到这样的说法，说如果他做大学老师而不是做银行家的话，应该会感觉更加幸福。

罗斯柴尔德法兰西银行在老一辈给新一代让位后也遭遇了类似的问题。埃德蒙的儿子吉米在第一次世界大战前定居英国并在英国结了婚。他对银行业务没有表现出任何的兴趣，他将他的时间分配在帮助父亲的巴勒斯坦计划、后座自由党国会议员的免税权以及赛马上。

埃德蒙的二儿子莫里斯似乎更没有希望，他在 26 岁的时候就已经从他的二堂姐朱莉处继承了巨额的财富，包括在瑞士佩尼的酒庄。他表现出很满足于将他的财富投到收集现代艺术品上，比如像毕加索、布拉克和夏加尔的作品，这在当时是一个非常被看不起的投资方向。

1913 年当吉米决定为他的伦敦餐厅，委托佳吉列夫的布景师利昂·巴克斯特以《睡美人》为主题布置一系列油画的时候，受到了很多尖刻的嘲讽。家族成员中成为这些画作的模特的，包括吉米的妻子多萝西、他的妹妹米里亚姆、爱德华的妻子杰曼、罗伯特的妻子内利和埃德蒙的妻子阿德尔莱德，甚至还包括克鲁侯爵以及他的妻子，汉纳·罗斯伯里的女儿佩吉。难道是这个主题的选择有多么怪异吗？而很多情况表明这是一个合适的主题，因为，在当时很多人的眼里，罗斯柴尔德家族自己似乎正在进入一个沉沉的梦乡里。

这个家族居住在法国的其他分支也全部都停止了在银行中的工

作。尽管仍然是一名正式的合伙人，内森尼尔的孙子亨利同时也是第五代中的另一名科学家。作为一名合格但是有点愤世嫉俗的医生，他拥有自己的私人实验室，在婴儿营养方面发表了大量的文章，而且还对居里夫人对镭在医疗上的应用工作表现出了极大的兴趣。他还涉足戏剧舞台，成为 1909 年佳吉列夫的俄罗斯芭蕾舞团著名巡演的发起人，还以“安德烈·帕斯卡尔”的笔名客串戏剧写作。从他拥有的巴黎木埃特酒庄、在多维尔的仿都铎别墅以及名为“爱神厄洛斯”的游艇这些情况看，亨利生活的目的并不是去赚钱，而是去花钱。他办企业的很多次尝试从商业的角度看都是失败的。

这就意味着 1905 年之后管理罗斯柴尔德公司的大部分责任只能交给阿尔方索唯一的儿子爱德华。然而他在通向商业之路上很少有虚张声势之举。他为反对给客户提供投资建议进行辩解：“如果他们赚了钱，他们会认为那是他们应得的；如果他们亏了钱，他们就会说被罗斯柴尔德家族给害惨了。”爱德华也有他自己特别的消遣方式，尽管与亨利比起来要传统得多：在城里的时候打桥牌，在法国费里耶尔的时候打猎，而在珑骧则是赛马。

在维也纳，罗斯柴尔德家族的第五代同样也出现了忽视“账房”而追求高级文化或者高级生活的倾向。在阿尔伯特于 1911 年去世后，对银行的控制几乎全部传给了他的二儿子路易斯，尽管当时路易斯还不到 30 岁。与先前安塞尔姆向阿尔伯特移交权力时候的情况很类似，阿尔伯特移交权力时把另外两个儿子彻底排除了。

一直有这样的说法，认为路易斯将现代化的精神带进了罗斯柴尔德维也纳银行，使它参与到了像纽约跨区快速地铁公司这样完全不熟悉的领域中。但是他并不是工作的奴隶，他是一位典型的花花公子类型的“钻石王老五”，在 60 多岁的时候才结婚。他同时也是一名技艺娴熟的骑手以及登山家，而且还能挤出时间涉足解剖、植物和艺术。由于几乎完全解脱了生意责任的束缚，他的其他兄弟有条件更深地沉迷于他们的兴趣当中。哥哥小阿尔方索成了一名律师，但是在战后过起了绅士型学者的生活，主要研究古典文学；弟弟尤金最大的成就是写出了关于提香的专论。

03. 疯狂的掠夺

罗斯柴尔德家族的后代涌现出了如此之多的科学家和艺术家，就是没能诞生出哪怕一个合格的银行家，然而，另一个比世界第一次大战和经济大萧条更为严重的灾难正在酝酿之中。

1933 年，德国国家社会主义工人党上台了，其党魁便是臭名昭著的希特勒。对罗斯柴尔德家族的仇视在运动萌芽时期的纳粹宣传中就是一个特征，尽管在希特勒年仅 12 岁的时候，罗斯柴尔德法兰克福银行就已经关闭了。

这种仇视很快就转化成了具体的行动。开始时的攻击大多只是象征性的：在 1933 年 12 月，法兰克福的罗斯柴尔德大道被重新命名为卡罗琳格尔大道，而鲁伊森普拉兹和玛蒂尔登斯特拉斯失去了证明他们是家族成员的徽章。一直到 1938 年 4 月，随着《犹太人资产登记法令》的颁布，罗斯柴尔德家族的财产才受到了直接的攻击。

在 1939 年 11 月风起云涌的反犹太人大游行后，几乎所有的罗斯柴尔德家族慈善及教育机构都被解散，唯一的例外是卡罗琳娜姆牙科诊所，因为这家诊所已经成了法兰克福大学的一部分。

这些机构中最大的是威廉·卡尔·冯·罗斯柴尔德男爵基金会，

这个基金会在市政当局的压力下进行了“雅利安化”，对其创始人的所有说明都被抹去。与此同时，德国犹太人协会被迫将马蒂尔德·冯·罗斯柴尔德儿童医院，乔金·萨拉·冯·罗斯柴尔德基金会以及位于格罗斯·沃尔本 26 号的罗斯柴尔德居住区的资产出售给法兰克福市政府。盖世太保还征用了位于黑森地区的 A.M. 冯·罗斯柴尔德肺病疗养院。除此之外至少还有 4 家罗斯柴尔德家族建立的机构遭受了同样的命运。

少数几位定居在德国的家族成员的私人资产通过类似的方式也被剥夺，尽管事实上到 1938 年的时候其中还有相对极少的一点被保留了下来。在征用程序开始之前，马克斯·冯·戈德施密特·罗斯柴尔德的儿子阿尔伯特、鲁道夫和埃里克将位于格伦贝格和柯尼希施泰因的家族房产变卖，并选择移民。但是马克西米利安此时已经是 95 岁高龄，已经无法离开了。

马克西米利安留在了位于伯克海默尔—兰德斯特拉斯的住所里，这里的花园还是他妻子的曾叔祖阿姆谢尔一个多世纪前在法兰克福的犹太人获得解放的最初年代里买下的。可是后来，他却只被允许在这所宅院里保留一个房间。马克西米利安被迫以区区 61 万德国马克将此资产卖给法兰克福市政府。反犹太人运动爆发之后，他又被迫将他的艺术品收藏以 230 万德国马克（已扣税）的价格出售给市政当局，并且将剩余资产的 25% 捐给德意志帝国作为“补偿款”。这是戈林的典型设计，目的是让犹太人为纳粹破坏主义者造成的财产损坏埋单。

当马克西米利安在 1940 年去世的时候，他剩余的资产被没收了。5 年之后，当盟军的炸弹摧毁了那所他度过生命中最后时光的房子，以及位于波恩施特劳斯古老的法尔伽斯办公楼和老的斯塔姆豪斯的时候，他们所摧毁的那些遗迹已经不再属于罗斯柴尔德家族了。

想象纳粹主义的兴起对生活在维也纳的罗斯柴尔德家族意味着什么并不困难，因为这个城市与希特勒对犹太人引发威胁的担心紧紧地交织在一起。当温莎公爵为了沃利斯·辛普森而退位后在施洛斯·恩泽斯菲尔德与尤金待在一起的时候，尤金曾经与主人谈起过他写一本关于德国犹太人遭受迫害的书的想法。不久之后，尤金离开奥地利前往英国，随后，他的大哥阿尔方索也步了他的后尘。路易斯选择待在银行，但是采取了防范措施，把维特科威兹钢铁工厂的所有权转给了安联保险公司，罗斯柴尔德伦敦银行仍然对该公司拥有控制性的股份。他还把自己对所拥有的奥地利资产的处置权转给了纽约的库恩银行和洛布公司。

然而，这还不够保险。在奥地利与德国在 1938 年 3 月 11 日结盟的第二天，当兴高采烈的人群欢迎希特勒的军队进入维也纳的时候，路易斯试图离开这座城市，但是他的护照被没收，而且在 3 月 13 日他被逮捕，并被带到了设在大都会饭店的盖世太保总部。

没收罗斯柴尔德家族资产的程序马上开始。人们看到党卫队队员几乎从路易斯被逮捕后就开始从他的宫殿里抢夺艺术品。

下一个目标是维特科威兹钢铁厂，这个企业早已被戈林看成是一块能给他的以赫尔曼·戈林国家工厂为中心的实业帝国带来丰厚利润的肥肉。当然，维特科威兹仍然还是在捷克的国土上，而且戈林派去的特使奥托·韦伯很快就发现，这个企业已经不再属于罗斯柴尔德维也纳银行，而是属于安联保险公司。另外，维特科威兹的董事会已经为防止公司在瑞典弗雷亚铁矿的股份以及 20 万英镑的外汇被没收进行了防范性安排。

路易斯因此真正占领了一个讨价还价的有利位置。当希姆莱为了讨好他，给他的监室送去一些装饰华丽的法国家具的时候，他还能够让他们拿走，并抱怨说这些家具弄得他的监室像“克拉科夫的妓院”一样丑。尽管路易斯不得不交出他的奥地利资产的大部分来换取自己的自由，但是家族还是能够坚持为维特科威兹开出价码。当然，是以一个打过折扣的价格。

但是，罗斯柴尔德家族最终还是无法与德国的纳粹政府“公平竞争”。尤金将钢铁厂以 1000 万英镑的价格出售给捷克斯洛伐克政府的希望，在希特勒 1939 年 3 月威逼布拉格政府接受被吞并的建议时彻底破灭了。在公司实际上已被置于德国的掌控之下后，戈林的代表汉斯在荷兰银行董事卡尔·拉希的协助下加大了压力，一个新的监管委员会成立了。与此同时，希姆莱的副官兼德累斯顿银行监管委员会委员弗里茨·克朗法斯根据掌握的情报告诉拉希，按照货币法律的规定，维特科威兹所有权在海外的转让是违法的。最后，在 1939 年 7 月，双方达成了以 290 万英镑出售工厂的协议。

然而，随着战争的爆发，德国人找到了不付款的完美借口。结果就是在没给任何补偿的情况下，被纳粹政权进行罚没的罗斯柴尔德家族资产的长长的清单上，又加上了维特科威兹的名字。在 1941 年 1 月，当 43300 股维特科威兹的股票从罗斯柴尔德巴黎银行的金库被找到的时候，戈林又能够在这个过程中更进一步了。一直到了 1953 年，捷克斯洛伐克政府才最终把工厂的补偿款付给了罗斯柴尔德家族，金额是区区 100 万英镑。

然而，希特勒及其走狗真正垂涎的还不是罗斯柴尔德家族的实业投资，而是他们的艺术品投资。其中包括那些早期大师们的作品、塞弗勒瓷器还有路易斯·坎泽家具等等，这些都是这个家族金融成就的最耀眼的果实。在逃离奥地利的时候，阿尔方索在他的身后留下了一个最伟大的欧洲私人收藏馆；而且杜维恩勋爵想收购它的努力也终告失败。

由于得到了如此众多的早期大师的作品，希特勒产生了在林茨建立一个新的德国艺术馆，为德意志帝国建立自己的卢浮宫的想法。为了这个目的，1939 年 6 月，希特勒任命汉斯·波斯着手实施这个计划，将从奥地利犹太人手中抢夺来的精品画作放入“元首藏品馆”。事实上，这只是历史上最大的艺术品偷盗行动的一个开始。

04. 强盗间的竞争

在法国，与奥地利所发生的情况一样，获胜的德国没有浪费任何时间，马上染指罗斯柴尔德家族的财产。罗斯柴尔德巴黎银行在法国遭到入侵之前曾尽量将一些资产转移到了海外。比如它所持有的皇家荷兰银行的股份存放到了蒙特利尔的一家银行里，尽管这些在法国沦陷的时候被当成敌人资产而遭到冻结。

另外，有些家族成员出逃时也随身携带了一些珠宝。根据一份报告提供的资料，爱德华到达纽约的时候随身携带的宝石价值 100 万美元。然而，家族财富中的绝大部分对于占领者来说是很容易染指的。1940 年 9 月 27 日，当德国人准备启动鉴别犹太人所拥有公司的程序的时候，陆军元帅凯特尔签发了一份特别指令给沦陷法国的军政府，要求没收“巴黎罗斯柴尔德家族的所有财产”，包括所有已经上交给法国政府的部分。在随后的一个月，德国人任命了管理犹太人公司的管理者，德国空军和后来的一名德国将军占用了位于玛雷尼大街 23 号的罗斯柴尔德宅院。

然而，德国人很快发现自己在与自己指定的傀儡政府进行着竞争。甚至在凯特尔下达命令之前，贝当政府就签发了一份法令，宣布在 5 月 10 日之后离开法国大陆的所有法国人已经“散失了他们自己作为国家成员的权利和义务”，相应地，他们的资产将被没收并出售，收益归维希政权所有。这显然适用于爱德华、罗伯特和亨利。不久之后，贝当提出了将罗斯柴尔德在拉斐特大街的办公大楼改为政府的福利局的要求。而且所有的迹象都显示他打算按同样的方式来处置属于这个家族的其他建筑，将它们全部纳入新成立的公共财产办公室的手中。

从某些方面看，对于罗斯柴尔德家族来说，这份财产是被德国人还是被维希政府所窃取并没有什么差别。贝当政府 1940 年 10 月 3 日和 1941 年 6 月 2 日签发了法令，这些法令严格限制法国犹太人的权利，而且一些亲德报纸，像《巴黎晚报》和《纪实》开始长篇累牍地对罗斯柴尔德家族进行尖刻的攻击。

我们也无法很肯定地说维希政府的官员在对待罗斯柴尔德的财产上会比德国人做得要仁慈些。莫里斯 · 贾尼科担任贝当政权的公共财产办公室负责人，比如，据说他就曾经阻止德国人扫荡拉斐特的酒窖。但是，对于未能出售伊利的讷伊马房、艾伦在瑟克大街的房子、米里亚姆在布洛涅和巴黎的房子，最有可能的解释可能还是因为缺乏买主。

正如我们可以从他在 1941 年 5 月给德国当局的报告中看到的其目的是对德国人采取先发制人的手段，而不是为了保护罗斯柴尔德家族。贝当的犹太人问题委员会企图把埃德蒙在 1927 年创立的生物—物理—化学研究所改造成供人种改良学家亚历克西 · 卡雷尔使用的实验室，就充分说明维希政府与第三帝国之间的臭味相投的程度。

如果说维希政府在罗斯柴尔德巴黎银行的资产上打败了德国人

的话，那么德国人在掠夺法国罗斯柴尔德家族的私人艺术品收藏的竞赛方面击败了维希。

这里的部分原因是藏品实在太多，很难及时地从被占领区转移出去。在1940年5月和6月的大恐慌期间，米里亚姆匆忙将他的一些藏品埋到了迪耶普的沙丘下面（埋藏在该地的油画一直没有被找到），而爱德华的藏品则被分散藏在位于鲁克斯的地产中，这里距离诺曼底的蓬莱韦克很近，另外也藏了一部分在他位于奠特尔的种马场。来自拉维辛以及其他地方的罗伯特的藏品，被埋藏在西南部的马尔芒德，而菲利普的画作大多藏在波尔多。

不幸的是，所有这些隐藏点很快就都被发现了。更加被虎视眈眈盯上的是在费里耶尔的大量收藏，亨利在木埃特酒庄的收藏，莫里斯在德阿曼维里耶的藏品，以及在巴黎主居的油画，等等。

领导寻找并掠夺这些藏品的是阿尔弗雷德·罗森堡，他是纳粹种族理论家和“纳粹党总体精神及哲学发展的元首代表”。他认为:“罗斯柴尔德家族是敌对的犹太人家族，因而他们保留所有这些藏品的行为不会让我们觉得感动。”在一个非常短的时期之内，他收集了203处私人收藏点，包括上面提到的这些地方，总件数达到了21903件。这些当时都存放在JeudePaume老式网球博物馆。

1940年11月，戈林到达了这里，并代表希特勒作为“买家”。这位帝国元帅为自己挑选了大量的珍品，包括来自爱德华藏品中的部分荷兰和法国作品，还给他的妻子选了一幅梅姆林的圣母像。但是最为珍贵的罗斯柴尔德藏品，包括维米尔的《天文学家》、布歇的《蓬帕杜夫人》以及30幅其他杰作全部被打上记号送给了希特勒。毋庸讳言，这些是极其不可理喻的购买行为，他购买这些画作时所支付的价格低到令人感到荒谬。

戈林在 1941 年 2 月和 3 月又回来进行了第二次疯狂的采购，其中包括一件属于罗斯柴尔德家族的大理石群雕《欧罗巴的梦魇》，他把这件作品运送到了他那北欧风格的猎场别墅卡琳宫。

到 3 月 20 日，罗森堡报告说已经完成了他的使命，派了一列火车满载着这些偷来的奇珍异宝送到了巴伐利亚的新天鹅堡。在战后对他的档案进行详细检查的时候发现，罗斯柴尔德家族成为被掠夺品的最重要的单个来源：来自 9 个不同地方的总数为 3978 件的物品被证实属于罗斯柴尔德家族的成员。维希政府的做法比较起来就更差劲了，尽管他们确实在塔布找到了莫里斯价值约 3.5 亿法郎的藏品以及一卡车的属于罗伯特、莫里斯和尤金的油画。

在战争接近尾声的时候，大多数被盗窃的物品被盟军的先头部队发现。梅姆林的圣母像在戈林向活捉他的美军行贿的时候被发现，但是更多的可能已经遗失了。只有在党卫队情报主管卡尔滕·布龙纳的介入后，才阻止了狂热的多瑙河上游地区的埃格鲁伯省长炸毁阿尔陶斯盐矿的企图，使他们把大量油画埋在地下不还给“国际上的犹太人”的图谋没有得逞。

05. 种族灭绝

1933 年开始，德国纳粹分子及其帮凶对犹太这个最有智慧的民族进行有组织、有计划的迫害与屠杀。

1933 年 1 月至 1939 年 8 月，德国纳粹的激进分子主要集中在自己的国家里排挤迫害犹太民众，但这时他们还不敢明目张胆地使用血腥的武器，而是以反犹立法和反犹宣传为主的排挤方式。在这期间，德国人先后颁布了约 4 万条的反犹太立法，以此来左右生存在德国境内的犹太人。更对犹太人不利的是，1933 年 1 月 30 日希特勒成为德国总理，这个极度痛恨犹太民族的纳粹党头目为犹太民族带来了灾难。

1933 年 3 月 5 日，经过国会选举，纳粹党成为新的执政党。不久，灾难便降临到了犹太人的身上。德国国会很快通过决议，目的就在于社会生活中不能出现犹太人的影子，这就迫使犹太人必须背井离乡离开德国。

为达到目的，德国高层还采取了一系列的措施。在 3 月 9 日的柏林发生了一系列反犹事件；3 月 11 日纳粹党突击队冲进了弗劳兹拉夫的法院，赶走了所有的犹太法官、检察官和律师。一时间，反犹浪潮遍及德国的许多城市。甚至，1933 年 4 月 1 日，纳粹又从经济上开始抵制犹太人。而在 1933 年 4 月 7 日公布的法令确定“雅利安人”的概念，更是导致了 2000 名犹太人被解除公职的结果。

到 1935 年底时，约有 8000 名犹太人因无法忍受各种形式的迫害而自杀，流亡国外的犹太人达 75 万。此外，涌向各国使领馆，申办政治避难签证的犹太人更是难以计数。

罗斯柴尔德家族不仅是经济中的金融舵手，在犹太民族的整体生活中也是当之无愧的“红盾牌”。罗斯柴尔德家族是一个典型的犹太家族，面对德国法西斯的屠刀，他们自然也必须担起维护自己同族民众利益的重任。此外，由于罗斯柴尔德的聪明才智和家族拥有的巨额财富，所以当其他的犹太人在争取合法的公民和政治权益时，便会将他们看作领导者。

20 世纪 30 年代中期，法国罗斯柴尔德家族的掌权人罗伯特担任欧洲犹太流亡者救助会的主席。在罗伯特的领导下，一户又一户遭受纳粹党迫害的德国、奥地利的犹太人家庭逃到了美国，脱离了虎口。

1936 年，尽管在社会极其不安定的情况下，四年一届的奥运会还是举行了，而举办的地点又恰恰在状况更不安定的德国柏林。而这时，德国为了加强自己的国际威望，不得不表现出慈善的姿态。所以，在某些方面缓和了对犹太人的政策。但是，好景不长，在随后积极备战的年月里，袭击犹太人的事件还是屡屡发生，而通过反犹立法的过程也进一步加快。

在残酷的反犹浪潮之下，罗斯柴尔德家族成员带领着自己的同族民众运用自身的智慧，屡次化险为夷。尤其是在与希特勒的较量中，他们更是凭借自己非凡的谈判智慧，令纳粹头子也无可奈何。他们拒绝向反犹国家提供贷款，以此来抵制反犹国家，而且在慈善事业上给犹太人以巨大的帮助。

1937 年，第二代英国罗斯柴尔德勋爵沃尔特不幸辞世。之后，维克多承袭了他的爵位。在德国纳粹分子疯狂地进行反犹行动时，维克多毅然决然地走出了剑桥的象牙塔，担任起英国救助德国犹太民族中央基金会的董事，并且大胆地将基金会直接设在了英国罗斯柴尔德银行的总部。

当然，罗斯柴尔德家族对犹太民族的救助行动不仅仅是帮他们逃脱德国的势力范围。在短短不足两年的时间里，德国就占领了丹麦、挪威、法国等西欧一些国家。而在这些被占领地区的犹太民众都受到了纳粹的摧残和折磨。他们被驱使着修筑道路、架设桥梁，并且要把公路一直修到苏联边境去。高强度的劳动、严酷的纪律以及饥饿让这些犹太人过着非人的悲惨生活。大量的犹太人被折磨得丧失了体力，并因病死去。甚至，在 1940 年，那个曾经威胁过路易 · 罗斯柴尔德的纳粹头目希姆莱下令建立了臭名昭著的奥斯威辛集中营，并使用毒气大规模毒杀犹太人。

1941 年 6 月至 1945 年 5 月，纳粹实施了“最后解决”方案，集体屠杀犹太人，试图消灭犹太民族。苏联犹太人首当其冲地被作为“布尔什维克主义的体现者”遭到杀害。为了完成任务，党卫军头目希姆莱承担了一项重要任务——直接大规模屠杀犹太人的详细计划，并且这一计划是通过帝国保安总局开展实施的。

在 1942 年的 1 月，德国纳粹官员在柏林附近的万湖召开了一个会议，会议主要目的是要确定把能抓到的 1100 万欧洲犹太人全部消灭——这是多么庞大的一个数字！除了纯种犹太人，对有一半是犹太血统的混血人，也要“在死亡和绝育”之间作出选择。

惨无人道的灭绝行动选择在波兰的特莱勃林卡、卢布林、奥斯威辛等集中营里进行。就这样，德国纳粹把欧洲占领区和仆从国的犹太人送上了死亡之旅，将他们一批一批送入伪装成浴室的毒气室里毒死，然后再焚尸灭迹。以希特勒为首的纳粹分子们的罪行不仅仅是战争罪行，更是赤裸裸的谋杀。

当然，逃亡出去的犹太民众是有反抗的，英国首相丘吉尔在 1944 年在盟军中成立了犹太步兵团，并任命英国罗斯柴尔德家族第四代掌门人里奥波德出任该团的 P 连连长。这个犹太步兵团几乎来自所有欧洲国家，这是一支庞大的队伍，其中还有许多是从千里之外的巴基斯坦赶来支援的犹太拓殖者。

在诺曼底登陆之后，里奥波德带着犹太步兵团从意大利途经荷兰、比利时，一路英勇地挺进了德国。一天，当这支军团打进德国曼海姆市政中心时，聚集在市政广场的许多德国人吓得惊慌失措、四下逃窜。一瞬间，广场就变得空荡荡的。这时跑过来几个衣衫褴褛的妇孺，她们跪在地上，流着泪亲吻着那白色旗帜上的大卫盾。

她们胸前别着六角形的标记，那是当地集中营的犹太幸存者。

1945 年，法西斯垮台，然而带有民族血腥的历史是犹太民众不能忘记的。1947 年 7 月，犹太民众将奥斯威辛集中营改为殉难者纪念馆，这里陈列着纳粹迫害和屠杀犹太人的种种罪行和罪证，以此来警示全世界的人民，希望类似的历史不要再重演。

06. 难民

一直到 1939 年战争爆发为止，剥夺犹太人财产的一个必然结果就是强迫他们从德国领土上移民。很自然地，很多德国和奥地利犹太人都想出去，而纳粹对他们的离去并不反对，只要在这个过程中能够对他们进行罚款。主要的德国犹太人银行家发现他除了为这个过程提供便利外，别无选择。

然而，对于像罗斯柴尔德家族这样的犹太人，他们一直处于德国控制的领域之外，这就产生了很多尖锐的矛盾。早在 1933 年 6 月，小莱昂内尔成为一个新设立的英国救助德国犹太人中央基金请愿团的 5 个总裁之一，罗斯柴尔德伦敦银行捐献了首笔 1 万英镑的捐款。

5 年之后，在 1938 年初，有报道说理事会募集了 100 万英镑，包括罗斯柴尔德又追加捐助的 9 万英镑；随后，在 11 月又再追加了 5 万英镑。然而，人们并不清楚，怎样才能最好地使用这笔钱去帮助德国犹太人。

管委会的代表们就抵制德国商品的想法发生了分歧，例如，这有可能导致沃尔特辞去副总裁的职务。当詹姆斯·G. 麦克唐纳以及费利克丝·沃伯格在 1934 年的一次犹太商人会议上发言的时候，他们发现与会者对鼓励从德国移民的其他办法缺乏热情。次年，麦克唐纳带着更为可行的办法回来，用300万英镑的资本建立一家新的银行，为德国犹太人向巴勒斯坦移民提供资助。

尽管小莱昂内尔在开始的时候“几乎热情爆棚”，但是这个计划却因为细节过早地泄露给了媒体而告失败。安东尼和小莱昂内尔两人对沃伯格后来提出的一个英国—美国犹太人政治局的方案表现得更加小心谨慎，认为“如果一个人在犹太人的国际运动中表现得太抢眼，会危及他自己的英国公民权”。

小莱昂内尔的侄儿维克多也参与了英国中央基金会的工作。“只是由于一次偶然的出生，”他在1938年10月的一次犹太复国主义联盟的会议上这样说，“我也可能会成为一个难民，或者会在集中营里，或者成为维也纳大都会饭店的客人。”然而，他讲话的其他部分成了对政府限制犹太人向巴勒斯坦移民政策的辩护。

他12月在府邸举行的鲍德温侯爵难民基金会上发表的讲话也发出了类似的矛盾声音：“我知道儿童被枪杀。我见过从集中营里逃出来的人，而且我能告诉你们，他们的亲身经历使很多我们今天能够看到的恐怖故事完全就是小儿科。我怀着悲伤的心情收到了很多孩子写给我的令人悲恸欲绝的信，很多的文献报告以及观察家的个人评论。所有发生的这一切让我再也无法像以前一样做自我陶醉的、没有责任感的科学家。”

“这种对60万人的慢性谋杀，”他对听众讲道，“是历史上很少见到的恶行……尽管我们怀有人道主义的感情，但是或许我们大家都会同意，现在有些令人不太满意的事情，难民在蚕食着我们这个国家的隐私，就算是在一个比较短的时间之内也会令人不快。”

更为困难的局面困扰着法国的罗斯柴尔德家族，因为在纳粹政权上台的头一年，就有数千名犹太人穿过边境涌入法国。尽管罗伯特支持建立一个非正式的机构帮助这些难民，并且在 1936 年重组了难民援助委员会。然而，他仍然一直担心新涌入的难民对法国已经建立起来的犹太人社区可能会产生的影响。1935 年 5 月，他在巴黎教区议会（他在两年之前当选为总裁）全体会议上发表讲话，而这篇讲话只可能被解读为对新移民的批评。

“本质上，”他宣称，“外来的元素在以最快的速度聚集。移民过来的人应该像客人一样，应该学会怎样才能举止得当，不要过多地指责别人。而且，要是他们在这里过得不开心，那么他们最好离开。”这是老的社会同化论者对新的犹太移民的抱怨。

因此，唯一符合逻辑的解决方案就是找到犹太人可以容身的另外的地方。纳粹自己考虑的是马达加斯加。很有意思的是，盖伊·伯吉斯从军情六处 D 科接到的第一项任务是“煽动罗斯柴尔德勋爵”来进行“分裂犹太运动”，并且“建立反对犹太复国主义和魏茨曼博士的势力”。

几乎在同样的时间里，罗斯柴尔德巴黎银行向新亭提交了一份购买 20 万英亩巴西马托格罗索的土地“用于殖民”的建议。另一个方案是在苏丹的马拉卡勒和博尔之间的上尼罗河谷地区安置犹太人。据称这是“一个广大的地区，没有人烟，因此，犹太人可以自己组成一个重要的殖民区”。

另外，肯尼亚、北罗德尼西亚和圭亚那也都在考虑范围。一直到了最后关头，罗斯柴尔德家族似乎才意识到有必要接受难民进入英国和法国。1939 年 3 月，爱德华的妻子吉尔曼将费里耶尔边上的一所老房子改造成了一处可以收容大约 150 名儿童难民的旅馆。在德国入侵之后，难民们被撤离到南部，之后解散，有的逃到了美国。

另一处更为安全的庇护所建在沃兹登，供30名在战争爆发之前从法兰克福的孤儿院被救出来的儿童使用。

到了1939年，当然，罗斯柴尔德家族的很多成员自身也都沦为了难民。1940年5月德国对法国的入侵极大地增加了落难者的人数。甚至在巴黎沦陷之前，罗伯特就已经抵达了蒙特利尔的安全区，并且带走了他的妻子内利和两个女儿，黛安娜和赛西莉。

然而，一直到7月，他的堂兄弟以及高级合伙人爱德华才选择离开法国，最后经过一番颠沛流离，通过西班牙和葡萄牙才辗转到达了美国。他们以前的合伙人莫里斯也在加拿大停留了下来，而他的前妻诺艾米和儿子埃德蒙在瑞士佩尼的房产里避难。法国罗斯柴尔德家族的另一位——亨利已经在葡萄牙定居。最后阿兰已经有孕在身的妻子辗转经过西班牙和巴西后到达美国，而盖伊的妻子阿丽克斯选择了经过阿根廷的路线，最终也与她的丈夫重逢了。

07. 反抗的决心

面对这样的灾难和暴行，年青一代的男人总是有更多的热血。他们选择留下来战斗。罗伯特的儿子阿兰和埃里双双被德国人逮捕，战争期间的大部分时间在一个位于吕贝克的战俘营度过，一直到战争结束。

爱德华的儿子盖伊要幸运些。作为一名装甲兵军官，他指挥着一个快速反应机械化排，参与过法国北方的惨烈战斗，至少有两次差一点儿就被德国人俘虏，不过，他也因此获得了十字勋章。在法国被占领后，盖伊返回到法国未被占领军控制的地方，居住在拉布尔布勒的奥弗涅温泉小镇，罗斯柴尔德兄弟银行的总部也移到了这里。

但是在 1941 年，他越来越深切地感觉到维希政府已经发生了改变，甚至参与德国反犹太人的行动，他决定离开法国，在销毁了不重要的文件之后，他带着重要的文件通过摩洛哥逃离了。

亨利的两个儿子詹姆斯和菲利普也有着几乎同样的经历。前者在经过西班牙逃到英国之前在空军服役。菲利普因为参加战斗而负伤染病所以没能走成，但是经过了或许是最痛苦的磨难后最终还是逃离了法国。在他的第一次尝试中，曾在摩洛哥被逮捕。最终他徒步穿越了比利牛斯山，从葡萄牙乘飞机到达英国。

由于这个原因，法国罗斯柴尔德家族的大多数成员选择随着戴高乐将军的自由法国返回欧洲大陆。盖伊参加戴高乐军队的决定差点让他付出了生命的代价，因为载他回来的船在横穿大西洋的时候被鱼雷击中。但是他大难不死，之后还在戴高乐的参谋部任联络官，并在 1944 年随皮埃尔·凯尼格将军返回法国。詹姆斯也加入了自由法国运动，同时加入的还有他的兄弟菲利普、他的妻子和大女儿。

如果希特勒在 1940 年英国处于最危急的时刻，成功实施了他的“海狮行动”，那么，类似的命运可能也会降临到英国的罗斯柴尔德家族头上，他们剩下的私人藏品也会被掠夺。希特勒战败，因而他们幸免了。然而，这种幸免也并没有太多实际意义。在第五代中，只有安东尼活着看到了盟军的胜利，在国民卫队中当了一名下士；查尔斯和沃尔特在战争爆发前就去世了，而小莱昂内尔则在 1942 年 1 月去世。

罗斯柴尔德家族的下一辈要么是忙于战争，无暇顾及银行的业务，要么就是年龄太小。比如小莱昂内尔出生于 1927 年的二儿子里奥以及安东尼出生于1931年的儿子伊文利，他们1940—1943年这几年是在美国度过的。小莱昂内尔的大儿子埃德蒙拒绝像他父亲在第一次世界大战中所选择的那种放弃个人的理想服从父辈安排的做法。他以一名巴克斯义勇骑兵队炮兵军官的身份加入了英国在法国的远征军，在瑟堡差一点被俘，之后随第77野战团在北非和意大利作战。

维克多在军情五处的商业科开始他的战争生涯，后来参与了拆弹工作(为此还获得了乔治勋章)，并负责首相的个人安保工作。这项工作使他与丘吉尔和丘吉尔的私人秘书乔克·科尔维尔建立了亲密的私人联系，这可能也是他为什么会在1943年7月被委派参与高度敏感的对波兰流亡政府首脑弗拉迪斯劳·西科尔斯基将军之死进行调查的原因。另一个与丘吉尔有联系的罗斯柴尔德家族成员是吉米，他在1945年3月成为供应部的副部长。

然而，所有这些对家族的企业来说都没有任何直接意义。因为第二次世界大战留给罗斯柴尔德家族施展他们传统作用的空间甚至比第一次世界大战还要小很多。战争的力量不再是由银行家和债券持有人来控制。一个新的凯恩斯的时代已经到来，政府可以更加直接地干预经济生活，控制生产要素的分配，操纵总需求的水平，而货币只是一种国家账务中方便的单位。

在这个年代，安东尼在战争期间所主持的公司似乎完全是时空的错乱。当1941年5月10日夜间，金融城遭遇规模空前的空袭时，罗斯柴尔德办公大楼被燃烧弹击中，但仍能保持运转。没有遭到严重破坏，这只能说是运气好。而紧邻的索特斯大楼却被摧毁，当时的文章描述称“大火笼罩了新亭的四周”。罗斯柴尔德的其他财产也被用来为战争服务。皇家铸币精炼厂转产大炮的部件。埃克斯伯里被海军征用，并被临时重新命名为 HMS 马斯托顿。而查尔斯和罗茨卡在阿什顿—沃尔德的院子则被红十字会和军械局所征用。

家族中有两名成员直接死于纳粹的种族清洗政策。维克多在他 1946 年参议院的发言中提到的婶婶，是他母亲的大姐阿兰卡，她死于布痕瓦尔德。

另一位受害人是菲利普一直疏远的妻子莉莉。“德国人为什么要害我？”她曾经在 1940 年时问他，“我来自一个古老的法国天主教家庭。”尽管她恢复了她原来的称谓，查姆布尔伯爵夫人，她还是在 1944 年 7 月被盖世太保逮捕，并被最后一趟火车送到了拉文斯布吕克，也是在那里，有人后来告诉她的丈夫，她被残忍地杀害了。因此，这个最黑色的幽默就是，唯一被纳粹杀害的叫罗斯柴尔德名字的人不是一名犹太人，而且她早就否认了这个家族的名字。

只在几个月之后，埃德蒙·德·罗斯柴尔德少校带领他的 200 人（犹太人）的野战团通过一个上面仍然还有令人厌恶的反犹太人口号的牌坊，进入曼海姆镇。当他们进入这个城镇的时候，有人开始高喊：“犹太人回来了！犹太人回来了！”几个月之后，他造访了希特勒的山顶掩蔽所“鹰巢”。“我看到很多打破的塞弗勒瓷碎片，”他后来回忆道，“我怀疑这些可能偷自我某个堂兄弟的家里。”这真的很有可能。

第9章 崭新的开始

战争的硝烟散尽之后，饱受摧残的罗斯柴尔德家族开始打点行囊，重新上路。在经历了浩劫之后，这个古老的家族又重新焕发了活力。然而，物已逝，人已非，此时已不再是罗斯柴尔德的时代，此时的罗斯柴尔德家族只是世界经济的一分子。罗斯柴尔德家族认清了这一点，然后，继续前行。

01. 重新上路

1945 年 5 月，战争的硝烟散去之后，美国和苏联成为世界上的两个超级大国，并开始了长时间的冷战。两大集团迅速地划分了各自的势力范围，东德与东欧被苏联占领，同样，奥地利也被苏联占领了好几年。

冷战开始于“铁幕”演说。

1946 年 3 月 5 日，美国密苏里州富尔敦威斯敏斯特学院里热闹非凡。在学院的草坪上，紧凑地排列着座椅，几千名的听众陆陆续续地进场。场上热闹而喧哗，大多数人都在议论即将进行的演讲。今天的演讲者可是大名鼎鼎的英国首相温斯顿·丘吉尔，并且美利坚合众国的总统杜鲁门也会参加。

不多久，他们就听到了杜鲁门总统的声音：“女士们，先生们，欢迎你们的到来，现在我希望你们可以尽情地用你们的热情来欢迎我们的老朋友——伟大的温斯顿·丘吉尔，他今天带给我们的演讲是《和平砥柱》。”

在热烈的掌声中，丘吉尔满脸微笑地走向了演讲台，他一手挥舞着白色的礼帽，一手的中指和食指还摆出了那象征着胜利的“V”字形，频频地向听众致意。丘吉尔用他特有的富有感染力的声音说道：“从波罗的海海边的斯德丁到亚德里亚海边的里雅斯特，一幅横贯欧洲大陆的铁幕已经降落下来了。在这条线的后面……华沙、柏林、维也纳，所有这些名城及其居民无一不在苏联的势力范围之内，不仅以这种或那种形式屈服于苏联的势力影响，还受到莫斯科日益增强的高压控制……”

这条爆炸性的新闻引起美国朝野哗然，美国政府方面也立即大造舆论，《纽约时报》还宣称“两国为同一命运所支配”，所以他们理所应当“同情和支持”丘吉尔的建议，拿起正义的武器，掀起“冷战”的狂潮。

政治上的舆论掀起了国家与国家，甚至是组织与组织的对立。在经济方面更是受到它的威胁。

到这个时候，罗斯柴尔德金融王朝已经建立了 200 多年，这个古老的家族已经传到第六代。财富与威望并存的罗斯柴尔德家族总会受到别人的觊觎甚至嫉妒，也因此使得这个家族经历了数不清的惊涛骇浪。

冷战时期，苏联在物质上可谓是硕果累累。然而对于罗斯柴尔德家族来说，损失却是惨重的。这一时期，对于罗斯柴尔德家族来说，最大的打击就是家族产业被隔绝。罗斯柴尔德家族在欧洲分散着好几个分支。冷战时期，美苏划分了欧洲的势力范围，罗斯柴尔德家族在中欧与东欧的产业便被归入了苏联的势力范围。这些产业多是罗斯柴尔德家族在这些国家投资发展的铁路、炼钢厂等重工业企业，成本和利润非常大，却都被当地政府国有化了。与此同时，在经营管理上，罗斯柴尔德坚持走家族产业的路子，这种传统的企业管理模式存在的弊端日益显露，也在一定程度上阻碍了它的发展。

每当发生巨大转折的时候，罗斯柴尔德家族总会受到一些冷嘲热讽，但是他们总是会凭借自己强劲的适应能力重新得以发展壮大。

第二次世界大战结束后，法国罗斯柴尔德家族第四代掌门人——75 岁的爱多阿德不想罗斯柴尔德家族就此断送在自己的手中，于是和 63 岁的罗伯特商议，在战争的废墟上重建罗斯柴尔德银行。而重建银行首先要做的，便是将战争前夕疏散在法国各地银行的账本、债券等收集起来。两位老人已经年迈，于是，他们决定让忠实的银行高级经理人莫刚德去做这件事。

莫刚德计划了一下，决定首先走一趟离巴黎500英里远的凡尔科。这里分散着法国罗斯柴尔德家族一大批的证券和账本。经过半个月的跋涉，莫刚德终于到达了目的地。一位忠诚可靠的罗斯柴尔德银行的老职员在整个战争期间都在尽心尽力地看守着这笔财富。当他见到千辛万苦赶来的自己的上司莫刚德的时候欣喜若狂。他即刻到自己的地窖里拿出裹得严严实实的账册交给了莫刚德，他的使命终于完成了。莫刚德花了很长时间才将这些东西清点出来，一共有价值5000万法郎的有价证券。

将这批证券打上封条后，莫刚德又继续向马赛进发。在马赛的偏僻小村庄里，一对夫妇将银行寄存的账本交给了莫刚德。此外，还有一个在乡下躲避战火的保险经纪人从地窖中拿出藏了4年的价值700万法郎的可转换债券，完完整整地交给了他。几个月后，风尘仆仆的莫刚德押着卡车赶到了法国巴黎罗斯柴尔德银行总部，他带着40亿法郎的证券以及30多箱的账本，顺利地完成了任务。

罗斯柴尔德银行职员的优良品质在这时候显示了出来，除了莫刚德之外，法国罗斯柴尔德家族还派出十几个高级经理人，从法国各地的罗斯柴尔德银行职员的老家运回了战前隐藏的所有证券和账本。即便是兵荒马乱的战争年代，这些忠诚的职员也没有变卖证券。

战后，法国逐渐恢复了社会秩序，巴黎罗斯柴尔德银行也着手打理自己的业务，半年之后，它便恢复了往日的雄风。

在法国罗斯柴尔德家族中还有一位比较富有的成员——阿道夫，他的爷爷埃德蒙·罗斯柴尔德被称为“隐形的以色列之父”。第二次世界大战结束时，阿道夫刚满 20 岁，颇有头脑的他决定投身商业。于是，凭借自己的商业嗅觉，他将投资重心放在了那个年代最为赚钱的行业——旅游业上，并将目光投向了几个旅游业比较发达的国家。接着，他斥资买下了美国洲际饭店的大量股权，当时这可是美国最能赚钱的国际连锁酒店。在西班牙的东部旅游胜地马略卡岛上，他建造了度假别墅；在以色列风景优美的宁静之地，他修建了一所豪华的疗养院。在法国，他还参与了巴黎住宅区的建设。此外，他还将视线瞄向了西印度洋，投资开发了那里的热带旅游胜地——瓜德罗普岛和马提尼克岛。在瑞士，他转向开发雪山，建造了世界上最高的滑雪场——梅杰夫滑雪场。

阿道夫的目光可谓是遍布全球，涵盖了欧美亚三大洲，建立了自己的商业帝国。他的重要产业主要分布在欧洲、南美、中东与北美。除旅游业外，阿道夫还在日内瓦和巴黎各有一家私人银行，同时法国最大的玩具公司和冷冻食品公司也被他收入囊中。不仅如此，阿道夫还在比利时兰伯特银行、南非德比尔士集团担任董事；在以色列，还通过旗下的伊斯特普投资公司控制着以色列的中央银行。

罗斯柴尔德家族无论遭遇什么困难，总是能以其顽强的生命力走过一个又一个坎坷，凭借其无与伦比的智慧，让整个家族闪烁着耀眼的光辉。

02. 变革

20 世纪 60 年代的英国，传统商业银行的风气还是根深蒂固，有些威望的银行都挤在了伦敦的“金融四合院”里，这里因为面积狭小，又被称作“一平方英里”，它类似于中国老北京的四合院，无论哪一家银行发生了什么事，拿到了什么生意，都瞒不过其他同行。在这里，有一个大家熟知的游戏规则：“一个英国人说过的话就是他所要遵守的合同。”在这个时期，英国罗斯柴尔德家族的掌门人是查尔斯的儿子里奥波德。后来，里奥波德的弟弟大卫和伊夫林也先后加入了银行合伙人的行列。

在伦敦“金融四合院”里，罗斯柴尔德银行无疑是这些老牌银行里的中坚力量。它的一举一动都被金融区里的其他同行随时关注着，正因为此，当它着手改变自己的时候，便在这片区域内引起不小的轰动。

1960 年，罗斯柴尔德银行董事会首次允许异姓人的加入。1970 年，罗斯柴尔德银行推行有限责任公司制度，终止了长期使用的家族式合伙人制度。这一改变为银行注入了年轻的新生力量。有限责任制度实行后，银行董事会中异姓人的比例迅速增大，直至今天已达到 29 人，而家族成员只占 4 人。但是，即便是这样，罗斯柴尔德家族依旧保持着对银行的绝对控制权，只有 5%的股份被划分了出去。

英国罗斯柴尔德银行上一代掌门人安东尼的小儿子伊夫林是坚定的改革派，他掌门之后对银行进行了各方面的改革。亲自着手安排设计为银行引进电脑、利用媒体作广告宣传、公开招考员工等。

在当时伦敦的地铁里，就可以看到罗斯柴尔德银行的广告，很快，这一举动震惊了当时保守的英国金融界。

然而仅仅这些改革，伊夫林感到还是不够。在 20 世纪 70 年代中期，他将自己的堂兄雅各布拉进了银行。后来证明，这一举动是非常明智的。思想开明的雅各布在各方面都为罗斯柴尔德银行注入了新鲜的血液，使银行脱胎换骨，以全新的姿态重新展现在国际金融圈。

雅各布是第三代英国罗斯柴尔德勋爵维克多的儿子，从小就受到良好的教育。为了开阔视野、锻炼自己各方面的能力，雅各布选择进入伊顿公学和牛津大学就读。毕业之后，他并没有急着进入家族银行，而是先学习了一段时间的会计，又在伦敦的一家银行里当了一段时间的实习生，之后又去了美国，在摩根—斯坦利证券公司待了很长一段时间。在清楚地了解了现代金融业的经营模式和发展趋势之后，雅各布便接受了堂弟伊夫林的建议，进入自家银行工作。

雅各布继承了他父亲维克多严谨、缜密的头脑，同时具有罗斯柴尔德家族大多数成员具备的胆识与意志。他敏锐、果敢、善于发现，并能及时抓住盈利的机会。因此，英国罗斯柴尔德银行的职员们都认为雅各布是内森再世。

雅各布身上所具备的气魄也征服了家族的其他成员，他们跟随刚上任的雅各布，在他的带领下朝着现代金融业中最高的领域——企业并购重组进军。在这么重要的变革面前，雅各布当然是亲力亲为的。他创建了银行的并购部，并任职经理。事实证明，这种措施行之有效。在第一年，它便发挥了很大的效用：协助雪尔灵公司并购哈韦公司，帮助英国最大地产公司大都会不动产公司挫败德、法财团的敌意收购，让自己的皇家太阳保险公司成功并购 30 多家英国和欧洲其他国家的同业，使公司的市值增加到了 10 亿英镑。而最著名的，则数雅各布亲自主持的帮助大都会并购华尼特公司的举措，它创下了英国金融史的纪录。

雅各布让罗斯柴尔德家族最擅长的生意手段——融资充分发挥了力量，银行融资总额以每年10亿英镑的速度增长。1970年，英国政党发生变化，保守党上台。罗斯柴尔德银行，以其强大的实力与并购能力引起了英国政府的注意。英国政府委托罗斯柴尔德银行，将英国前工党政府手下的大型国营企业进行“工业重组公司”私有化。后来，当英国著名的劳斯莱斯公司破产时，也首先想到了请罗斯柴尔德银行为其最赚钱的轿车部门寻找买家。

罗斯柴尔德家族的创新是永远不会停止的。1972年，雅各布决定创建银行创投基金，在短时间内为银行积累了巨大的财富，仅仅两年的时间，银行基金的市值就从500万英镑上升至8000万英镑。雅各布的这一决策让银行用较小的成本获得了最大的利润，同时又能在企业不景气时迅速抽身，避免了银行基金被套牢的情况，使得罗斯柴尔德银行获得了优势。

在慈善事业方面，雅各布·罗斯柴尔德也作出了突出的贡献。他修复了伦敦的新古典主义明珠之一的萨默塞特宫，将这座公共所有的建筑建成了一个视觉艺术中心，这使得考特奥德艺术学院十分受益。此外，他还买下了位于圣詹姆士的斯宾塞宫，并耗资1600万英镑对其进行修缮，使斯宾塞宫重新拥有了18世纪时的壮观景象。

03. 延伸的触角

同英国银行一样，法国罗斯柴尔德银行也在进行着改革。在 20 世纪 60 年代，法国罗斯柴尔德银行的掌门人是居伊。在家族会议上经过长时间的考虑，这个家族迈出了改革的重要一步：成立自己的全资子公司——北方公司，主要将目光投放在实业方面，居伊担任公司的董事长。很快，他们便成立了尼克尔镍矿公司。

此外，北方公司旗下还有很多分支，涉及证券、旅游、食品、货运、房地产等多个行业，还有一个金融公司专门向英国海底隧道提供资金。在经历了巨大的浩劫之后，重新上路的罗斯柴尔德家族开始将触角延伸到无数个或新或旧的行业当中。正所谓百足之虫，死而不僵，他们虽然已经走下了世界金融霸主的神坛，但其实力仍旧不可小觑。

1967 年，除了建立北方公司外，法国罗斯柴尔德家族决定改变业务的重点方向，由投资服务转向储蓄银行。他们曾将家族新办公楼的底层改建成了汽车银行，以便顾客开着车就可以到特制专柜办理存钱手续。这种想法是好的，但是在当时的条件下却是行不通的。居伊果断地停止向储蓄银行的转型。经过一番整顿，罗斯柴尔德银行迅速转回到投资服务的轨道，并很快扭转了亏损的局面。

在服务行业方面，1972 年，法国罗斯柴尔德家族成立了第一家 PLM 连锁旅馆——圣雅克大酒店，专门负责经营连锁旅馆行业。埃里的妻子莉莉安负责酒店的室内装修工作。罗斯柴尔德家族追求完美的性格让埃里夫妇用真正贵族的生活标准来要求酒店，对酒店各方面细节的追求达到近乎苛刻的地步，让圣雅克开业后成了其他国家的富豪在法国的首选居住之地。PLM公司经过长时间的磨炼与发展，成了一个旅游集团公司，在法国拥有大量的汽车旅馆，甚至在瑞士等其他欧洲国家经营着高端的豪华酒店与赌场，效益颇丰。

罗斯柴尔德家族似乎总与自然资源有着不解之缘。罗斯柴尔德家族秉持了自身稳健的投资风格和长远的投资目标。先前内森买下水银矿，所罗门买下西里西亚铁矿，在第二次世界大战后，他们又投资纽芬兰或入股南非德比尔士公司。虽然在第二次世界大战后矿产资源暴跌，罗斯柴尔德家族蒙受了很大损失，但他们还是没有放弃这些矿业公司。他们深知，这些大型的基础产业，前期投入比较大，周期也比较长，但一旦发展成熟，就能为家族产生稳定而丰厚的利润。

到了21世纪，在这一领域的投入终于获得了巨大的回报。矿场资源作为不可再生资源，在国际市场上的价格一直处于上升趋势。目前，世界上最大的三家矿业集团为英国—澳大利亚必和必拓公司、英国—南非英美集团公司和英国—澳大利亚矿业集团力拓公司。

力拓公司是世界上第二大铁矿石和煤炭的生产商、世界第三大钻石和铀的生产商、世界第四大铜的生产商、世界第六大铝的生产商。必拓公司是世界矿业生产商中名副其实的霸主，它在澳大利亚、阿根廷、秘鲁、智利、美国、南非、莫桑比克、苏里南、加拿大、哥伦比亚、印尼、巴西等世界上矿产资源比较丰富的国家和地区都拥有开采实业。而英国—南非英美集团公司不仅在南非开采丰富的重要资源，还在委内瑞拉等其他国家拥有很多的矿产资源。

而事实上，英法两国的罗斯柴尔德银行都是这三家公司的大股东或控股方。可以说，这三家大型矿业集团中都有罗斯柴尔德家族的影子。这些都是第二次世界大战之后，罗斯柴尔德家族不断地通过购买、结成策略联盟逐步建立起来的。这三家大型矿业集团在全世界范围内持有上百个采矿项目。

在世界范围来看，澳大利亚、南非和南美等地都拥有储量巨大的铁矿资源。而从 21 世纪初期开始，铁矿价格开始大幅上涨，原因就在于少数私人金融集团控制着的铁矿产业及其他工业原料，随着经济的快速发展都呈现供不应求的状态。而这些私人金融集团大多是在英国或与英国有关系的国家，毋庸置疑，罗斯柴尔德家族便是其中的一分子。

除了以上罗斯柴尔德家族所涉及的行业，不得不提的就是它引以为傲的家族产业拉菲堡和木桐堡了。第二次世界大战之后，第六代法国罗斯柴尔德家族成员埃里克就开始着手拉菲酒庄的复兴计划，并对酒庄的管理层进行了彻底的重组。1955 年，拉菲生产出了世界上顶级的葡萄酒，这标志着拉菲酒庄的复兴。

20 世纪 60 年代是战后法国葡萄酒复苏与成长的时期，随着海外市场的不断扩大，法国波尔多地区的葡萄酒价格逐渐回升，而拉菲堡与另一家罗斯柴尔德酒庄木桐堡之间的竞争，更使葡萄酒的价格一路飙升。

20 世纪 80 年代中期，为了推进酒庄的进一步发展，埃里克·罗斯柴尔德男爵聘请了世界上一流的时尚摄影师。由此，拉菲进入了包括雅克·亨利·拉蒂克(法国著名摄影师)、罗伯特·杜瓦诺(法国最受欢迎以及最多产的报道摄影家之一)、欧文·佩恩(美国时装摄影大师)以及理查德·艾维登(享有崇高威望的美国时尚摄影师)在内的著名摄影家们的取景框。此外，为了扩大拉菲堡的发展空间，埃里克还购买了大量的法国其他地区的酒庄及国外的葡萄庄园。在这一时期，拉菲酒的价格不断地刷新着纪录。在 20 世纪 90 年代，拉菲的发展前景更是一片大好，并不断推出在 20 世纪最后 10 年的至美之作。

不仅如此，从 1999 年到 2009 年的 10 年间，拉菲红酒价格的增长率更是高达 857%，成为了 21 世纪第一个 10 年中英国市场投资回报最高的商品，甚至超过了英国股市表现最好的英美烟草（增长率 454%）以及价格一直上升的黄金（增长率 297%）。

木桐堡在战后回归法国罗斯柴尔德家族之后，由菲利普主掌。战后的几年对木桐堡来说是艰难的——受美苏冷战的影响，热爱葡萄酒的欧洲被分割，加之战争使人们贫困潦倒，美国人还没有养成品葡萄酒的习惯，以致木桐堡年年处于亏损状态。

1947 年，为了将葡萄酒推向国际市场，菲利普举办了一场特殊的派对，在自己的葡萄园中，他邀请了当时的天才作家、诗人和画家，其中包括列夫·巴克斯特、达利、毕加索、夏加尔和让·科克·多等。

尽管作了那么多的努力，木桐堡还是在困境中苦苦挣扎了几年。在 1955 年的时候，木桐堡随着法国葡萄酒的复兴，终于迎来了自己的兴盛。此时，在多年葡萄酒文化的熏陶之下，美国人对葡萄酒产生了很大的兴趣，很快，整个葡萄酒市场活跃了起来。从此，木桐堡开始了它的繁荣时代。

木桐酒庄现在的主人是菲利普的女儿菲力嫔·德·罗斯柴尔德，这时罗斯柴尔德家族已经延续到了第七代。2003 年，法国波尔多地区举办了葡萄酒展览会，在展会上，菲力嫔为庆祝家族购买木桐酒庄 150 周年，举办了“花节”，将展会推向了高潮。她还请来了世界著名男高音歌唱家普拉西多·多明戈为木桐美酒高歌。现在，菲力嫔正积极地开拓着家族的生意，家族的业务已经扩展到其他产酒国。

04. 攻略远东

摩根大通集团的董事长杰米·戴蒙曾说道："因为罗斯柴尔德家族对中国市场的判断出现失误，使它在战后没能及时地重新步入世界金融集团的第一方阵中，从而导致它失去了振作的机会。"而近几年，协助吉利并购沃尔沃、入股青岛银行、在山东蓬莱投资葡萄酒生产等举动，标志着这个老牌的金融字号开始认真地重新深入中国了。

其实，早在 100 多年以前，罗斯柴尔德家族就来到了中国，并与清末重臣李鸿章结下了深厚的交情，在其家族设在北京的办事处，至今还张贴着当时与李鸿章的来信。此外，家族还在上海、香港设立了办事处，主要从事的是它的主业——投资银行业务。

罗斯柴尔德家族的神秘感以及世人对它的好奇心在 2010 年 3 月吉利同沃尔沃签订收购协议之后，再次被推向高潮。对于这个向来低调的家族，近年来加紧了在中国的投资布局。

250 多年的风雨历程，罗斯柴尔德家族已经传承到了第八代，目前，英国罗斯柴尔德和法国罗斯柴尔德成为五个分支中实力最强大的两个分支，这两大分支现任掌门人分别为英国的雅各布和法国的本杰明。而一直在中国本土布局的，就是法国的本杰明掌管的埃德蒙·罗斯柴尔德集团了。在 2003 年，这两个分支又正式合并为"罗斯柴尔德集团"。

在中国接手项目时，罗斯柴尔德会涉及来自各行各业的财务项目。"我们的客户既有中国移动、中国联通这样的国有企业，还有小肥羊、阿里巴巴这样的私有企业。作为财务顾问，我们曾参与了与中国相关的最大并购案，即中国联通以240亿美元收购中粮包装集团。”在2009年访华时，罗斯柴尔德家族第七代掌门人、罗斯柴尔德金融集团主席大卫·罗斯柴尔德如是说。

在改革开放之后，中国不仅为世界各国打开了大门，也积极地参与到世界活动中去。向来眼光精准的罗斯柴尔德是不会错过这个有利机会的。罗斯柴尔德同中国的第一次接触就是在1979年，英国国家煤炭公司在北京、江苏分别投标建造了两座发电厂，而罗斯柴尔德家族就是这两个项目的财务顾问。到了20世纪80年代中期，罗斯柴尔德家族在中国已取得了成功的业绩，罗斯柴尔德父子银行开始为中国的公司提供财务和商业顾问的专业服务，主要涉及多种工业产品的技术扩展以及欧洲市场的研究。此外，罗斯柴尔德父子银行还参与了中国铁路系统的调查绘制工作，两者的关系由此进一步加深。1996年，罗斯柴尔德父子银行和中国某银行签订了谅解备忘录，两家银行利用彼此的资源和经验共同合作，开始了在全球范围内为企业提供财务顾问的服务。

为着眼于亚洲的势力布局，罗斯柴尔德采取了很多措施，其中设立基金便是罗氏家族惯用的、擅长的投资手段之一。在1993年，法国埃德蒙·罗斯柴尔德为专注于亚洲地区的股票投资，设立了“亚洲圣奥诺”的共同基金，因为与日本的关系不和，所以基金范围不包括日本；随后又设立了“亚洲资本控股”基金，也是投资于亚洲除日本地区买入卖空的对冲基金；1998年，罗斯柴尔德还设立了专门投资于香港上市的中国公司“中国圣奥诺”基金。在2006年，罗氏家族又投资于中国A股的圣奥诺中国城基金，成为第一家获准投资深圳和上海A股市场的法国基金。

罗斯柴尔德踏上中国市场的脚步是逐步实现的，而且利用他擅长的方式，进一步加深了在中国的影响。2000 年，罗斯柴尔德家族成立了北京办事处。2004 年，“罗斯柴尔德父子公司”出任中国某公司香港分部价值 41 亿美元的并购项目的财务顾问。

2007 年 7 月，一件大事的发生使中国与罗斯柴尔德家族产生了挂钩——继黑石之后，又有一家拥有资产高达数千亿美元的中国公司将入股必和必拓公司。众所周知，迅速掌握资源市场话语权的最好办法，就是对全球资源类产品的储备公司进行有计划的收购，而将能够控制全球销售的国际资源以及资源储备的巨鳄的股权收购为已有，比单单只购买资源要合算得多。

以往每年的春天，必和必拓就会让中国的钢铁生产商精神紧绷，铁矿石谈判总会带有很重的心理阴影。现在，2007 年参股的那家中国公司给了他们新的希望。看来，随着时间的推移，中国这个新兴经济体同罗斯柴尔德家族，必将通过某些纽带发生越来越密切的联系。在与罗斯柴尔德这个古老神秘的家族直接对阵的商战谈判中，会出现怎样的局面，相信也是很多人期待的事情。

似乎是发现了中国潜藏的巨大商机，敏锐的罗斯柴尔德与中国的合作继续扩大并涉及广泛领域。在私人银行和资产管理方面，埃德蒙·罗斯柴尔德银行和中国开始了长期战略投资和业务合作；2008 年 5 月 26 日，埃德蒙·罗斯柴尔德银行以旗下中国私募股权咨询公司的名义参加了中国某基金股本的拍卖，经过 100 多个回合，成功击败对方，拍得此部分股权，成了这只基金的第三大股东，持有该基金 15.385% 的股权；2009 年时，埃德蒙·罗斯柴尔德旗下 MSH 保险公司收购了中国最大的国际健康险管理服务公司。

在中国的布局成长中，罗氏的业务进一步地扩大，不得不提的便是埃德蒙·罗斯柴尔德集团成立的一只专门基金。在 2008 年底至 2009 年初，罗氏家族在中国成立了一只专门用于投资中国成长型的中小企业的基金。事实上，这个时期全球正弥漫着金融危机的气氛，整个市场，不管是宏观经济还是资本市场，都处于低迷、萧条状态。这对于 PE 投资者来说，正是“抄底”的良好时机。

那个阶段的 PE 市场真可谓是处于低谷时期：PE 募资基本停滞，尤其是美元基金，即便是原本作出了承诺出资，当真正面临情况时也有不少暂停了后续的呼叫投资；手头稍微宽松的基金，由于 LP 投资人的担忧或是自身对整体经济走势无法看清，使得敢放手投资项目的基金并不多。

对于埃德蒙·罗斯柴尔德中国基金来讲，这一切并不是令人困扰的问题。因为这只基金从设立开始，在资金和退出周期上就没有太多的担忧和压力，以致基金的管理人可以比较容易且从容地做一些长期投资。

“找到那些最有梦想的中国企业家，尤其是在国际业务拓展上有想法的。”在埃德蒙·罗斯柴尔德 PE 基金中国管理合伙人看来，基于罗斯柴尔德集团这个“大后方”，利用它在全球尤其是在欧洲地区的金融领域、企业资源、政府等方面的关系，可以使埃德蒙·罗斯柴尔德中国基金为投资的中国企业提供最好的增值服务，这些服务体现在国际范围内的信息收集、策划、运作、筛选和调查海外企业，制定商业合作及谈判条款以及人才搜索和融资，还有罗斯柴尔德在二级市场的各类基金和金融产品对 IPO 项目及 M&A 项目的支持等很多方面。

2009 年，法国罗斯柴尔德在中国开始的第一只 PE 基金主要聚焦在四个行业里：医疗保健、消费、服务和清洁技术。在基金的退出方面，它采取的方式是通过兼并收购退出，同时走 IPO 之路。

不久前，英国罗斯柴尔德家族的掌门雅各布宣布针对中国投资者推出一只规模为 7.5 亿美元的新私募股权基金。这家基金主要是计划购买跨国企业的非杠杆少数股权，而这些企业则是横跨自然资源、洁净技术、科技和奢侈品等大型的现代型行业。

大卫·罗斯柴尔德曾表示："葡萄酒、艺术和银行是我们家族的三大传统投资领域。"目前有关资料显示，罗斯柴尔德家族在中国的投资已经涉及了这三大行业中的两类，即银行和葡萄酒业。

大卫·罗斯柴尔德希望展开罗斯柴尔德家族与中国银行的合作，以前罗斯柴尔德家族在欧洲银行业领域获得了成功，所以希望把这种成功模式植入中国。

在 2007 年 8 月，罗斯柴尔德金融控股集团与当时青岛市某银行签署了认股协议之后，罗氏获得了青岛这家银行扩大股本后拥有 4.98% 的股权，即 9883 万股。这一交易罗斯柴尔德共投入了约 3310 万美元的资金，为青岛的银行注入了活力。之后在 2008 年 9 月，中国银监会正式批准了这一交易。

据内行人士讲："这家公司的主要业务为并购重组及为企业、交易和 IPO 充当财务顾问，而在资本运营上并不会作出表现。"除了 2010 年的吉利收购沃尔沃的交易，罗斯柴尔德在 2009 年整个年头里在汽车业并购方面共承接了总价值高达 892.5 亿美元的交易，远远超过了其他的投资银行。

当然，作为葡萄酒的生产王国，在葡萄酒方面的投资罗斯柴尔德自然不会放过。2009 年初，罗斯柴尔德的拉菲集团同中国华东某集团签订合作关系，在中国山东省的某市共同投资成立了酒业公司，并且项目一期的总投资高达 1 亿元人民币，巨额投资也使得每年约有 1.2 万箱的高档葡萄酒生产于世。

或许是因为罗斯柴尔德家族在 19 世纪中期开始没有看好美国而失去了美国这一 20 世纪最重要的市场，间接地使摩根家族等发展壮大；或许是罗斯柴尔德家族秉持一贯的原则，遵守先辈的遗嘱而采取保守的发展策略，目前，罗斯柴尔德家族在中国的影响力不及美国的投资银行。从一个很简单的数据可以看出：目前在香港的公司中，罗斯柴尔德家族公司总员工数量约一百人，而美国投资银行巨鳄摩根士丹利员工数量却高达一两千人。

但无论如何，在中国的各行各业中似乎多少都能寻到罗斯柴尔德的影子。在中国的其他投资方面，与罗氏合作的还有很多。此外，大卫·罗斯柴尔德还在谋求更大的利益，他对中资银行更是重视。他表示："我们正在寻找合适的中国伙伴。"2009 年的中国之行，他就表示，正在与中国证监会洽谈和其他机构展开合作的可能性，希望能在中国成立合资券商或者基金公司。现在，罗斯柴尔德家族在中国的资产管理业务约占其全球业务的 3%，大卫表示希望将来能提升至 10%。

低调和隐秘在近期一直是罗斯柴尔德家族安身立命的格言，但在它高调介入吉利收购事件之后，这个古老的家族在中国已经无法继续保持低调了。当然，中国也期待着与罗斯柴尔德这个有智慧的家族展开进一步的合作，在以后的商战对决中，我们也期待着能与这个家族实现智慧的碰撞。

05. 谦和与低调

2010 年吉利收购沃尔沃，中国的汽车企业收购了世界名车，就在这枚重磅炸弹的烟幕还未散尽时，一个神秘的家族吸引了世人的好奇与关注——百余年来一直若隐若现的罗斯柴尔德家族开始重新浮出水面。而在 2010 年，国外一家专业公司制作的当今全球富豪名单上，似乎佐证了世人对罗斯柴尔德这个传奇家族的财富想象。在名单中，有 8 位罗斯柴尔德家族成员身价超过了 10 亿美元，而在这些成员中，最有钱的就是第六代掌门人——大卫·罗斯柴尔德。

在商海浮沉了 40 余年，凭借一己之力在 20 世纪 80 年代拯救了家族在法国的金融生意，并最终执掌家族大权的大卫·罗斯柴尔德，到底是没落的贵族还是幕后的巨鳄？他的家族曾经是号称拥有 50 万亿美元财富的欧洲金融霸主，相当于当前 900 多个巴菲特或者比尔·盖茨的身价，而现在他们表现出来的金融业务只有百亿美元的规模，每年的盈利还超不过花旗的一个零头。是出于什么样的原因让一个在金融界呼风唤雨的家族变得如此的低调？

第二次世界大战打响后，德国纳粹分子不断加重了对犹太民族的迫害，身为犹太人的罗斯柴尔德家族在战争中损失惨重。不但家族旗下超过 2/3 的金融机构灰飞烟灭，北美与澳洲的绝大部分金融资产也被尽数吞没，欧洲大陆的资产所剩无几。有数位的家族成员在战争中死去。

大卫·罗斯柴尔德是在第二次世界大战时期出生的。当时为了躲避德国纳粹分子的迫害，大卫的父亲盖伊·罗斯柴尔德不得不考虑从战事紧张的巴黎举家迁居到了相对平静的纽约，1942 年，大卫在纽约出生了。

第二次世界大战期间，小大卫和母亲一直居住在纽约。但罗斯柴尔德家族向来拥有“热爱冒险”的激进精神，这就不容许他的父亲也长期待在安逸的地方。于是，像留在战场的其他罗斯柴尔德的成员一样，盖伊前往英国战场，投身到了抵抗纳粹的大浪潮中。不久，德国宣布投降，战争平息后，他们也在第一时间搬回了自己的家乡巴黎。盖伊·罗斯柴尔德继承了家族的事业，大卫·罗斯柴尔德则一直留在了巴黎，接受良好的教育。

1966 年，大卫从巴黎政治学院毕业后就在自己家族旗下的佩尼亚罗亚矿产冶金公司，找到了自己的第一份工作。随后，他又进入家族旗下的一家银行接受锻炼。这时期，盖伊·罗斯柴尔德雄心勃勃，一直致力于推进家族企业在矿产、冶炼与石油方面的投资。在 20 世纪 60 到 70 年代，法国罗斯柴尔德家族的财富不断地膨胀，大卫·罗斯柴尔德也在家族发展中得到了锻炼和成长。

然而，不断膨胀的罗斯柴尔德却在不久后遇到了极大的阻碍。1981 年，密特朗当选法国总统。随后，新政府发挥了自己的威力，新的议会通过了一项全新的法案——将一系列大规模的银行收归国有。当然，罗斯柴尔德家族的银行也不能例外。至今，大卫·罗斯柴尔德回想起来仍然觉得屈辱与不公，于是一怒之下，搬到了纽约，在那里开始从事一些有限的商业投资。

终于，在 1986 年，密特朗代表的社会党失去了民心而垮台。这时，大卫便想方设法地获得了一个新的银行牌照。接着在 1987 年，大卫在同父异母的弟弟爱德华·罗斯柴尔德以及表弟埃里克的帮助和支持下，创建了一家全新的银行——Rothschild & Cie 银行。

不同于以往，这时候的起步极其艰难。创始之初，这家小银行全部的资本只有 100 万美元，拥有 5 个员工。后来，凭借着罗斯柴尔德家族积累的深厚基业与良好的信誉，他们很快站住了脚。如今，这家银行已然成为法国最成功的投资银行之一，拥有的员工超过 650 名，大卫使罗斯柴尔德家族得以在法国乃至欧洲大陆的金融业东山再起。

法国罗斯柴尔德银行的员工数量虽然并不多，但每一名员工都是大卫亲自挑选的。在欧洲的金融圈里，大卫有一个很擅长的手段——“挖墙脚”，即招纳各方贤士，即便是竞争对手的精英也照挖不误。所以，即便是在面对动辄数以千人计的顶级投资银行如摩根士丹利时，罗斯柴尔德银行也能从容面对，他们的实力不容小觑。

大卫·罗斯柴尔德一直对家族古训中的一句话有深刻的理解——“我们一定要和国王一起散步”。罗斯柴尔德家族在 20 世纪 80 年代的兴衰，都是与法国政局密切相关的。与政府要员保持密切的关系似乎一直是这个家族坚持的原则。从大卫 · 罗斯柴尔德透露的信息中就可以看出他的人脉圈到底有多么的强大：德国前总理施罗德担任着罗斯柴尔德集团的重要顾问，而大卫与法国总统萨科奇是关系密切的老朋友，其堂兄伊夫林的婚礼选择在白宫举行，总统克林顿也出席了婚宴，原因是希拉里 · 克林顿也是其家族的朋友。

密切保持与政治的相关性毫无疑问地成了整个家族历史上成功的秘诀之一。在这个家族的发展过程中，替王室理财放贷是一本万利的生意，在 200 多年前，罗氏五虎就是靠着这桩生意建立了名为罗斯柴尔德的金融帝国。哪怕是在今日，罗斯柴尔德家族仍为世界各地的政府提供顾问咨询和金融投资的服务，他们每年的收入当中就有很大一部分来源于此。

更多的时候，大卫·罗斯柴尔德是一直恪守着祖训的，他坚持“安静、低调”地扮演着幕后不太被关注的角色。如此一来，英国首相戈登·布朗出行海湾地区洽谈金融投资时，其中的队伍中没有出现大卫·罗斯柴尔德的名字就不足为怪了。当然，随后在同一时间大卫·罗斯柴尔德就低调地出现在了海湾地区，并且一如既往地否认自己的行为与官方政治有关。

大卫·罗斯柴尔德在与各国政府保持着良好关系的同时，家族的脚步也一直都没有放弃扩张。在英国，罗斯柴尔德家族为英国政府提供了充足的资金，以帮助政府在2008年的金融危机中保障国内金融市场的稳定发展，同时为国内汽车业注入了大量的资金以保证其顺利运行；在荷兰，罗斯柴尔德家族积极地同政府合作，实现了价值100亿欧元的荷兰国际集团旗下的安银银行的资本顺利地实施了重整计划。

在金砖四国，罗斯柴尔德家族是最早融入这些地区市场的国外金融机构，几乎毫无意外地，其在当地的代理人都与当地政府要员保持着非同一般的关系。罗斯柴尔德家族是才智并存的犹太民族，似乎是出于本能地对金钱有着独特的敏感与嗜好。对于他们来说，这个世界好像并不存在禁区。

在大卫的先辈、罗斯柴尔德家族的创始人梅耶·罗斯柴尔德的家训中，曾这样明确提到：“在一起祈祷的家庭将凝聚在一起”以及“要坚持家族的和谐”。在他去世前，他还反复叮嘱儿子们：“只要团结，世上就没人能战胜你们。”这个发展了250余年的庞大的金融家族，历经时代的风雨变迁而依然不倒，在大卫·罗斯柴尔德看来，正是出于坚守祖训。

大卫曾经坦言：“经历了历次世界大战、纳粹的迫害、国有化冲击，我们始终都在。正是因为家族所有成员齐心协力的参与，使得罗斯柴尔德集团区别于其他金融机构得以在欧洲乃至世界茁壮成长。”

或许罗斯柴尔德家族比其他人更深刻地了解了黄金的真正含义，所以 2004 年罗斯柴尔德家族宣布退出伦敦黄金定价体系，安静地阔别了时下空前的金融风暴的核心，与黄金价钱撇清了关系。或许这个家族已经看清了目前世界的状况：美元经济负债累累、世界法定货币系统危机四伏、占有少量黄金储备的亚洲势力不足以及世界外汇储备体系一片混乱。面对这样不稳定的状况，罗斯柴尔德家族认为，“归隐”未必是一件坏事。

当今，国际金融市场变幻莫测，在 2008 年全球金融危机爆发之前，许多人诟病大卫·罗斯柴尔德的保守。然而处在风暴中心的罗斯柴尔德家族，仍是一如既往地低调与谦和。相比于现代其他的投资银行，罗氏家族的银行就显得表现迟钝和不愿接受新事物了。在金融衍生品市场上，大型投资银行获得了丰收，而罗斯柴尔德银行却从不碰这些业务。家族更倾向于与客户建立长期的合作关系，并为客户提供比较准确的咨询意见。罗斯柴尔德家族这种稳健的行事风格也让他们以作为被人信任的顾问感到自豪。在金融危机爆发之后，罗斯柴尔德家族近乎毫发无伤，这使之前瞧不起他们的金融家们也深感喟叹。大卫对此回应说：“如果因为我们没有任何损失而说我们高明，这对其他的金融机构不公平。我们避免了损失，只能说我们也许是最保守的，而不是最聪明、最有远见的。”